권력, 정의, 판사

폭풍 속을 나는 새를 위하여

권력, 정의, 판사

폭풍 속을 나는 새를 위하여

양삼승

까치

저자 양삼승(梁三承)
1965 경기고등학교 졸업
1970 서울대학교 법과대학 졸업
1972 사법시험 제14회 합격
1974 서울 민사지법 판사
1977 독일 괴팅겐 대학, 법원 연수
1987 서울대학교 법학박사(민사법)
1990 헌법재판소 연구부장
1992 서울 형사지법 부장판사
1994 서울 민사지법 부장판사
1998 서울 고등법원 부장판사, 대법원장 비서실장
1999 법무법인 화백 변호사, 영산대학교 부총장
2003 법무법인(유) 화우 변호사
2009 대한변협 부협회장
2011 대한변협 변호사연수원장
2012 영산대학교 석좌교수
2014 영산법률문화재단 이사장

권력, 정의, 판사—폭풍 속을 나는 새를 위하여
저자 / 양삼승
발행처 / 까치글방
발행인 / 박종만
주소 / 서울시 서빙고로 67, 파크타워 103동 1003호
전화 / 02 · 735 · 8998, 736 · 7768
팩시밀리 / 02 · 723 · 4591
홈페이지 / www.kachibooks.co.kr
전자우편 / kachisa@unitel.co.kr
등록번호 / 1-528
등록일 / 1977. 8. 5
초판 1쇄 발행일 / 2017. 5. 25

값 / 뒤표지에 쓰여 있음
ISBN 978-89-7291-634-5 03360

이 도서의 국립중앙도서관 출판시도서목록(CIP)은 서지정보유통지원시스템 홈페이지(http://seoji.nl.go.kr)와 국가자료공동목록시스템(http://www.nl.go.kr/kolisnet)에서 이용하실 수 있습니다. (CIP 제어번호 : CIP2017011346)

부모님의 영전에

이 책을 바칩니다

차례

머리말

1995년 5월의 어느 날. 그날은 특별한 날이었다. 3개월 동안의 미국 법조계 시찰여행 일정중의 하이라이트인 미국 대법원을 방문하여, 특별석에서의 법정 방청, 합의실을 포함한 내부시설 견학, 로 클럭(law clerk, 재판연구원)들과의 중식 및 토론, 그리고 대법관 앤터닌 스캘리아(Antonin Scalia)*를 만나 면담하기로 약속한 날이기 때문이다.

나는 이날을 위해서 지난 몇 주일 동안 내 나름대로 열심히 준비해왔다. 대화의 주제로 사법 적극주의(judicial activism)를 선택하고, 몇 개의 글들을 골라 읽어두었고, 스캘리아 대법관에 관한 자료도 찾아 읽었다.

그의 집무실로 정중히 안내 받은 뒤에 찻잔을 가운데 두고 스캘리아 대법관과 이야기가 시작되었다. 인사말에 이어 준비된 주제에 관한 논의가 시작되었는데, 한동안 왠지 모르게 서로 대화의 초점이 맞지 않고 엇박자가 계속되었다. 얼마 동안의 탐색 끝에 겨우 가닥이 잡히기 시작하였는데, 엇박자의 원인은 사법 적극주의의 내용에 대해서 서로 다른 생각을 하고 있었기 때문임이 밝혀졌다.

나의 머릿속에는 사법 적극주의의 핵심내용으로서 판사가 판결을 할 때, 통치권자나 행정부(특히 검찰) 또는 언론이나 여론 등의 압력에 굴하지 않고, 진정으로 "독립하여" "용기를 가지고" 판단하는 모습

---

* 그는 2016년에 타계하였다.

을 그리고 있었던 것이다.

나의 이야기를 한참 경청하고 있던 스캘리아 대법관이 말문을 열었다. "내가 말한 내용은, 사법부의 독립을 보장받고 있는 판사로서 당연히 해야 할 것으로서 구태여 강조해서 이야기할 필요조차 없는 것"이라는 취지였다.

당시 나는 판사경력이 이미 21년째 접어들었고 지방법원의 고참 부장판사였는데, 위와 같은 이야기를 듣자마자 머리를 방망이로 크게 얻어맞은 느낌이었다. 판사로서 너무나도 당연히 지키고 누려야 할 권한이자 의무인 것을, 새삼스레 대단한 용기와 정의감이 있어야 한다고 생각하고 있는 나 자신이 한없이 부끄러워졌다. 나아가서 판사들이 이러한 부질없는 생각을 하게 만들어온 우리나라의 역사와 정치현실이 원망스러웠다. 스캘리아 대법관 앞에서 나 자신이, 아니, 대한민국의 판사가 너무나도 작게 느껴지는 순간이었다.

몇 가지의 대화를 더 나눈 후, 나는 마무리 단계에서, 스캘리아 대법관에게 한 가지 질문을 던졌다. "미국의 대법원에서 대법관으로 일하면서 혹시라도 불만스럽거나 더 좋게 고쳐야 할 부분은 없는지" 물었다. 잠시 생각을 가다듬은 그는 이러한 대답을 하였다. 사건을 두고 대법관들이 합의를 위한 토론을 하는 과정에서, 자신은 사건의 밑바닥에 있는 본질적이고 핵심적인 문제점을 깊이 있게 제대로 따져보고 싶은데, 많은 경우 이러한 토론이 이루어지지 않고 피상적으로 흐르는 경우가 많다는 것이다. 법조인으로서 미국 대법원의 판결들을 보면서 우리나라도 저 정도의 깊이 있고 핵심을 파헤치는 내용을 담았으면 하는 소망을 가지고 있었는데, 이러한 대답을 듣고 보니 의외라는 생각이 들었다.

예정시간을 훨씬 넘긴 이날의 대화에서 얻은 두 가지의 영감, 즉 "법관으로서의 당연한 덕목인 용기", 그리고 "문제의 핵심에 접촉하는 통찰"은 그후 나의 법조인생에 커다란 영향을 끼치게 되었다.

예기치 않게, 법원을 떠나게 된 1999년까지에는 판결이나 사법행정을 통하여 나는 이를 실현해보려고 애썼으나 미완에 그쳤다. 이후 재야에서 일하면서 당사자를 도와 그 목표를 이루려고 애썼으며, 가끔은 보람 있는 성공도 거두었다.

나아가, 좀더 효과적일 수 있는 방법이라고 생각되어, 변협을 통한 활동도 벌이고, 기회 있는 대로 강연을 하거나, 신문 등 언론에 나의 생각과 소신을 정리하여 글로 발표하고, 이에 대한 의미 있는 성원을 받기도 하였다.

그러나 마음 한구석에는 약간의 미흡한 구석이 남아 있었음은 부인할 수 없었다. 어떻게 하면 보다 효과적이고 확실하게, 이 두 가지 내가 실현시켜보고 싶은 "용기"와 "통찰"이라는 덕목을 널리 전파하고 공감을 얻을 수 있을까 항상 고민하게 되었다.

그 결과 나의 생각을 정리하여, 알기 쉽게, 그러나, 단호하게, 우선은 사법부의 구성원인 판사들에게, 그리고 나아가 모든 국민에게 알리고, 공감을 얻을 수 있도록 책을 써보자는 데에 생각이 미치게 되었다.

절대적으로 추구할 때에만 느낄 수 있는 "타들어가는 목마름"을 해소시키고, "나 자신의 기쁨을 향유하고 싶은 욕망"을 충족시키려고 노력한 결과물이 이 책이다.

이 책은 4개의 부로 구성되어 있다.

제1부에서는, 내가 본, 우리나라 사법부의 원초적인 모습을 그려보았다. 나의 통찰에 의하면, 우리의 사법부는 정치권력과 이에 편승한 검찰권력에 의해, 극도로 일그러진 모습을 가지고 있다. 그 이론적인 원천은 "법과 정치와의 관계"에서 찾아야 한다. 이러한 시각은 왜소화된 사법부의 구성원들이, 종래, 감히 언급하기를 꺼리고 금기시해온 주제에 접촉하는 것이다. 용기와 통찰을 강조하는 나의 입장에서는, 거스르지 못할 관행과 금기는 있을 수 없다.

제2부에서는, 위와 같은 총론적인 고찰에서 출발하여, 우리 사법부의 민낯을 각론적으로 살펴보았다. 그 방법으로는, 내가 우리 사법의 역사상 의미 있는 판결(즉, 민낯을 보여주는 판결)이라고 생각하는 10개를 골라 그 배경과 논리를 설명하였다. 그 과정에서 특히 유념한 것은, 법적인 논리뿐만 아니라, 그 뒷면에 있는 진정한 메시지와 의미를 전달하고자 한 것이다. 아울러, 같거나 비슷한 쟁점에서, 외국의 사법부(특히 미국의 대법원)는 어떠한 모습을 보였는지 비교해보았다.

제3부에서는, 앞의 두 개의 장에서 본 우리 사법부의 문제점에 대한 총론적인 해결책을 찾아보려고 시도하였다. 여기에는 당연히 인문학적인 고찰이 토대가 될 수밖에 없었다. 결론은 "용기"이고 "반항"이다.

제4부에서는, 위와 같은 총론적인 해결책을 기초로 하여, 10가지의 주제를 추출한 다음 이에 대한 "각론적인 해결책"을 제시하려고 시도하였다. 핵심은 우리 법조의 문제점들을 밝은 눈으로 꿰뚫어보고, 날카로운 통찰력을 키워나가는 것이다.

1972년 3월 사법시험 제 14회에 합격한 이후 45년 동안 내 나름으로 열심히 법조인으로 살아온 침전물을 담아내려고 노력하였다.

오늘의 내가 있기까지 한없는 사랑과 격려로 키워주신 부모님의 영전에 이 책을 바친다.

나아가 책의 체계와 표현을 적절하게 정리하고 이 책의 첫 독자로서 진솔한 비판을 아끼지 않은 까치의 박종만 사장에게 심심한 감사를 드린다.

2017년 4월 4일
70회 생일을 맞아
저자 씀

제1부

법과 정치의 관계

법과 정치의 관계

사법부와 정치권력의 관계

1. 법률학의 케이프 혼*에 접근하면서

법이 지향하는 곳이 정의이고, 이를 수호해야 할 최후의 기관이 사법부라면, 반면에 정치를 이끌어나가는 현실적인 힘이 정치권력이고, 이를 행사하는 최종적인 기관이 대통령이라면, 결국 법과 정치의 관계는, 보다 구체적으로 표현하면, 사법부와 정치권력, 즉 대통령의 관계로 바꾸어 말할 수 있을 것이다.

따라서 이 책에서는 법과 정치의 관계, 즉 사법부와 대통령의 관계를 살펴보는 것이 목표이다. 그러나 한 나라의 법치주의의 현주소를 가장 적나라하게 나타내는 법과 정치의 관계를, 이론적, 현학적으로 설명하는 것은 필자가 여기에서 의욕하는 바가 아니다. 오히려 사법부와 최고 정치권력자인 대통령과의 관계를, 현실적으로 있는 그대로

---

* 남아메리카 대륙 최남단 칠레령 혼 섬(the Horn)의 남쪽 끝에 있는 곳이다. 높이 약 420미터의 절벽이 바다에 다가서 있는 데다가, 편서풍이 심하여 바다가 거칠고, 큰 파도와 빠른 해류와 유빙 때문에 항해하기가 극히 위험한 곳이다. 이전에는 선원들의 무덤으로 알려져 있었다.

의 모습으로 적나라하게 살펴보고자 하는 것이 이 책의 목표이다.

법과 정치의 관계는, 법률학에서 "케이프 혼(Cape Horn)"이라고 말할 정도로 법률가들을 항상 괴롭혀온 문제이다.

이상론에 입각하여, "정치는 어떤 경우에도 법의 지배를 받아야 한다"고 이야기하면, 현실을 무시한 뜬 구름 같은 망상이라고 하고, 반면에 현실론에 입각하여 "정치는 결국 법을 지배한다"고 이야기하면, 영혼이 없는 법률가라고 지탄받기 일쑤였다.

이와 같은 어려움에도 불구하고, 우리나라에서의 사법현실을 정치권력과의 관계 하에서 실증적으로 살펴보고, 그 개선방안 및 예방조치들은 없는지 찾아가는 모험에 도전해보기로 한다.

2. 법과 정치의 원론적 관계

이 책이 추구하는 궁극적 목표는 아니지만, 그곳에 이르기 위한 전 단계로서 우선 법과 정치의 원론적 관계를 살펴본다.

이념적, 학문적인 의미에서의 정치는 한 나라가 나아가야 할 "방향을 설정하고", 이를 위한 "정책을 실현하는" 것을 말한다. 같은 내용의 말이지만, 조금더 구체화하여 설명하면, 통치자나 정치가가 사회구성원들의 다양한 이해관계를 조정하거나 통제하고, 국가의 정책과 목적을 실현시키는 일이라고 정리할 수 있다.

그런데 원론적으로 보면, 국가가 나아가야 할 방향을 설정하는 일은 입법부인 국회가 하고(즉, 큰 틀은 헌법이라는 최상위 규범으로 정하고, 그 아래의 중요 사항은 법률이라는 차상위 규범으로 정하는 방식으로), 그 설정된 방향, 즉 정책을 실현하는 일은 행정부(종국적으로는 최고책임자인 대통령)가 하는 것으로 정해져 있다.

그리고 이러한 정책의 집행이 법에 따라 잘 이루어지고 있는지는 종국적으로 사법부인 법원에 의하여 심판하도록 되어 있는 것이 법치국가의 원리이다.

이와 같은 시각에서 보면, 정치는 가치의 권위적 배분, 또는 국가의 운영이나 이 운영에 영향을 미치는 활동이고, 다른 한편에서 법은 국가권력에 의하여 강제되는 사회규범이라고 할 수 있을 것이다. 그렇다면 원론적, 원칙적으로 고찰하는 한, 정치와 법과의 관계는 이론의 여지가 없이 분명하다. 즉, 정치는 국가의 방향, 정책을 정하는 것이기 때문에, 가장 상위의 권력이고, 이를 실현하는 것을 목표로 하는 법은, 당연히 여기에 봉사하는 하위의 규범인 것으로 보아야 할 것이다.

그러나 정치권력에 의하여 일단 법이 만들어진 이후에는, 그 정치권력도 결국은 이 법에 의하여 행사되어야 하기 때문에, 이 점에서는 정치도 법에 복종한다고 볼 수 있다. 결국, 정치와 법은 서로 물고 물리는 관계에 있지만, 만약 정치권력이 정당하게 행사되는 것을 전제로 한다면 정치가 법에 우선한다고 이야기해서 지나치지 않을 것이다.

여기에서 가장 중요한 전제는 "정치권력이 정당하게 행사된다면"에 있음을 유념해야 하고, 바로 여기에서 법과 정치의 관계를 현실적, 실증적으로 논의해야 할 의미가 있는 것이다.

3. 법과 정치의 현실적 모습

원론적 논의는 이쯤에서 그치고, 이제 현실로 눈을 돌려 필자가 진정으로 추구하는 목표인 법과 정치의 현실적인 모습을 살펴보기로 하자. 그렇다면, 우리는 법과 정치의 부정적인 모습에 초점을 맞추지 않을 수 없다. 왜냐하면, 법과 정치의 긍정적인 모습, 즉 정의를 선언하고 실천하며, 부정을 척결해나가는 것은 구태여 여기에서 더 논의할 필요도 없는 바람직한 모습을 보여주기 때문이다.

이러한 부정적 의미에서의 정치는 항상 권력을 지향한다. 권력(權力)에서의 "권(權)"은 본래의 뜻이 "자기 마음대로 한다"는 의미이므로, 결국 "권력"은 "자기 마음대로 할 수 있는 힘(力)"이라는 뜻으로 귀결된다. 그런데 권력, 즉 힘은 항상 자기를 유지하고 확대하며 영속화하려고 하는 속성을 가지고 있다. 그러므로 정치권력은 한번 장악한 정치적인 지배력을 끝없이 유지하고 한없이 확대하며, 영구히 보존하려고 한다. 더욱이, 이러한 정치권력, 즉 힘은 충동적 성격을 가지고 있기 때문에 법적 제한을 뛰어넘어 무제한적으로 돌진하려는 위험요소를 가지고 있다. 그리하여 일상 사회생활에서 "정치적"이라는 말을 사용하게 되면, 이는 "목적달성을 위하여 수단과 방법을 가리지 않는"이라는 말과 같은 의미로 받아들여지고 있다.

더욱이, 이와 같은 속성을 가지는 정치권력이 긴급상태에 처하게 된 경우에는, 즉 정치권력에 대한 국민의 지지가 현저히 약화되어 붕괴 직전의 상황에 이르게 된 경우에는, 권력의 자기보존적 본능이 극대화되어 동원 가능한 모든 폭력적 기구와 수단을 가동하여, 자칫 극한적인 상황—최종적으로는 무력까지도 사용하는 상황—에까지 이르기도 한다.

반면, 법의 현실적인 모습은 어떠한가? 법은 현대 민주국가의 기본틀인 입법, 행정, 사법의 세 가지 국가기관에 당연히 관련되어 있고,

가장 중요한 지침이 된다. 그러나 법 자체는 본래 구체적 사안을 대상으로 하는 것이 아니고 일반적, 추상적 원칙을 규정하는 것이기 때문에 법 그 자체로서는 현실적으로도 큰 문제를 야기하지 않는 것이 보통이다. 즉 법을 제정하고 집행하고 해석하는 사람들이 문제가 될 것이며 법률의 규정 자체가 문제가 되는 경우는 흔하지 않다.

물론, 입법은 서로 대립하는 사회구성원들의 다양한 이해관계를 조정하는 것을 목적으로 하기 때문에, 이념적으로나 이론적으로나 일관성이 부족한 경우가 있을 수 있으나, 이는 피할 수 없는 입법의 한계라고 생각된다.

다음으로, 법을 집행하는 행정 영역에서의 법의 현실은 훨씬 더 복잡하다. 우선 국회에서 제정되는 법률은 그 내용의 근간—기본—만을 정할 뿐이고, 세세한 모든 것을 정할 수 없다. 따라서 실제 그 법을 집행하는 데에는, 백지로 남겨진 공백이 있을 수밖에 없고 그 공백을 메우는 일은 행정부에 믿고 맡기는 현실이다.

그러나 행정권을 집행하는 공무원 특히 최고책임자인 대통령이 항상 선량한 마음가짐으로, 즉 법의 제정취지에 맞도록 법을 해석하고 실천하리라고 신뢰할 수 없다는 것은, 역사가 가르치는 바이다. 특히 그 공백이 정권의 유지, 확장과 관련되어 있는 경우에는 그 가능성이 거의 없다고 보아도 틀림없을 것이다. 따라서 행정의 영역에서의 법의 현실적인 모습은 불안정하고, 자칫 이현령비현령의 바람직하지 못한 인식을 줄 우려가 있다.

나아가서 사법의 영역에서의 법의 현실적 모습을 살펴보자.

국가의 권력구조의 측면에서 본 사법부의 역할은 국회에서 제정된 법이 행정부에 의해서 제대로 집행되었는지를 사후적으로 판단하는 조직이므로, 그 판단의 기준이 되는 법은 가장 본래의 모습에 가까운, 즉 정치권력이나 외부의 힘에 의해서 왜곡되지 않은 법의 모습이라고 할 수 있다. 그렇기 때문에 사법부를 운영하는 구성원, 즉 법관이 외부의 압력에 의하여 흔들리지 않는 한, 모든 국민은 "정의로운 법"에 의하여 그들의 권익이 보호받기를 희망하고 이를 믿고 있는 것이다. 사법부는 국민이 믿고 의지할 수 있는 기본권 보장의 최후의 보루라고 생각한다.

다만, 여기에도 약간의 의구심 내지는 자의적이라는 의심을 받을 여지가 전혀 없지는 않다. 왜냐하면, 법률을 아무리 명확하게 규정하려고 노력하더라도, 어느 정도까지는 추상화, 일반화시켜 규정할 수 밖에는 없고, 또한 언어 내지는 문자의 속성상 이를 해석하는 사람의 세계관과 인생관에 따라 차이가 생길 수 있는 것이 필연적이기 때문이다.

그러나 사법부 구성원이 자의적으로 또는 외부의 정치세력의 영향을 받아 이러한 차이가 발생하는 것이 아니라면, 이를 두고 치명적인 잘못이라고는 할 수 없고, 인간세계의 숙명적인 한계로서 받아들여도 좋을 것이다.

4. 법과 정치의 현실적 관계

— 사법부와 정치권력의 현실적인 역학관계

법과 정치의 현실적 관계를 이야기할 때에는, 입법부, 행정부, 사법부를 실제로 운영하는 주체들, 즉 "사람들"이 관여하는 실제의 모습을 살펴보게 된다. 따라서 입법부를 실제로 지배, 운영하는 국회의원들,

행정부를 실제로 지배, 운영하는 대통령, 그리고 사법부를 실제로 지배, 운영하는 대법원장을 비롯한 개개의 판사들—판사들은 재판상 독립되어 있으므로, 각급 법원의 개개의 판사들이 그 운영주체가 된다—사이의 3각 관계를 모두 논의하는 것이 원칙일 것이다.

그러나 입법부의 주된 역할은 법을 만드는 데에 있고, 그 집행에는 관여하지 않으므로, 법의 집행, 운용 과정에서 발생하는 현실적, 정치적인 문제를 다루는 것을 주된 목적으로 하는 여기에서는 사법부와 행정권력, 즉 통치권력 특히 그 최고책임자인 대통령과의 관계만을 살펴보기로 한다.

통치권력의 사법부에 대한 "실제적" 영향력

헌법상 사법부는 그 독립이 보장되어 있으므로, 통치권력은 대통령이라고 하더라도, 헌법과 법률에 정한 바에 따라 법관의 인사에 관여하는 것 이외에는, 전혀 사법부의 활동, 특히 재판에는 관여하거나 영향력을 미칠 수 없다. 이는 현대 자유민주주의 국가, 법치국가에서의 절대 양보할 수 없는 철칙이고, 최후의 보루이다. 이것이 무너지면 이제 그 나라는 더 이상 법치국가라고 할 수 없다.

그렇기 때문에, 통치권자는 여러 공식행사의 언행에 있어서 조금이라도 사법부의 재판활동에 영향을 줄 수 있다고 "오해받을 수 있는" 태도를 취하지 않도록 각별히 주의, 유념하고 있는 것이다. 예를 들면, 1995년 4월 미국의 오클라호마시티의 연방청사 건물에 대한 폭발테러로 사망자만 168명이 발생한 사건 직후, 클린턴 대통령이 행한 언론 인터뷰에서, 누구나 분노해 마지않는 테러 사건임에도 불구하고, 반드시 범인을 체포하여, 법이 정한 "최고의 형을 받게 하도록 노력하겠다"고 이야기하였지, "최고의 형에 처하겠다"고 이야기하지 않았다.

그리고 이러한 통치권자의 사법부에 대한 불간섭 내지는 재판에서의 독립의 보장은 거의 대부분의 경우 잘 지켜지고 있다고 보아야 한다. 그 이유로서는 첫째, 사법부에서 행해지고 재판의 대상되는 사건의 거의 전부(숫자로 따지면 거의 99퍼센트 이상의 사건들)가 개인 사이나 기업들 사이에서 벌어지는 민사소송이거나, 아니면 국가운영에 영향을 미칠 만한 사건들이 아니기 때문에, 구태여 통치권자가 여기에 관심을 가질 필요성을 느끼지도 못하기 때문일 것이다.

둘째는 재판에서 사법권의 독립이 근대 법치국가 원리의 너무나 중요한 한 축이라는 것은 전 국민이 알고 있기 때문에, 여기에 어긋나는 최고통치자의 언행은 그 자체가 최고통치자에게 "치명적인 정치적 손실"을 안겨줄 것이 거의 분명하기 때문이다.

바로 여기에 "함정"이 있다. 즉 대통령이 재판에 관여하는 것이 구태여 그렇게 할 필요나 이해관계가 없을 경우에는, 그리고 그런 것이 오히려 정치적으로 불리할 경우에는 자연스럽게 이 원칙이 지켜질 것이다.

그러나 재판의 결과에 대해서 통치권자가 지대한, 경우에 따라서는, "결정적인" 이해관계를 가지는 경우에도 반드시 이 원칙이 지켜지리라고 장담하는 것은 너무나도 순진한 생각이라고 할 수 있다. 더구나 아직 법관의 재판상의 독립이 확고한 법치주의 원칙으로 자리잡지 못한 법치 후진국가에서는 더욱 그렇다고 할 수 있다.

사법부에 몸담았거나, 몸담고 있는 사람들로서는 선뜻 이를 긍정하고 싶지 않겠지만, 우리의 사법부 역사는 이와 반대되는 사실들을 너무나도 분명히 이야기해주고 있다.

이 책의 뒷부분, 제2부에서 보는 바와 같이, 국가배상법 위헌판결 사건이나, 김재규에 대한 내란목적 살인사건에서 통치권자의 희망에 어긋나는 의견을 낸 판사들이, 더욱이 대법원 판사들이 그 직을 박탈 당하는 사태가 버젓이 일어났다. 그리고 그 이후의 권위주의정부 시절에 반정부인사들에 대한 핍박과 어쩔 수 없이 이를 수용해야 했던 사법부의 모습들은 이미 여러 곳에서 이제 더 이상 부정할 수 없는 사실로 여겨지고 있다.

여기에서, 우리들은, 현실적인 측면에서 사실을 직시할 필요성을 느낀다. 즉 통치권자가 사법부의 독립을, 재판상의 독립을 지켜줄 것이라고 생각하는 것은 희망적인 사항일 뿐이라는 것이다. 통치권자의 이해관계, 특히 정치생명이 걸린 사활의 문제에 이르게 되면, 결국 통치권자는 그의 이익에 따라, 주저 없이 어떠한 극단적인 조치라도 취할 것이라는 현실감을 가져야 한다. 통치권력을 놓고 다투는 정치의 세계는 먹잇감을 놓고 다투는 동물의 세계와 조금도 다를 바가 없다는 현실을 그대로 받아들여야 하고, 여기에 대처할 방안과 각오를 다지지 않으면 안 된다. 통치권자로부터의 재판상의 독립은 세상 다른 모든 일과 마찬가지로 어려움 없이 절대로 그냥 얻어지지 않는다.

그러면, 여기에서 한걸음 더 현실로 들어가서, 이와 같은 통치권자에 의한 사법부에의 관여, 특히 재판절차에의 영향력 행사는 어떤 모습으로 이루어지는가를 살펴보자.

우선, 가장 원초적이고 노골적인 방법으로는, 정보기관 종사자가 직접적으로 재판부에 대해서 은근한 압력과 회유의 방법을 쓰는 것이다. 그러나 이 방법은 과거 극도의 권위주의적 정권하에서나 가능했던 방법으로서 어느 정도 법치주의가 정착된 국가에서는 상상하기조차 어려운 방법이다.

다음으로 생각할 수 있는 방법은, 특히 형사사건의 경우, 재판에 관여하는 한쪽의 당사자인 검찰이, 통상적인 소송수행의 수준을 넘어서 은연중에 그 이면에 자리잡고 있는 통치권자의 의중을 전달하는 수법이다.

본래, 검찰은 당사자주의 소송구조 아래에서 피고인에 대립하는 한쪽의 당사자에 불과하지만, 우리나라 법조인 양성의 구조상 법관과 검사가 같은 과정을 거쳐 양성되고 있고 따라서 서로 대등의식이 잠재해 있다는 점을 이용하여 불공평하게 유리한 대우를 당연시하는 잘못된 모습을 보이고 있다. 시간의 흐름과 함께 이러한 모습과 인식은, 법관들의 자각과 의식적인 노력으로 많이 해소되고 있기는 하지만, 법관과 검사의 자격요건을 별도로 확실하게 차별화하기 전까지는 쉽게 해소되기 어려울 것 같다. 특히 검찰의 입장에서는, 법관과 대등한 "명예"를 누리려는 혜택을 간단히 포기하려고 하지 않을 것이기 때문이다.

또다른 방법으로, 과거에 특히 문제가 되었던 사례로서는 법원장 등 사법행정의 책임자들이 순수한 사법행정의 범위를 넘어서 재판업무에까지 간접적인 영향력을 행사하려고 했던 경우이다. 사법행정 책임자 역시 당연히 법관이고 그들 또한 과거에 재판 업무를 담당했던 경력이 있었기 때문에 결코 노골적인 방법으로 재판에 개입할 정도로 어리석지는 않을 것이다. 다만 선배 법관으로서 후배 법관에게 본인의 오랜 경험에서 우러나오는 조언을 하는 형식을 취하는 것이 보통이고, 그 충고가 조언의 범위를 넘지 않는 한 바람직한 면이 전혀 없다고도 할 수 없다. 그렇지만 과거 어려웠던 시절에 사법부 외부의 정치권력에서는 그들의 시각으로 판단하여 "존재하리라고 여겨지는" 영향력의 행사를 기대하는 경우도 없지는 않았으리라고 의심받고 있다.

통치권력의 사법부에 대한 "법적" 영향력

앞에서는 통치권력이 사법부(법관)에 대해서 행사할 수 있는 것으로 여겨지는 현실적인 영향력 몇 가지를 살펴보았다. 그러나 사법부의 재판작용 역시 국가적인 통치행위의 하나이고, 대통령은 행정부의 수반의 지위를 넘어, 국가 최고통치자이기 때문에 그 지위에서 사법부의 구성 및 이를 통한 통치차원에서의 법적인 영향력을 행사할 수 있고 또 행사하는 것은 당연하다.

이러한 차원에서, 헌법상 대법원장은 국회의 동의를 얻어 대통령이 임명하고, 대법관은 대법원장의 제청으로 국회의 동의를 얻어 역시 대통령이 임명하도록 되어 있다. 다만 일반법관은 대법원장이 임명하도록 하여, 대통령의 영향력을 '형식상으로는' 배제하고 있다.

먼저 대법원장의 인선에 대통령이 절대적인 영향력을 가지고 있음은, 어떤 의미에서 즉, 통치권자의 지위에서 당연하다고 생각된다. 따라서 최소한도 대통령과는 기본적인 정치철학을 같이하는 인물이 선택될 가능성이 아주 높다.

물론 대통령은 국정운영에 대한 국민들로부터의 지지도를 염두에 두어, 사법부 내지는 법조계 전체에서 신망이 두터운 인물을 고르려고 노력할 것이다. 그러나 기본적으로 대통령은 법조에 밝지 못한 경우가 보통이고, 또한 그는 정치적인 이해관계에 더욱 큰 비중을 두는 정치인이기 때문에, 그 당시의 정치상황에 따라 대법원장을 선택할 가능성이 훨씬 더 높다. 역사적으로 보더라도 역대 대법원장의 면면을 보면, 거의 모든 경우에, 정치적 고려가 최우선이었음을 쉽게 알 수 있다. 즉 법률가 내지는 법관으로서의 자질의 우수성이 결정적인 고려사항은 아니었던 것 같다. 역설적으로, 법관으로서의 전통적인 사명감이 투철하고, 사법권 독립의 의지가 충만하며, 분명한 소신을 가진 인물은 오히려 선호대상이 되지 않을 수도 있다. 특히 정권의 정통성이 취약한 경우에 그렇다고 할 수 있다.

특별히 인문학적 소양이 깊거나, 역사적 통찰력이 뛰어난 통치권자가 아니고서는, 당장 눈앞의 정치적인 이해관계를 넘어서 사법부의, 나아가서는, 국가의 백년대계를 염두에 두고, 사람을 선택하는 지혜를 기대하기가 쉽지 않기 때문이다. 따라서 훌륭한 대법원장을 가질 수 있는 행운은, 첫째, 지혜로운 대통령, 둘째, 이러한 대법원장을 가지고자 하는 사법부 구성원들의 열망, 셋째, 이러한 인선을 거부할 수 없게 만드는 우리 국민 및 국회의 성숙한 정신능력, 곧 민도에 달려 있다고 할 것이다.

다음, 대법관의 임명에 관해서는 훨씬 더 복잡한 정치적이고 실무적인 역학관계가 작용하는 것 같다.

우선 헌법의 규정상으로 대법관은 대법원장의 제청에 의하여 대통령이 임명하도록 되어 있는데, 그 취지는 대법원장이 사법부 내부의 사정 그리고 법조계에서의 평판 등을 가장 잘 알고 있을 것이므로 그러한 인물의 선정을 대법원장에게 맡기는 것이라고 보는 것이 타당할 것이다. 물론 그 과정에서 대법원장도 역시 정무적이고 정책적인 고려를 소홀히 하지는 않겠지만, 그래도 정치인인 대통령보다는 사법부의 여러 가지 특성을 고려하여 가장 적절한 인사를 선택할 것이라고 판단한 것이다. 따라서 헌법의 규정 취지는, 대법원장의 제청이 있으면 특별한 결격사유가 없는 한, 대통령은 이를 받아들일 것이라고 기대한 것 같다.

이 과정에서 제청권자인 대법원장은 대법원 구성의 전체적인 구도, 즉 남녀의 성별 비율, 사법시험의 기수 배분, 출신 지역별 안배 비율, 재조, 재야, 학계 등 출신 분야별 비율, 그리고 당연히 보수적 또는 진보적 성향의 배분 비율 등을 종합적으로 고려할 것이다.

여기에서 우리나라 특유의 법조 후진국적인 현상으로서 뜨거운 감자로 등장하는 문제가, 소위 검찰출신 인사의 대법관 기용이다. 결론을 먼저 단도직입적으로 이야기하면, 검찰출신 인사를 대법관으로 임명해야 할 "합리적인 이유"는 하나도 없다고 단정적으로 말 할 수 있다. 우선 그들은 법원의 실무를 전혀 경험해보지 못해 법원업무에 정통하지 못할 뿐 아니라, 법원 사건의 대부분을 차지하고 있는 민사사건 및 행정사건을 처리해본 경험이 전무하다.

법원의 형사사건 처리에 특화된 경험이 있다고 강변할 수 있겠으나, 우선 그 비율이 아주 적을 뿐만 아니라, 법원에서의 중요성은 개인의 인권보장, 절차의 적법성 보장, 법치주의의 확립 등에 있기 때문에, 그 주안점이 검찰 단계에서의 사건처리와는 크게 다르다.

오로지 군사정권 내지는 권위주의정권 시절에(구체적으로는 국가배상법 위헌판결 및 김재규에 대한 내란목적 살인 판결 이후에), 사법부 특히 대법원에 대한 견제 또는 압력수단의 하나로 생각했던 장치이다. 겉으로 내세운 명분은 당시의 법무부장관이던 민복기 씨의 증언에 따르면, 대법원은 전체 국민의 뜻을 담아야 한다는 차원에서, 그 자신이 검찰출신 인사의 임명을 제안하였다고 한다. 그러나 그 이후 검찰출신 인사를 2명으로 늘리고, 심지어는 3명으로까지 늘리려고 시도하였다가 거센 반발로 무산되고만 사실을 돌이켜보면, 이는 허울일 뿐, 사법부 통제에 대한 속마음을 담고 있는 것이라고 할 수밖에 없다.

앞에서 본 대로, 헌법의 입법취지는 대법관 임명에서 대법원장의 주도권을 규정한 것이라고 해도, 실제의 운용에서는 대통령과 대법원장 사이의 보이지 않는 주도권 쟁탈전이 치열하게 전개된다. 대법원장의 입장에서는 자기가 제청한 인사가 대통령에 의하여 거부되지 않고 받아들여지기를 바라지만, 대통령의 입장에서는 임명권을 가진 것을 무기로 해서, 자기가 원하는 성향의 인사, 아니면 최소한 자기에게 적대적이지는 않는 인사를 제청하도록 유도하려고 애쓴다.

심지어는 제청될 인사를 대통령과 대법원장 사이에 내부적으로 확정한 다음에도, 그 내정된 내지는 제청된 인사의 "발표"를 누가 먼저 할 것이냐의 문제를 두고 서로 신경전을 벌이기도 한다. 밀고 당기는 과정에서 흥미로운 일은, 대법원장과 대통령 쪽에서 서로 희망하는 인사가 달라 합의점에 도달하기가 어려운 경우에는, 서로 생각지도 않았던 엉뚱한 제3자가 타협안으로 등장하여 어부지리를 취하는 경우도 있을 수 있다. 인생살이에서 벌어지는 "우연" 내지는 "관운"이라고 불리는 일로서, 누구를 탓할 일도 아니지만, 국외자의 입장에서 보면 흥미로운 일이다.

한 가지 반드시 언급해두고 싶은 사항이 있다. 대법원장과 대통령 사이의 이러한 밀고 당기는 과정에서, 핵심이 되는 고려사항이 정치적, 정략적인 것을 넘어서 진정으로 좋은 사법부를 만들기 위한 충정에서 이루어지기를 바라는 것이다. 조금이라도, 이 과정에 관여하게 되는, 실질적으로 대통령을 보좌하는 자리에 있는 인사들(즉 비서실장이나 담당 비서관들)의 기관이기주의적인 생각이 개입되어서는 안 될 것이다.

이를 위하여 대통령 보좌진의 개입을 차단하고, 대법원장과 대통령 본인과의 직접적이고 허심탄회한 대화와 의사소통이 중요하다. 그 과정에서 좋은 사법부, 훌륭한 대법원을 가지는 것이 대통령의 커다란 업적 중의 하나로 평가될 수 있음을 강조하여 전폭적인 협조와 지지를 얻도록 힘써야 할 것이다.

끝으로, 대법관 이외의 일반 법관의 임명은 대법원장의 권한이므로, 대통령 등 정치권의 입김이 작용할 수 없도록 차단되어 있다. 사법권 독립의 원칙상 당연한 일이다. 웬만한 보통 수준의 법치국가라면, 법관이 대통령이나 정치권의 입김에 의하여 지위에 위협을 받는 경우는 있을 수 없는 일이다.

우리나라의 경우, 과거 군사정권 시절이나 권위주의정권 시절에 이 원칙에 반하는 법조후진국적인 부끄러운 사태가 없지 않았으나, 1987년의 민주화 이후, 최소한 법관이 내린 판결 자체로 인하여, 대통령 등 정치권으로부터 불이익을 받은 사례는 없어졌다고 말해도 좋을 것이다.

그러나 그렇다고 해서 사법부가 정치적인 영향권에서 완전히 벗어났다고 단정하기도 어려울 듯하다. 즉 “보이지 않는 손”에 의한 사법부의 장악, 그 결과로 일어나는 “사법부의 왜소화” 경향, “강자에게 약하고, 약자에게 강한” 바람직하지 못한 모습, “좋은 것이 좋고, 대다수 내지는 대세가 원하는 대로” 판결해버리는 패배자 의식 등 우려스러운 모습이 종종 나타나기 때문이다.

이러한 현상은 근본적으로는, 대법원장의 임명 모습 나아가 특히 대법관이 임명되거나 고위법관으로의 승진이 이루어지는 과정에서 볼 수 있는 모습을 통해서 일반 법관에게 전달되는 암묵적인 메시지에 의해서 발생되는 것 같다. 즉 판결에서 자기의 소신에 의해서 현재의 우리 현실에 대한 비판의식, 권력구조에 대한 견제, 미래지향적인 견해를 나타낸 법관들이 대법관의 제청이나 고위법관으로의 승진과정에서 발탁되지 못하는 사례들이 반복되면, 자연스럽게 그러한 풍조가 일반 법관들의 마음가짐에 스며들게 마련이기 때문이다.

이러한 퇴영적인 분위기를 일신하기 위하여는, 법관들에 대한 인문학적 소양의 고취, 역사의식의 확립 등 자기 정체성을 확립하는 것이 근본적인 해결책이 되겠지만, 이에 관하여는 뒤의 제3부에서 따로 자세히 살펴보기로 한다.

사법부의 통치권력에 대한 영향력

이제 시각을 바꾸어, 사법부가 반대로 통치권력 내지는 정치권력에 대해서 미칠 수 있는 영향력에 대해서 살펴본다. 사법부의 통치권력에 대한 영향력의 행사는 근본적으로 그리고 유일하게 그 "판결을 통해서" 이루어질 수밖에는 없다. 사법부에서 내려지는 판결의 거의 대부분은 개인이나 회사들 사이의 재산분쟁이거나, 형사처벌에 관한 사건들이기 때문에, 국가의 운영방향이나 정책에 큰 영향을 미치는 경우는 드물다. 그러나 가끔은 국가정책이나 국가의 장래를 좌우할 쟁점을 가진 사건들이 마지막 해결책으로 또는 최종적, 유권적 판단을 받기 위하여 사법부에까지 오기도 한다. 이 경우 사법부의 판단은 국가의 장래에 결정적인 영향을 미치게 된다.

특히 사건의 내용이 사람들의 세계관, 역사관, 철학 등에 따라서 결론을 달리할 소지가 많은 사건은 사법부의 최종심급인 대법원의 판결 여하에 따라서 한 나라의 진로가 정해지기도 한다. 사법부의 기능이 제대로 작동하고, 법치주의에 대한 신뢰가 높은, 법치선진국가일수록 대법원의 역할이 중대하고, 국민들의 기대도 큰 이유이다.

전 세계적으로 보면, 역사를 움직인 판결들, 시대의 흐름을 바꾼 판결들이 적지 않은 것을 우리는 알고 있다. (유감스럽게도, 우리나라의 경우에는 정치상황을 비롯한 여러 여건상 이러한 판결들이 흔치 않다.) 오늘날의 예로서는 미국의 대법원이 가장 모범적인 역할을 하고 있는 것 같다. 그러나 미국 대법원 역시 지난 200여 년간의 역사를 보면, 부끄러운 판결을 한 경우도 없지 않았고, 통치권력(대통령)으로부터 정치적인 압박을 받은 경우(대법관에 대한 탄핵의 제기 및 대법원 구성의 변혁 시도 등)도 있었으며, 효율적인 사건처리를 위한 자체적인 개혁조치(심리할 사건을 스스로 선정하고, 법원에 제출되는 서류의 면수 제한 등)를 추진하는 등 시련과 도전의 과정이었음을 가볍게 보아서는 안 된다.

여기에서 주의할 점은, 사법부가 통치권력에 미치는 영향력의 주된 대상 내지는 범위가 무엇인지를 명확히 해두는 것이다. 우선, 앞에서 본 바와 같이 통치는 한 나라가 나아가야 할 방향(정책)을 정하고 이를 실현하는 것이라고 하였다. 그런데 이와 같은 정책의 수립과 실천은 민주국가에서는 입법부인 의회 및 집행부인 정부에 의해서 이루어진다. 즉 국가정책의 형성과 실천에 사법부인 법관이 직접적, 사전적으로 개입하지는 않는 것이 보통이다. 물론 이에 대해서는 사법적극주의(judicial activism)의 입장에서 사법부의 적극개입을 주장하는 견해가 있기도 하다.

그리고 이 정책의 수립, 집행에는 보다 많은 국민이 원하는 바를 반영하는 것이 원칙이므로, 여기에는 다수결의 원칙이 지배한다. 다수의 지배가 이루어지는 것이다. 즉 자칫하면 "다수의 횡포" 내지는 "권력의 횡포"가 이루어질 염려가 생기게 된다.

바로 여기에서, 사법부가 관여해야 할 여지가 발생하게 된다. 다시 말하면, 정책의 수립, 집행을 주도하는 입법부와 행정부는 다수결에 따른 선거에 의하여 구성되고 작용한다. 반면에 사법부는 비민주적으로(즉, 선거에 의하지 않고) 임명된 판사에 의하여 구성되고 운영되므로, 여기에는 다수결의 원칙보다는, 합리적인 이성(practical reasoning)이 지배하게 된다. 즉 다수의 지배가 압도함으로서 나타날 수 있는 "권력의 횡포"로부터 소수자의 보호에 가장 중요한 의미를 두는 것이 사법부의 역할이다. 사법부는 정책의 결정자가 아니라, 권리의 수호자로서 반(反)자유적 위험을 경계하는 데에 주안점을 두게 된다.

상황이 이와 같기 때문에, 특히 미국의 대법원에서 내려진 역사적인 판결들의 대부분은 다수자로부터의 개인의 보호, 행정적, 실체적 목적달성보다는 "절차적 정의"의 추구 등을 강조하는 것들이다. 예를 들면, 미란다 원칙의 선언, 적법절차(due process)의 강조(위법수집 증거의 배제), 개인의 의견표명의 자유(미국국기 소각 사건), 개인의 자기의사 결정권의 인정(낙태의 허용), 수사권력의 위험으로부터 피의자의 보호(자백의 증거능력 제한) 등 하나같이, 국가정책의 결정보다는 그 과정에서 발생될 수 있는 소수자의 보호에 관한 것들이다. 우리나라 사법부의 경우에도, 미국에 비하여 미흡한 점은 있으나, 큰 틀에서 이와 궤도를 같이하고 있음은 명백하다.

그런데 사법권이 통치에 관여하는 가장 중요한 역할인 이 지점(소수자 보호 및 권리의 수호자)에서, 자칫 다수의 국민들 특히 "절차적 정의"보다는 "목표의 달성"을 중요시하는 국민들—기득권자 내지는 현상유지를 우선시하는 보수층인 경우가 많다—로부터, 사법부가 비판받고 경원시되는 요인이 생길 수 있다. 이때에 가장 자주 동원되는 논리가 경제논리의 우선—잘 먹고, 잘 사는 것이 보다 중요하다—및 안보논리의 우선—국가의 안보가 자유보다 중요하다—이다.

미국과 같이 법조문화가 선진화되고, 법치주의가 비교적 확고하게 자리잡은 나라에서는, 이 대립하는 두 가지 가치를 두고 활발하고 이성적인 토론을 거쳐 결론이 도출되는, 특히 대법원에 의하여 도출되는 경우가 많은데, 이것은 바람직한 방향이다.

그러나 아직 법조문화가 미성숙하고 더구나 세계에 유례없이 열악한 안보상황에 놓여 있는 우리나라와 같은 경우에는, 이와 같은 반대논리, 특히 안보논리가 먹혀들어갈 소지가 많고, 더욱이 경우에 따라서는, 특히 정권의 정통성이 취약하거나, 국민적 지지가 약한 경우에는 통치권자에 의해서 이 논리가 악용되기도 하였음을 부정할 수 없다.

우리나라가 법조선진국으로 발전하기 위해서 국민적 계몽, 특히 언론기관에의 설득과 대화를 통해서, 절차적 정의의 실현이 얼마나 소중한 것이고 이것이 바로 민주주의의 성숙도의 바로미터임을 주지시켜나가야 할 것이다.

수년 전 마약범죄 또는 조직폭력범죄를 수사하는 과정에서 수사기관(검찰)에서 "가혹행위"가 행해지고* 이로 인하여 조사받던 피의자가 사망하는 사고가 발생하였다. 언론의 보도 태도는, 그 직후 며칠 동안은 고문의 근절 및 수사기관에 대한 책임추궁에 집중되었으나, 불과 며칠이 지나자 보도의 논조가 바뀌어, 마약이나 조폭사건의 수사상의 어려움을 크게 강조하면서(아마도 수사기관의 강력한 영향력 행사의 결과일 수도 있다) 슬그머니 비난의 대상에서 사라져버렸다.

반면에, 익히 알려진 미국에서의 O. J. 심프슨 살인사건의 배심원 판결에서 "뜻밖에" 무죄의 판결이 내려지자, 한편에서는 미국 배심재판제도의 문제점을 크게 지적하면서도, 다른 한편으로는 "형사재판, 특히 배심재판이라는 것은 원래 그러하라고 만들어진 것"이라고 수긍하고 받아들이는 법률문화 선진국의 성숙한 모습이 나타나기도 하였다. 우리 국민 모두가 인류발전의 역사, 특히 기본적 권리의 형성, 진보에 관한 보다 깊은 이해와 성숙도를 높여나가야 할 대목이다.

다음으로 또다른 측면에서, 사법부가 통치권력에 대해서 미치는 영향력의 범위 내지는 한계를 생각해볼 필요가 있다.

앞에서 보아온 바와 같이 국가정책의 형성과 집행은 입법부와 행정부가 맡아 하는 것이므로, 사법부가 정치에 관여하는 범위는 정치부문 중에서, 곧 입법부, 행정부가 매듭짓지 않은 "나머지 부문"만에 한정된다.

그러면, 다음으로 문제되는 것이 이 "나머지 부분"에는 무엇이 해당되는가일 것인데, 여기에는 다음의 두 가지가 있을 수 있다.

하나는, 언어의 불확정성으로 인하여, 즉 법률조항의 불명료함으로 인하여, 사법부에 의한 그 텍스트의 해석이 필요한 경우이다. 이는 어

---

* 완곡하게 표현하여 가혹행위이지 실상은 고문이라고 보아야 할 것이었다.

쩔 수 없이 사법부가 떠안아야 할 과제이고, 사법부의 고유영역이기도 하다.

둘째는, 정치부분이 매듭짓지 않은 나머지 부분만이 사법부에 의한 조정의 대상이 되는 것이므로, 이를 뒤집어 말하면 "정치권력이 이미 확정한", 근대 자유국가에서 부정될 수 없는 가치인 '보편적 가치'에 해당되는 기본적 인권은 어떤 경우에도 거부되거나 수정될 수 없는 것이고, 따라서 사법부 스스로도 이를 조정할 수 없는 철칙으로 받아들여야 한다. 여기에서 말하는 "보편적 가치"는 바로 기본권의 본질적 내용이며, 구체적으로는, 생명, 자유, 재산권 그리고 정치적 기본권 및 평등권을 말한다.

결론적으로, 사법부의 본질적인 역할은 정치권력과의 관계에서 보자면, 보편적 가치를 보호하는 역할, 곧 소수자의 권리보호에 머물러야 하지, 여기에서 더 나아가, 다수의 이익에 봉사하기 위하여, 입법부와 행정부가 어떻게 기능해야 하는지에 대한 처방을 내리는 "비민주적인 역할"을 자임(自任)해서는 안 될 것이다.*

이러한 시각에서 보면, 행정부(검찰)에서 오랫동안 일했던 사람이 마지막 단계에서 사법부로 소속을 바꾸어 일하는 것이 적절하지 않음은 분명해진다.

여기까지에서는, 국가의 통치구조에 있어서 사법부의 역할이 적극적으로 국가정책을 실현하는 데에 있는 것보다는, 소극적으로 그 과정에서 발생할 수도 있는 소수자의 권리가 침해되지 않도록 배려하는 데에 있다는 것을 밝혀왔다.

---

* 조홍식, 「사법통치의 정당성과 한계」, 박영사, 2010, pp.45-46 참조.

그러나 사법부 역할의 중점이 아무리 소극적 측면에 놓여 있다고 하더라도, 막상 그 역할의 실행에서는 "단호해야" 함을 강조하지 않을 수 없다. 즉, 많은 경우 국가정책의 실행으로 인하여 권리침해를 당한 국민이 그 구제를 위하여 사법부에 호소하러 올 때까지에는 이미 상당한 시간이 지나고 따라서 문제된 사태가 이미 고착되어 그 나름으로 새로운 질서가 형성되어 있을 수가 있다. 따라서 뒤늦게 이를 뒤집는 것은 어려울 뿐만 아니라 부적절하게 여겨지기도 하기 때문에, 웬만하면 정의롭지 못한 상황이라도 그대로 덮어두고 넘어가려고 하는 생각을 할 수도 있다.

그러나 사법부마저도 이러한 안일한 생각에 젖어드는 것은 앞에서 본 사법부가 맡아야 할 본질적인 역할을 소홀히 하는 것이다. 아무리 작은 일이라도, 아무리 사소하게 보이는 일이라도 적어도 사법부만은 그 관심의 긴장도를 늦추어서는 안 될 것이다. 우리 인류의 법치주의 발달에 크게 기여한 많은 사건들 및 판결들이 극히 사소한 사건들로부터 발전되었던 것임을 보여주는 수많은 예들이 있지 아니한가? 역사 흐름의 물줄기를 바꾸는 큰 변화가 반드시 큰 사건에서만 비롯되지 않았다는 것을 인류역사가 증명하고 있다.

5. 사법부와 검찰과의 관계

"법과 정치와의 관계", 여기에 그 분야를 담당하는 주체를 대입하여 생각해서 "사법부와 통치권력과의 관계"를 이야기하였으면, 그것으로 충분하고, 더 보태어 할 이야기는 없어야 하는 것이 정상이다. 즉 여기에서 주제로 삼은 사법부와 검찰과의 관계는 너무나 간단명료하여 따로 설명할 여지가 없어야 하는 것이 원칙이다.

사법부는 헌법이 규정한 3권 분립의 원칙상 독립성이 보장된 법원에 속한다. 그리고 검찰은 국가 형사사법(수사와 기소)을 총괄하는, 국가운영에 필요불가결한 조직으로서 헌법상 행정부의 한 부처인 법무부 소속의 외부기관인 검찰청에 속한다. 따라서 검찰은 범죄행위를 수사하고 법원에 기소하면, 법원은 독립하여 그 유무죄와 형량을 정하여 선고하는 구조이다.

검찰은 수사와 기소라는 막강한 권력을 독점하고 있으나, 어디까지나 행정부 소속 기관에 불과하므로, 최종판단자인 사법부의 결정에 복종해야 하는 것이 헌법이 규정한 대원칙이다. 즉 형사사법과 관련하여, 사법부는 "판단하는" 기관이고 검찰은 "판단받는" 기관이다. 이것으로 모든 설명이 끝나야 하고, 더 이상의 논의의 여지가 남아 있지 않아야 하는 것이 원칙이다. 법조선진국이라고 인정받는 미국의 경우가 바로 그렇다.

그러나 우리나라의 현실은 "불행하게도" 이와는 다른, 잘못된 방향으로 전개, 발전되고 있기 때문에 문제가 발생하고, 따라서 이 문제를 다루지 않을 수 없는 것이 우리나라 사법부의 불행한 현주소이다.

이 문제에 접근하기 위하여는 국가의 통치수단에 관한 일반적인 이야기를 처음부터 풀어나갈 필요가 있다. 어느 국가에서나 통치권자가 나라를 다스릴 때에는 공통적으로 몇 가지의 강제수단이 필요하다. 우선 하나는 외부세력으로부터 국가를 지키는 무력적인 힘인 국방력이 필요하고, 다음으로는 내부적으로 공공질서를 어기고 국기를 문란하게 하는 세력을 억제하기 위한 형벌권이 필요하며, 이어서 국내외 정세의 현황과 흐름을 파악하여 국가정책의 수립에 필요한 정보를 수집하는 정보기관이 필요하며, 끝으로 국가를 재정적으로 유지하기 위하여 소요되는 경비의 조달을 담당하는 세금징수 기관이 필요하다.

위의 각 기능을 담당하는 오늘날의 국가기관은 각각 국방부, 검찰청(경찰청도 포함한다), 정보부, 그리고 국세청일 것이다.

그런데 가장 이상적이고 바람직한 통치권자의 덕목은 위 네 가지 권력을 가능한 한 적게 사용하고 또는 두드러지지 않게 사용하고, 인류의 보편적 가치, 즉 자유, 평등, 인권 등에 터잡아 원만하고, 억압적이지 않는 방법으로 "보이지 않게" 통치하는 것이다.

역사에서는 이를 태평성대(太平聖代)라는 단어로 표현하고 있음을 우리는 알고 있다. 하지만, 역사의 흐름이 항상 그렇지 못하였음을 우리는 또한 알고 있다. 특히, 정권의 획득과정이 무력이나 비정상적인 방법으로 이루어졌거나, 아니면 정치적 지지기반이 취약하여 강력한 지배력을 발휘할 수 없을 때에는 어쩔 수 없이 위와 같은 강제력을 강하게 동원하여 통치하고자 하는 유혹에 빠지게 된다.

그러한 경우, 일차적으로 가장 쉽게 동원되는 수단이 무력, 즉 폭력이다. 군인 또는 경찰의 무력을 사용하여 반대자들을 물리력으로 체포, 감금, 학대하고 심지어는 생명을 빼앗는 등의 방법으로 정치적 반대자들을 억압한다. 그러나 이러한 원시적인 방법은 일시적으로는 효과가 있을는지 모르지만, 중장기적으로는 한계가 있을 수밖에 없으며, 국민의 의식수준, 민도가 높아짐에 따라 더 이상 유용한 수단이 되지 못한다.

그리하여 이러한 물리적 폭력과 더불어 또는 독립적으로 동원되는 수단이 국가의 정보력, 즉 정보기관을 이용하는 방법이다. 수많은 정보인력을 동원하여 반대자들의 모든 활동을 감시하여, 약점을 잡아내고, 이를 빌미로 하여 수감, 축출, 형벌 등을 가하여 이들을 제거하는 수법이다.

위의 두 가지 수법 모두를 우리는 불행하게도 과거 권위주의 정권하에서 수없이 경험해왔으며, 세월이 바뀌고 민주화되면서 힘든 과정을 거쳐 그 진상규명과 함께 그 행위자 처벌 및 재발방지 등을 약속하고 있음은 주지의 사실이다.

나아가 가끔은 국가가 그 조세징수권을 악용하여, 정치적 반대자들을 탄압하는 수단으로 사용하기도 한다. 소위 세무조사라는 명목으로 행해지는 이러한 조치는 우리나라 기업운영의 현실—모든 기업운영이 철저히 법에 따라 이루어지기 어려운 현실—에 비추어 탄압수단으로 인식되지 않을 수가 없다.

끝으로, 가장 유용하고, 외형적으로는 합법적인 모습을 갖추어 비난 가능성이 약한 강력한 통치수단이 바로 형사처벌권, 곧 검찰권의 동원이다. 어느 국가, 어느 시대에나 국가가 그 질서유지를 위하여 형사사법권을 독점하는 것은 필수적이다. 그리고 이 권한을 행사하는 기관이 검찰(및 경찰)이며, 이는 국가가 존속하는 한 필수불가결의 조직이다. 또한 이 조직의 구성원(검사) 또는 적어도 최고책임자, 즉 검찰총장은 통치권자에 의하여 임명되는 것도 당연하게 받아들여진다.

일반론적인 설명은 여기까지이다. 이제부터는 현실적인 문제로 들어가 우리나라의 경우를 보자. 그러나 문제는 이러한 막강한 형사사법 권력이, 국가질서 유지라는 본연의 목적에 봉사하지 못하고, 정권의 반대자를 탄압하거나 또는 정권의 이익에 부합하도록 왜곡되어 사용되는 경우에 발생한다는 데에 있다. 이와 같은 권한의 남용 내지는 악용은 대부분의 경우 적당한 대의명분을 내세워, 합법을 가장하기도 하지만, 가끔은, 특히 위기상황의 돌파가 급박한 경우에는 누가 보아도 알 수 있을 정도로 노골적으로 행사되기도 한다. 이와 같은 사례가 결코 드물지 않았음을 우리는 우리나라 최근의 헌정사에서도 쉽게 알 수 있다.

나아가, 정권을 가진 자 그리고 여기에 부응하는 검찰은 그 남용된 검찰권의 행사가 최종적으로 정의를 선언하는 기관인 "사법부에 의하여도 공인받고 정당화되도록 하기 위하여", 헌법상 및 법률상 허용될 수 없는 비정상적인 방법으로 사법부에 압박을 가하는 경우도 없지 않았음이 속속 밝혀져온 것이 우리나라의 현실이었다.

그런데 불행하게도, 우리나라의 상황은 더욱 바람직하지 않은 방향으로 흘러가고 있는 것 같다. 즉, 검찰권력의 정치적 이용의 유용성 내지는 편리성—특히 이는 무력이나 정보력을 이용하는 것보다 훨씬 더 합법성을 가장하는 데에 편리하다—에 매료된 통치권자가 이와 같은 검찰권—보다 구체적으로는 검찰 소속의 인사, 즉 검사—을 아예 그 휘하의 참모조직, 곧 대통령 비서실로 끌어들여, 정치행위 및 정무적 판단을 하는 데에서까지 이들을 이용하는 것이다.

대통령으로서는 이 방법이 대단히 유용하고 편리할 수 있다. 즉 그러한 참모들은 우선 형사사법권을 가진 기구와 출신배경이 같으므로 의사소통과 지휘, 통제에 어려움이 없다. 또한 그 조직의 구성원들 중 상당수 특히 상층부에 속하는 부류는 권력지향적이고, 법통치만능주의—형사처벌권을 수단으로 국가조직을 운영하고 국가를 통치할 수 있다는 단세포적인 생각—에 몰입되어 있으므로 대통령이 원하는 방향으로 정책을 수립, 집행하는 데에 수월하다. 즉 검찰조직의 권한 확대를 위하여, 대통령을 위한 일이라면 무엇이라도 할 수 있는 위험성에 노출되어 있는 것이다.

그러나 이러한 통치방법의 결정적인 약점은 국가를 통치하는 데에, 보다 큰 이념, 장기적인 안목, 국민의 대화합, 국민의 안녕과 복지라는 인류의 보편적 가치가 자리잡을 여지가 없고, 당장 눈앞의 이해관계, 정략적 술수만이 우선시될 수 있다는 데에 있다. 이러한 치명적인 약점은 사실 모르는 바도 아니고, 이미 경험적으로도 드러나 있기 때문에, 대통령 선거전을 치르는 과정에서 모든 후보자들은 "검찰인사의 참모조직에서의 배제, 곧 검사의 청와대 비서실 파견 근무의 철폐"를 철석같이 공약하였지만, 막상 당선 후에는, 그 약속을 너무나도 공공연히 저버리고 있음이 현실이다.

이러한 문제점이 극대화되고, 스스로 자정능력을 상실하게 되는 최악의 경우가 바로, 참모조직의 최고책임자, 곧 비서실장과 그 실무부서의 책임자, 곧 수석비서관이 모두 검찰출신의 인사로 채워지는 경우이다. 이러한 최악의 조합이 이루어진 경우가 드물지 않게 있었는데, 바로 그러한 경우에 정치적으로 커다란 어려움이 발생하였다는 사실은 결코 우연이 아닐 것이다. 이와 같이 대통령의 참모조직이 그 책임자로부터 실무책임자까지 검찰출신 인사에 의하여 장악됨으로써 생긴 부조리는 그들끼리의 담합에 의하여 대통령의 통치철학과는 무관하게 오로지 검찰권력의 확대라는 방향으로 나타나게 된다. 즉 대통령이라고 하더라도, 국정의 모든 분야에 전문성을 갖추기는 어렵고 더욱이 비법조인인 대통령으로서는 법조분야에 대한 식견을 가지기가 어려운 상황에서, 사실상 검찰출신의 참모진들이 그들의 "입맛에 맞는 조치를 취하고", 마치 이것이 통치권자가 심사숙고한 결단에 의하여 이루어진 것처럼 포장하여, 그들의 권한확대에 이용하는 것이다.

이와 같이 추리하는 것이 너무 극단으로 나아가는 것이 아닌가 염려하는 견해에 대해서 최근 우연히 적절한 반증자료가 나타났다. 즉 2년 전 대통령 참모조직의 실무책임자로 근무했던 검찰출신 인사가 신병으로 사망한 후, 그의 비망록이 발견되어 언론에 노출되었다. 그런데 그 비망록에는 역시 검찰출신의 참모책임자의 지시사항이라고 하여 다음과 같은 사항이 기재되어 있었다는 것이다. "법원이 지나치게 강대하다. 견제수단이 생길 때마다 길을 들이도록" 또한 "상고법원과 관련하여 판사의 성향에 트집 잡히지 않도록 치밀하게 준비하라"* 는 평소의 속마음을 적나라하게 나타내는 자료가 예기치 못한 방식으로 드러나게 된 것이다.

여기에, 사법부 구성원들에게 경각심을 불러일으키고자 하는 차원에서 몇 가지의 예를 들어둔다.

검찰의 이와 같은 시도는, 검찰조직의 권한확대, 법원, 특히 대법원의 인사에 대한 관여, 재판절차에 대한 제도적 개입, 심지어는 판결내용에 대한 영향력의 행사 등등 그야말로 "견제수단이 생길 때마다" 행해지고 있다. 각별히 주목하여야 할 점은 이와 같은 여러 시도들이, 앞에서 이야기한 바와 같이 최고통치권자가 심사숙고 끝에 내린 결단에 의한 것이 아니라, 대통령을 등에 업은 검찰권력이 "자신의 이익을 위하여, 호가호위하면서" 이루어지고 있다는 것이다.

먼저 검찰의 권한확대 시도를 살펴보자.

---

* 2016년 11월 11일「조선일보」

헌법상 체포, 구속, 압수 등을 할 때에는 "검사"의 "신청"에 의하여 법관이 발부한 영장이 있어야 한다(헌법 제12조 제3항). 그런데 이 영장주의의 핵심은 "법관이 발부한" 영장이 필요하다는 데에 있다. 여기에 규정된 "신청의 주체", 즉 "검사"는 기본권보장을 내용으로 하는 헌법에 들어갈 사항이 아니다.* 여기에는 혹시라도 나중에 경찰의 영장신청권이 문제로 대두될 경우에 대비한 검찰의 숨은 계략이 들어 있다.

더욱이, 현행 헌법에서는 검사의 "신청에 의하여"라고 "중립적"인 표현을 쓰고 있으나, 권위주의정권 시절에는 그 용어를 "요구"라고 사용하여, 강압적, 절대적인 어감을 느끼게 하는 치밀한 의도까지도 드러내었다.

과거의 사회보호법 규정에 의하면, 그 보호요건에 형식적으로 해당되는 경우에 검사의 청구가 있으면, 법관은 아무런 재량도 없이, 즉 이를 유예하는 권한도 없이 기계적으로 보호처분을 명하도록 되어 있었다.**

또한 과거 형소법의 규정에 의하면 검사가 10년 이상의 구형을 한 피고인은 무죄, 집행유예 판결을 받아도 석방될 수 없었다.***

영장실짐심사제도—영장발부 때에 법관이 직접 피의자를 대면하여 신문하는 제도—의 도입 당시, "피의자 호송의 불편함"이라는 빈약하기 짝이 없는 논리를 내세워 그 도입을 반대하였고, 피의자의 신청이 아닌 "법관이 직권"으로 피의자를 불러 신문할 수 없도록 주장

---

* 영장신청은 경찰도 할 수 있는 것이고, 이는 헌법이 아니라 법률에 규정할 사항이다.

** 후에 위헌으로 판결되었다.

*** 이 역시 후에 위헌으로 판결되었다.

하였다.

검찰의 사법부에 대한 견제는 대법원 구성에 대한 집요한 요구에서도 적나라하게 드러난다. 박정희 대통령 시절인 1964년 당시 법무부장관인 민복기 씨*의 제안에 의해서 검찰출신 인사가 대법관이 된 후, 오늘날까지 끊임없이 1명 또는 2명의 인사가 대법원에 들어왔다. 한때는 3명으로 늘려보고자 시도하였으나 극심한 반발에 부딪쳐 철회되었다. 그 필요성과 합리성에 대한 아무런 공감대도 없이 현재까지 유지되고 있고, 최근 대법원장의 거부로 짧은 기간 동안 공백상태가 있었으나, 그 역시—외부에서 판단하기로는—내밀한 압박을 더 이상 견디지 못하고, 2015년에 다시 검찰출신 인사를 받아들였다. 하지만 이번 경우에는 사법부의 부정적인 인식을 감안하였는지, 현직에 있는 인사가 아닌, 검찰에서 퇴임한 지 상당기간이 지난 인사가 낙점되었다.

이와 관련하여 두 가지를 더 언급하지 않을 수 없다. 하나는, 대법원에 들어올 검찰출신 인사를 낙점할 때에, 그 선정의 주도권이 인사권자인 대법원에 있는 것이 아니라 오히려 검찰에 있다는 점이다. 즉 누구를 낙점할 것인가를, 검찰에서 정하여 알려주는 방식으로 진행되고 있음이 현실이다.

둘째는, 지금까지 대법원에 들어온 인사들이 검찰조직 내에서 가장 우수한, 베스트로 꼽히는 사람들인지 장담할 수 없다는 사실이다. 물론 이러한 선정방향은 여러 가지 생각을 함축한 다목적적인 전략일 수 있겠으나, 이를 받아들여야 하는 사법부 내지는 대법원의 구성원

* 그는 제5대(1968-1973), 제6대(1973-1978) 대법원장을 역임하였다.

들이 느낄 무력감과 자존심에 대한 침해는 전혀 고려되지 않고 있음은 분명하다.

검찰의 사법권에 대한 견제는 그야말로 "기회 있는 대로" 시도되었다. 형사재판에서, 특히 사회적으로 이목을 끄는 사건들의 경우에 무죄가 선고되거나, 선고형량이 검찰의 구형량에 미치지 못하는 때에는, 검찰은 언론에 대한 브리핑 형식의 기회를 마련하여, 법원의 판결을 비난하였다. 거의 모든 경우 그 비난의 이유들은 재판과정에서 법원에 이미 제출된 내용으로서 재판부의 판단 결과 받아들이지 않기로 결론이 난 사항들이다. 이는 오로지 국민에 대한 자기변명에 지나지 않으며, 검찰이 법원과 대등한 위치에 있다는 인상을 심어주기 위한 옳지 못한 책략에 의한 것이다.

언론 역시, 사건에 대한 깊은 이해 없이, 엄벌만을 바라는 여론에 편승하여 여기에 동조하였다. 그 결과로, 법관의 양형상의 재량권을 제한하기 위한 양형기준의 제정을 끈질기게 요구하였고, 결국 관철되었다. 양형기준의 형식화, 고형화로 인한 불이익은 결국 국민에게로 돌아가게 되었다. 반면, 법관의 양형보다 훨씬 더 재량의 범위가 크고, 또한 밀실에서 이루어짐으로써 견제의 필요성이 훨씬 큰 "검사의 구형기준"에 대해서는 한마디 언급도 없었다.

검찰이 법원과 대등한 위치에 있어야 한다는 뿌리 깊은 집착은 엉뚱한 곳에서도 나타난다. 즉 전 세계에 유례없이, 검찰청사가 법원청사와 위치상으로 대칭되게 좌우로 나란히 배치되어 있는 현상이다. 외국의 법조인들이 가장 이상하게 여기고 이해할 수 없다고 말하는 것들 중의 하나이다. 나는 그것 말고도 다른 사례들을 들 수 있다.*

가장 최근의 예 한 가지를 들어보자. 대법원이 엄청난 사건부담의 압박으로부터 벗어나 소위 정책법원으로 가기 위하여 고심 끝에 채택한 상고법원 설치에 관한 이야기이다. 대법원은 그 필요성을 면밀히 검토하고 정당성을 제시하여 법안을 국회에 제출하였으나, 결국 법무부 내지는 대통령 비서실의 반대에 부딪쳐 실현이 좌절되었다. 상고법원 설치의 정당성 사유에 대한 언급은 전혀 없이, "겉으로 내세우는" 이유는 상고법원 법관의 임명에 대통령의 의중이 반영될 여지가 없어, 대통령의 인사권이 침해된다는 것이었다.

그러나 "속에 감추어진" 이유는, 상고법원의 설치로 대법원의 업무부담이 감경되어, 실제적으로 주요한 사건에 대해서 심리가 집중되고, 따라서 국가의 운영방향에 대한 대법원의 영향력이 강해지는 것을 통치권자의 입장에서 전혀 반가워하지 않는다는 데에도 있는 것으로 알려지고 있다.*

결론적으로 현재 우리나라의 사법부는 법조선진국의 모습을 갖춘 사법부라고는 말할 수 없다. 오히려 지나치게 비대한 정치권력에 의해서 일그러진 모습의 사법부라고 말하지 않을 수 없다.

---

* 오래 전 우리나라의 판사와 검사로 구성된 법조 시찰단이 미국의 고위 공직자를 방문하게 되었는데, 그 의전 담당자가 판사들만의 면담을 허용하고, 검사들은 밖에서 대기하라고 조치하여 황당해하던 우리나라 검사들의 경험. 세계에서 가장 붐비는 공항 중의 하나인 시카고의 오헤어 공항에 미국 대법관만을 위한 주차장이 따로 마련되어 있다는 사실. 미국 프로 야구 경기가 한창 진행되고 있는 상황에서 미국대법관이 관람을 위해서 경기장에 들어가자, 장내 안내방송으로 그 대법관의 입장 소식을 전 관중들에게 알리는 모습 등.

* 원천적으로는, 이와 같은 모든 모순과 부조리는 인문학적 소양을 충분히 갖춘 대통령을 가지지 못한 우리나라의 불행이라고 볼 수밖에 없다.

6. 사법부는 "가해자"인가, "피해자"인가? : 사법부의 과거사정리와 관련하여

이상에서 법과 정치 나아가서 구체적으로는 사법부와 통치권력 특히 사법부와 검찰과의 관계에 대한 우리나라의 현재 위치를 살펴보았다. 이제 이러한 사정들을 종합, 정리하여 사법부의 지난날의 모습, 즉 과거사를 어떻게 평가하고 어떻게 받아들일 것인가를 판단해야 할 단계에 이르렀다.

이와 같은 시각에서 사법부의 지난 50여 년 전의 역사를 돌이켜보면, 사법부는 "가해자"임과 동시에 "피해자"였다고 평가할 수 있을 듯하다. 즉 국민에 대한 관계에서는 "가해자"였으며, 통치권력과의 관계에서는 "피해자"였다고 할 수 있다.

각각의 경우를 나누어 살펴본다.

"가해자"로서의 사법부

연유가 어찌되었건 간에, 국민에 대한 관계에서, 1972년 10월 17일 유신 선포부터 최소한도 1987년 6월 29일의 민주화 선언 때까지에는—물론 그 이후에도 간헐적으로 가해자적인 모습이 있었지만—사법부는 "가해자"였다.

따라서 가해자로서의 사법부를 이야기하려면, 먼저 여기에서 그동안 사법부가 해왔던 가해자로서의 행위들—그 대부분이 판결일 것이다—을 낱낱이 살펴서 그 내용을 소상히 밝히는 것이 우선일 것이다.

그러나 이러한 방대한 작업은, 이 책의 범위 밖이므로 생략하기로 하고, 대신 다른 자료들*에 맡기기로 하되, 다만 한 가지 통계자료만을 제시해두고자 한다.

2005년 9월 제14대 대법원장으로 취임한 이용훈 씨는 과거사 정리 차원에서 과거에 행해진 문제판결로 224건의 판결문을 분석했다고 한다.**

그후 노무현 대통령의 주도로 설립된 각종 과거사위원회에서는 장시간의 조사 결과 40여 건의 사건에 대해서 재심권고의 결정을 하였고 이중 20여 건에는 재심이 개시되었으며, 다시 이중 15건에 대해서는 재심 무죄의 판결이 내려졌다. 그리고 그중 9건에 대해서는 재심 무죄판결을 한 재판장이 과거 잘못된 판결을 내린 선배 법관을 대신하여 사과하는 내용을 판결문에 담았다.***

한 가지 예로 2009년 5월에 내려진 소위 아람회 사건 재심판결에서 재판장(이성호 부장판사)은 "평범한 시민들이 국가기관에 의해 저질러진 불법구금을 법정에서 절규했음에도, 당시 법관들은 이를 외면하고 진실을 밝혀내지 못했다"고 시인하고, "선배 법관을 대신해 억울하게 고초를 겪은 시민들에게 위로의 말씀을 드리며, 고인이 된 이 씨가 하늘나라에서 평안하기를 바라며 나머지 피고인들도 평화와 행복을 찾기 바란다"고 위로의 말을 전했다.****

---

* 예를 들면, 법원행정처, 「법원사」,2002; 사법발전재단, 「역사 속의 사법부」, 2009; 법률신문사, 「법조 50년 야사」, 2009; 한홍구, 「사법부」, 돌베개, 2016; 국정원 과거사위원회, 「과거와 대화, 미래의 성찰」, 2014.

** 다만 그 선정 기준과 목록은 밝히지 않았고, 그후 이 판결들에 대한 처리를 어떻게 하였는지는 아무런 언급이 없다. 한홍구, 앞의 책, p.404

*** 한홍구, 앞의 책, p.394

**** 한홍구, 앞의 책, p.395

이상에서 본 것으로 사법부의 가해 사실이 정리된 것으로 일단 마무리하고 나면 그 다음 작업으로 이에 대한 '평가'가 뒤따라야 할 것이다. 이에 따라서 사법부의 과거사에 대한 평가작업은 1993년 김영삼 대통령의 취임과 함께 소위 문민정부가 출범하면서부터 시작되었다.

1993년 6월 서울민사지법 단독판사들은 "사법부 개혁에 관한 우리의 의견"이라는 문건을 발표하였다. 그들은 "지난날 사법부의 비겁함을 꾸짖는 역사 앞에 참담한 심정으로 속죄한다. 과거사 반성과 청산 없이는 사법부 개혁이 올바른 방향으로 나아갈 수 없다"고 하면서, "과거 사법부는 마땅히 '그것은 법이 아니다'라고 선언하여야 할 때 침묵으로 대신했다", "판사들은 판결로서 말해야 하였을 때 침묵하기도 했고, 판결로서 말해서는 안 될 것을 말하기도 하였으며, 판결이라는 방패 뒤에 숨어 진실에 등돌리기도 했다"라고 스스로 비판하였다.*

사태가 확산되어 정치판사 퇴진의 요구까지 번지게 되자 당시 법원행정처장이던 안우만 씨는 7월 1일 기자회견 자리에서 "정치판사는 있을 수도 없고, 있지도 않다." "여론재판식으로 특정 법관의 퇴진을 요구하는 것은 있을 수 없는 일"이라고 못 박았다.

그후 2개월 남짓 뒤에 12대 대법원장으로 취임한 윤관 대법원장은 1993년 9월 27일의 취임식에서 "사법부의 인사에 관한 문제는, 법관의 신분보장에 관한 헌법정신과의 조화 속에서, 스스로의 자율과 양심에 터잡아 슬기롭게 매듭지어질 수 있을 것으로 확신한다"고 하여, 소위 정치판사라는 명목을 붙여 법관의 인위적인 도태는 있을 수 없음을 분명히 하였다.

---

* 한홍구, 앞의 책, p.384, 그리고 사법발전재단, 「역사 속의 사법부」, p.112

뒤의 제2부 부록에서 우리는 세계 각국에서의 과거사 정리 양태를 상세하게 살펴볼 것이다. 그 유형은 크게 세 가지 내지 네 가지로 나누어볼 수 있겠으나, 그 중 어느 방법을 선택할 것인지는 결국 그 나라마다의 특수한 상황을 고려하여 가장 적합한 방법을 채택하고 있음을 알게 될 것이다.

그러한 시각에서 본다면, 소위 3차 사법파동의 처리과정에서, 당시의 법원행정처장과 대법원장은 각자 자기의 입장에서 합당한 선택과 대응을 한 것으로 여겨진다. 특히 뒤에서 보는 바와 같이 우리나라의 사법부는 국민에 대한 가해자인 동시에 정치권력과의 관계에서는 피해자인 측면도 있었다는 점을 지적해두고자 한다.

이와 같이 하여 역사의 소용돌이의 한 고비는 극복하였으나, 역사의 수레바퀴는 거기에 머무르지 않고 계속해서 전진하고 있었다. 즉 이로부터 10년이 지나 2003년에 노무현 씨가 대통령으로 당선되면서 과거사청산 및 민주화의 열기는 더욱 강해져갔다. 그 일환으로 노무현 대통령은 2004년 8·15 경축사에서 "독재정권시기에 인권침해 의혹을 받았던 '국가기관'도 의혹을 계속 은폐하거나, 진상규명에 소극적으로 방관할 것이 아니라, '스스로 적극적으로 나서서' 진실을 밝혀야 한다"고 강조하였다.

사태가 이렇게 되자 사법부로서도 과거사청산의 요구를 피해갈 수 없었다. 그리하여 노무현 대통령에 의하여 제14대 대법원장으로 지명된 이용훈 대법원장은 2005년 9월 26일의 취임사에서 "독재와 권위주의 시대를 지나면서 사법부는 정치권력으로부터 독립을 제대로 지켜내지 못하고, 인권보장의 최후 보루로서의 소임을 다하지 못한 불행한 과거를 가지고 있다"고 고백하고, "대법원장인 저를 포함한 사법부 구성원 모두는 국민 여러분께 끼쳐드린 심려와 상처에 대해서 가슴깊이 반성한다"고 밝혔다. 그리고 3년 후인 2008년 9월 26일의 사법부 60주년 기념식에서 "권위주의 체제가 장기화되면서……불행한 과거가 사법부의 권위와 사법부에 대한 국민의 신뢰에 적지 않은 손상을 주었음을 잘 알고 있습니다.……이 자리를 빌려 우리 사법부가…… 국민에게 실망을 드린 데 대해서 죄송하다는 말씀을 드리고자 합니다"라고 다시 한번 과거사에 대한 사죄를 하였다.

그러면서 "권위주의 시대의 각종 시국관련 판결문을 분석했고, 조만간 발간될 사법부의 역사자료에 포함해 국민에게 보고할 예정"이라고 하였다. 그 결과물로서 2009년 말 「역사 속의 사법부」라는 자료집을 발간하였다. 그러나 앞에서 약속된 내용은 포함되어 있지 않아서 실망을 안겨주었다.

여기까지가 가해자로서의 사법부의 과거사 정리에 관한 현주소이다. 생각건대, 사법부의 과거사는, 가해자로서의 역할보다는 뒤에서 보는 바와 같은 국가권력으로부터의 피해자로서의 상처가 더 크다고 보이기 때문에, 앞으로 사법부의 과거사에 대한 연구의 중점은 후자에 놓이는 것이 옳다고 생각한다.

끝으로 추가하여, 앞에서 본 바와 같이 노무현 대통령의 2004년 8·15 경축사에서 비롯된 국가기관의 과거사 반성 촉구에 따라, 국정원, 경찰청, 국방부가 각각 소속 공무원 이외에 민간인도 참여한 과거사진상규명위원회를 만들어 수년간의 활동 끝에 각각 조사결과를 보고서의 형식으로 발간하였다.

특히 사법부의 과거와 관련해서는 2007년 10월 발간된 국정원의 보고서 「과거와 대화, 미래의 성찰」 중, 제4권, 「정치-사법편」에 상당히 상세하고, 광범위하게 언급되어 있다. 특별히 관심을 끄는 부분은, 대통령의 위와 같은 각별한 관심에도 불구하고 권력기관 중에서 유일하게 "검찰"은 그와 같은 과거사 정리작업을 하지 않았다는 것이다. 그들 나름으로 심사숙고해서 내린 결론이겠으나, 많은 의미를 함축하고 있다고 생각된다. 이에 대해서는 뒤의 제2부 부록*에서 좀더 자세히 살펴보기로 한다.

"피해자"로서의 사법부

권위주의정권 시절, 통치권력의 최대의 약점은 그 권력의 정통성이 전혀 없었다는 것—쿠데타에 의한 정권장악—또는 정통성이 극히 취약한 것—즉 진정한 자유선거에 의한 선출이 아니었다—에 있었다. 그리하여 통치권력은 그 약점을 보완하기 위하여, 헌법상 최종적으로 정의(법)를 선언할 권한을 가진 "사법부로부터" 그들이 한 행위의 정당성을 인정받을 필요가 있었고, 또한 이를 갈망하였다.

그리하여 그 과정에서, 합법성, 곧 법치국가성을 외견상 유지하면서도 그 목적을 달성할 수 있는 방법으로 "검찰권의 활용"이 널리 그리고 빈번히 이용되었다. 그 이유는 군부나 정보기관에 비하여 검찰은 그 구성원(검사)의 자격이 사법부 구성원(법관)의 자격과 동일하여,** 사법부 내지는 재판부와의 접촉 내지는 접근이 훨씬 용이하였기 때문이었다. 그 결과 사법부에 대한 영향력의 행사에 관한 한, 검찰이 다른 권력기관과의 권력투쟁의 과정에서 압도적인 우위를 차지하게 되었다.

---

* 이 책, p.279

** 모두 사법시험이라는 같은 시험을 통과하였다.

그러나 권력이 강해지면 반드시 무리와 왜곡과 탈선이 생기는 것이 역사법칙이다. 즉 검사들 중에서 정의감보다는 권력욕이 앞선 일부 검사가, 점차 권력욕의 마약에 도취되어, "자발적, 능동적으로" 통치권력에 접근, 유착하여 지극히 위험한 생각을 가지게 되었다. "권력은 대통령만큼, 명예는 판사만큼", 이 말이 그들의 속뜻을 가장 적절히 표현하고 있다.

상황이 이와 같이 전개되면서, 검찰은 점차 권력의 방조자를 넘어 권력 그 자체로 변신하였다.

상황이 이러하였기 때문에, "피해자로서의 사법부"를 이야기할 때에 사법부에 대한 "직접적인 가해자"로 피부에 느껴지는 상대는 "검찰"이라고 받아들여진다. 물론 그 이면에는 실질적인 가해의 주체인 통치권력이 자리잡고 있지만, 직접적인 대면자인 검찰에 대해서 감정적, 정서적인 피해의식을 느끼는 것은 어쩔 수 없는 현상이다. 더구나 검찰은 대법관 인선에의 집념, 법원판결에의 부적절한 항의, 심지어 청사배치의 신경전에 이르기까지 사법부의 자존심을 건드리는 행태를 보여왔기 때문에 더욱더 그러한 인상을 깊게 심어주었던 것이다.

따라서 과거사 정리에서, 피해자로서의 사법부가 입은 트라우마를 치료하는 가장 중요한 방법은 권위주의 정권 시절, 검찰과 사법부의 관계를 조사하고 찾아내는 것이다.

바로 이와 같은 작업의 필요성을 강조한 것이 앞에서 본 2004년 광복절 치사에서 노무현 대통령이 지적한 과거 국가기관의 자체적인 자기반성의 요구였던 것이었다. 그러나 검찰만은 이러한 과거사청산작업을 거부하였다.

이 점에서, 검찰에 대한 과거사 정리의 필요성이 더욱 절실하게 요구된다. 그러면 그 작업의 주체는 누가 되어야 할 것인가. 이는 어느 개인의 열정에 기대하기에는 너무 방대한 작업이다. 따라서 과거 국정원 등의 사례 등을 참조하여 현명한 방안을 마련해야 할 것이다.

노무현 대통령은 본인 스스로가 검찰개혁의 열의에 도취되어, 검찰권력의 정치적 이용을 단호히 포기할 것을 선언하면서 검찰출신이 아닌 2명의 인사를 법무부장관으로 임명하고, 또한 검찰출신이 아닌 3명의 인사를 민정수석으로 임명하는 등 신선한 시도를 하였지만, 이는 의욕에 그쳤을 뿐이고 "준비되지 않은" 개혁이었기 때문에 성공을 거두지 못한 아쉬움을 남기고 말았다.*

요컨대, 검찰의 과거사청산은, 검찰 자체의 개혁뿐만 아니라, 사법부의 선진화 그리고 우리나라 전체의 법치주의를 한 단계 진화시키는 데에 핵심적인 작업이고, 결코 포기할 수 없으며, 반드시 누군가에 의하여 이루어져야 할 과제인 것이다.

7. 사법부와 통치권력과의 바람직한 관계정립을 위한 제언

이제, 보다 생산적인 작업을 위하여, 앞에서의 논의를 토대로 해서, 그렇다면 사법부와 통치권자와의 바람직한 관계정립을 위해서는 어떠한 일을 해나가야 할지 살펴보기로 한다.

---

* 필자는 개인적으로, 과거 권위주의정권 시절에, 사법부와 검찰의 이면사를 직접 경험한 어느 인사로부터 그가 겪은 여러 소중한 경험을 긴 시간에 걸쳐 듣고 이를 녹취할 수 있는 기회를 가진 바 있는데, 여건이 허락하면, 특히 그 증언자의 동의를 얻는 전제하에서 적절한 방법으로 이를 공유하여, 과거사 정리에, 나아가서는, 사법의 선진화에 보탬이 될 생각을 가지고 있다.

이를 위해서 가장 효과적이고 능률적인 역할을 할 수 있는 인물은 단연 통치권자 본인, 즉 대통령이라고 보아야 한다. 대통령은 최고통치권자로서 대법원장, 법무부장관, 검찰총장 등의 임명권과 일정 범위에서의 그들에 대한 지휘권 및 통제권을 가지고 있기 때문이다. 다만, 여기에는 대통령이 그 막강한 권한을 올바르게, 즉 법치원칙에 맞게 정의롭게 사용한다는 것이 전제되어야 한다. 혹시라도 대통령이 그 권한을 권력 유지와 강화를 위한 정치적인 목적으로 사용한다면, 오히려 커다란 역효과를 가져올 것이다.

이렇게 되기 위하여는, 대통령이 역사나 철학 등 인문학적 소양을 충분히 갖출 것이 요구된다. 그러함으로써만이, 통치과정에서 정의, 자유, 평등, 인권 등 인류보편의 가치의 중요성을 인식하고 그 실현을 위하여 애쓸 것이기 때문이다.

그리고 이러한 통치권자라면, 당장 눈앞의 현안을 처리함에 있어서 다소간의 불편함이나 어려움을 겪더라도, 독립된 사법부, 정의를 말하는 용기를 가진 사법부를 가지는 것이 통치권자인 본인에게도 커다란 업적으로 평가받을 것이라는 인식을 가질 것임이 틀림없다. 튼튼한 정치적 기반과, 정권의 정당성을 갖춘 대통령이라면, 위와 같은 요구를 실현할 수 있을 것이다.

다음의 단계로, 약간 효율성이 떨어지는 처방이기는 하지만, 선진 법치국가로의 발전을 위해서 필수적인 조건인 국민들의 법치의식의 향상, 보다 구체적으로는 법치실현에 대한 언론의 역할 증대가 필요하다는 것이다. 정치권에서 아무리 바람직하지 못한 행태가 횡행한다고 하여도, 국민들이, 그리고 언론이 수준 높은 법치주의적 안목을 가지고 감시역할을 충분히 한다면, 그 사회는 올바른 방향으로 발전할 것이기 때문이다. 이를 위하여 학교교육 및 사회교육의 중요성이 크게 대두된다.

앞에서 나는 최고 통치권자와 검찰조직의 관계, 사법부와 검찰조직의 관계 등을 중심으로 하여 검찰조직의 개혁을 논하였다. 그러나 무엇보다도 근본적이고 중요한 것은 보다 체계적이고 장기적인 검찰개혁을 위하여는 “제도적인 개혁”이 반드시 뒷받침되어야 한다는 것이다. 그러한 제도개혁의 방안으로는 지금까지 여러 주체들에 의하여, 여러 가지 방법이 제시되어왔는데, 현재의 상황에서는 지금까지 논의되어온 모든 방안을 모두 함께 도입하여 시행하는 것도 생각해볼 수 있다.

제도개혁의 큰 원칙은 형사사법권(수사와 기소)을 검찰이 독점하고 있는 현실을 타파해서, 그 권한을 분산시키고, 또한 그 권한을 감시, 감독할 수 있도록 하는 것이다. 그 예로서는, 우선 일정범위 내에서의 경찰수사권의 인정, 그리고, 적어도 일정 고위직 검사(예를 들면 검사장급 이상)에 대한 특별한 감시, 감독기구의 설치(예를 들면 고위공직자비리수사처 등), 검사동일체 원칙의 폐기, 청와대를 비롯한 각종 국가기관에 검사의 파견근무의 금지(현재와 같이 사표제출 후 근무하고 난 연후에 다시 복직하는 등의 편법의 금지) 등등 지금까지의 연구성과를 적극 활용해야 할 것이다.

끝으로, 헌법상 그리고 법률상 검찰권을 견제하도록 만들어진 유일한 조직은 사법부라는 사실을 확인하고 이를 활용해야 한다. 예를 들면, 임용자격에서의 차별화, 판결에 대한 부당한 언론 플레이의 금지, 보수의 차별화, 청사 배치의 차별화, 대법관 인선 등 인사에서의 차별화 등등 실질적으로 사법부 우위를 확보해주는 것이다.

그러나 누가 무어라 하여도 결정적이고 궁극적인 책무는 사법부 스스로에게 있음은 결코 부정될 수 없다. 이러한 너무나 분명한 결론은 이미 1988년 노태우 대통령 취임 이후 벌어진 소위 제2차 사법파동 당시 소장판사들이 공표한 선언문에도 그대로 드러나 있다. 즉 "돌이켜보면, 우리 국민은 자신의 기본권을 보장해줄 것을 위임한 사법부에 기대어 기본권을 보장받기보다는, 오히려, 많은 부분을 국민들 자신의 희생과 노력으로 스스로 쟁취해왔으며, 이 과정에서 많은 국민들이 사법부를 불신하고 심지어는 매도하기에 이르렀다"고 개탄하고 있었다.*

사법부가 그 소임을 다하지 못하는 근본 책임은, 사법부 내부에서 찾아야 하는 것이 원칙이다. 사법부 내부에서 자발적으로 개혁의 움직임이 나와야 한다.**

이상에서 우리들은 법과 정치의 관계에 관한 일반적인 관계를 약간은 추상적, 총론적으로 살펴보았다. 그러나 그것만으로서는, 현실적으로, 우리나라에서 과거 50여 년 동안, 법이 정치에 의하여 얼마나 일그러진 모습을 보이고 있는지, 또한 법이 정치에 저항하여 제 목소리를 낸 경우에, 정치는 법에 대해서 얼마나 보복적인 조치를 취하였는지 충분히 설명될 수 없다.

그리하여, 제2부에서는 우리나라 사법의 반세기 역사상, 가장 의미

---

* 시간이 흐르면서, 사법부 내부에서 일어나고 있는 우려스러운 현상은, "이제는 외부 권력이 압력을 가할 필요도 없이 사법부가 알아서 권력자가, 아니면, 다수 대중이 원하는 대로 판결해준다"는 염려이다.

** 이는 너무나도 중요하고 핵심적인 내용이므로, 제3부에서 따로 살펴보기로 한다.

있다고 여겨지는 판결 10개를 골라 심층적인 분석을 시도해본다. 특히 그 과정에서 법적 논리뿐만 아니라, 뒤에 담긴 진실과 그 의미를 중히 여겨 살펴보기로 한다.

나아가, 우리나라 사법부의 위치를 더욱 잘 알아보기 위하여, 같거나 비슷한 사안의 경우 외국 특히 미국에서는 어떠하였는지 함께 살펴보기로 한다.

제2부

판결로 본 사법부의 모습

제1장

국가배상법 위헌판결
—70년 사법 역사상 가장 중요한 판결

1. 사법부의 진면목을 보여주다

1945년 8월 15일, 연합군의 도움으로, 우리는 일제에서 해방되었다. 그리고 3년간의 준비기간을 거쳐, 1948년 8월 15일 헌법을 만들고 우리의 정부를 수립하였다. 그 과정에서 우리는 유감스럽게도 사법부에 관한 부분은 우리 나름의 사정에 대한 고려를 할 여유가 없었기 때문에 선진 외국의 좋은 규정들을 그대로 받아들여 규정하였다.

여하튼, 이렇게 출범한 지 22년이 지난 1970년 우리의 사법부의 진면목을 보여주어야 할 사건이 대법원에까지 올라오게 되었다. 즉 우리나라 70년 사법부 역사상 가장 중대한 의미를 가진 소위 "국가배상법 위헌 판결" 사건을 선고하게 된 것이다.(대법원 1971. 6. 22. 선고, 70다1010사건)

2. 사실관계

이 판결이 가지는 역사적 중요성에 비한다면, 사건의 내용은 너무나도 평범하고, 간단한 것이었다. 즉, 피고인 국가(대한민국) 소속의 공무원(군인)인 운전병이 트럭에 나무를 싣고 굴곡이 심한 도로를 운전해 가다가, 운전 잘못으로, 길옆의 민가를 들이받았다. 그 충격으로 말미암아, 트럭에 실은 나무 위에 타고 있던 역시 군인인 원고가 땅으로 떨어져 뇌출혈로 사망하게 되었다. 그리하여 망인의 가족들은, 국가를 상대로 손해배상의 청구를 하였다. 법률적 근거는, 국가배상법 2조 1항에 "공무원(군인도 포함)이 타인에게(역시 군인도 포함) 손해를 가한 때에는, 국가가 그 손해를 배상하여야 한다"고 규정하고 있기 때문이었다.

3. 무엇이 문제였는가?

그런데, 문제는 이 규정의 단서조항에 있었다. 즉 제2조 제1항 단서에는 "다만, 군인이 다른 법령에 의하여, 재해보상금 등을 지급받을 수 있을 때에는 손해배상을 청구할 수 없다"고 규정하고 있는데, 이 사건의 경우가 바로 여기에 해당한다(즉 원고는 따로 재해보상금을 받도록 되어 있다)는 것이다.

여기에서부터 다음과 같은 헌법적 문제가 발생하게 된다. "특정한 부류의 사람"에 대해서, 이 경우에는, "군인"에 대해서만, 특별히 취급하여 손해배상을 청구할 수 없도록 하는 것이, 헌법상 "모든 국민은 평등하다"는 평등의 원칙(헌법 제9조)에 어긋나는 것인가, 아니면, "국민의 권리도 공공복리를 위하여 제한할 수 있다"고 하는 규정(헌법 제32조 2항)에 따라 손해배상의 제한이 허용되는 것인가의 문제이다.

1968년 4월에 발생한 이 사건은 신속하게 진행되었다. 1969년 5월 5일에는 1심법원의 판결이 있었는데, 원고들이 간단히 승소하였다. 위 쟁점에 관하여는 "국가배상법의 위 단서규정은 헌법 9조에 반하여 위헌이다"고 간단히 배척하였다. 2심법원은 1970년 3월 13일에 이 부분에 관한 1심 판결부분을 한줄로 인용(引用)함으로써 마무리하고 역시 원고들 승소로 판결을 하였다. 대법원 역시 시간을 지체함이 없이 1년 남짓 지난 1971년 6월 22일에 이 법률규정이 "위헌"이라고 판결하였는데, 그 과정에서 다수의견(위헌) 9인, 소수의견(합헌) 7인으로 견해가 첨예하게 나누어졌다.

각 의견의 논거를 살펴본다. 일반적으로는, 다수의견을 먼저 살펴보는 것이 원칙이겠지만, 이 판결의 경우에는 특이하게도 소수의견이 제시한 논리구조를 다수의견이 반박하는 방식으로 쓰여져 있다. 따라서 이해의 편의를 위하여 소수의견의 논리부터 먼저 검토해보기로 한다.

4. 소수의견(합헌론)의 논거

합헌론은 그 논거로 여러 가지를 들고 있으나(세분해서 보면 7가지), 이는 핵심적인 논거(1가지)와 보조적인 논거(6가지)로 나누어볼 수 있다.

핵심적인 논거 : 헌법에 근거한 논거

우리 헌법은 제20조 제1항에서 "재산권의 내용과 한계는 법률로 정한다"고 규정하고 있고, 여기에서 문제가 되는 손해배상 청구권이 재산권의 일종임은 분명하다. 즉 헌법은 국민의 재산권을 당연히 보장하고 있지만, 이를 어느 범위에서 얼마나 보장할 것인지는 따로 법률로 정할 수 있는데, 여기에서 문제가 되는 국가배상법이 "바로 이 점을 규정하여", "군인의 경우에는 재산권을 덜 보장하기로"(즉, 재해보상금 등을 받는 경우에는 따로 손해배상을 하지 않기로) 정하였다는 것이다.

좀더 법률적인 용어로 정리해보자.

1) 헌법상 재산권의 내용과 한계는 법률에 유보되어 있는데, 2) 이에 따라, 법률규정(국가배상법)에 의하여 손해배상 청구권을 인정하지 않더라도, 재산권의 본질적인 내용을 침해한 것이라고 할 수 없다고 한다. 나아가 헌법 제9조의 평등권의 측면에서 보더라도, 평등은 기계적 평등이 아니라, 합리성이 인정되는 한 '합목적적 차별'은 정당하다고 한다.

보조적인 논거 : 특수한 법이론 : "특별 권력관계"이론의 동원

특별 권력관계라는 것은 법률의 규정 등에 의하여 당사자의 한쪽(국가)이 다른 한쪽(군인)을 필요한 범위 내에서 특별하게 지배하고 복종하는 관계로서 그 한도에서 법치주의 원리가 배제될 수 있는 관계를 말한다. 즉 국가와 군인은 특별 권력관계에 있으므로 그 범위 내에서는 군인의 국가에 대한 손해배상청구권이 제한되더라도, 문제될 것이 없다는 주장이다.

비교설명의 방법을 활용하는 시도는 논리의 정당성을 직접적으로 제시하기보다는, 간접적으로 다른 경우와 비교해봄으로써, 결과적으로 주장의 타당성을 획득하려는 시도이다. 이러한 시도는 3가지 방면에서 이루어지고 있다.

첫째는, 외국, 곧 일본의 사례와 비교하고 있다. 일본 헌법(제17조)은, 우리 헌법(제26조)과 동일한 규정("공무원의 불법행위로 손해를 받은 때에는")을 두고, 그 뒤에 "법률이 정하는 바에 의하여"라는 한 구절을 추가한 후, "국가에 배상을 청구할 수 있다"고 규정하고 있는데, "법률이 정하는 바에 의하여"라는 규정이 우리나라의 경우에는 헌법이 아니라, 법률(국가배상법)에 들어가 있다고 해서, 위헌이 된다는 것은 너무나도 형식적인 이론이라고 주장한다.

둘째는, 국내의 다른 법규정과도 비교하고 있다. 예를 들면, 전기통신법(82, 84조) 및 우편법(38조, 40조)에서도 재산권의 내용을 제한하고 있다고 제시한다.

셋째는, 역사적인 고찰도 덧붙이고 있다. 즉, 법제사적으로 보더라도, 종전에는 국가는 불법행위에 대해서 "아무런 책임을 지지 않는 것"이 원칙이었다. 그러나 인권의식이 발달하면서, 이러한 법원칙에서 탈피하는 방향으로 발전하게 되었다. 따라서 이 발전과정에서 일정한 경우에는 국가의 배상책임을 제한하더라도, 역사의 발전과정에 하등 거슬림이 없다는 것이다.

중간 정리

이상은 판결문에 나타난 소수의견의 내용을 빠짐없이 정리한 것이다. 물론 판결문 자체는 끊어짐이 없이 한 문장이 여러 페이지에 걸쳐 만연체로 되어 있기 때문에, 이해의 편의를 위하여, 항목을 나누고, 순서를 바꾸어 새로 정리하였다. 그러나, 그 논거의 내용만큼은 하나도 빠트리지 않았고, 그 주장의 요지가 변질되지 않도록 유의하였다.

여기에 덧붙여, 소수의견에 가담한 대법원 판사* 7명의 명단을 참고로 나열해 둔다. 그 이유는 이 판결이 가지는 역사적 중대성과 더불어, 뒤에서 보게 될 다른 사정(평결 정족수)과도 연관이 있기 때문이다. 당시 대법원 판사 총원은 16명이었는데, 이 중 절반(8명)에서 1명이 모자란 7명이 가담하여 소수의견이 된 것이다. 대법원 판사 1)민복기(대법원장), 2)홍순엽, 3)이영섭, 4)주재황, 5)김영세, 6)민문기, 7)양병호이다. 나열순서는 당시 대법원 판사의 서열순서이다.**

5. 다수의견(위헌론)의 논거

위헌론은 앞에서 잠시 언급한 바와 같이 그 논술방식을 합헌론이 제시한 여러 논거에 대응하여 각각 반박하는 형식을 취하고 있다.

핵심적인 논거: 헌법에 근거한 논거

다수의견은 다음과 같은 2가지의 핵심적인 논거를 제시하고 있다. 즉, 군인에게 보장된 손해배상청구권(헌법 제26조)을 제한하는 위의 규정은, 첫째, 국민의 기본권의 "본질적 내용을 침해하고" 있다("제한"의 범위를 넘어 "박탈"에까지 이르렀다)고 하고(헌법 제32조 2항), 둘째, 군인을 일반국민과 비교해서 불평등하게 취급함으로써 "평등의 원칙"(헌법 제9조)에 반하였다고 한다.

---

* 당시 최고법원 법관의 공식명칭은 대법원 판사였고, 대법관이 아니었다.

** 대법원 안에서 판사들의 서열은 판결에서는 의미가 없지만(즉 평결의 가치는 1명 1표로서 모두 동일하다), 참고로 대법원장의 서열이 제일 높고, 나머지는 대법원 판사로 임명된 날짜의 순서이며, 같은 날 임명되었을 때에는 연령순으로 정해진다.

그 구체적 이유를 살펴보기로 하자.

군인이 공무 중 입은 손해에 대해서 다른 법률의 규정(군사원호 보상법 등)에 의하여 재해보상금을 받게 된다고 하더라도, 이는 "사회보장적 목적"(생활의 부조)에 따라서 "보상"하는 것이므로, 불법행위로 인한 손해를 전보하는("배상"하는) 것을 목적으로 하는 이 국가배상법과는 그 제도의 목적이 완전히 다르다. 따라서 이는 이중의 배상이 아니고, 후자를 이유로 전자의 지급을 거절할 사유가 되지 못한다.

나아가, 이와 같이 사회보장적 목적에서 지급되는 재해보상 등은 군인뿐만 아니라, 경찰관, 일반 공무원, 심지어 사기업의 피용자에게도 지급되는데, 그중에서 유독 군인에 대해서만 별도로 다루어 손해배상을 거부하는 것은 타당하지 않다.

덧붙여, 이 법의 입법이유 중 하나로, 우리나라 군대의 현실상 군인이 피해자가 된 불법행위 사고가 많아 국고의 손실이 너무 크므로, 국가의 재정형편상 이를 최소한으로 감소시킬 필요가 있다는 점을 들고 있다. 그러나 이러한 불법행위 사고가 많다는 이유만으로는 "군인의 희생 위에" 국고손실을 방지할 이유가 되지 못할 것이라고 하였다.

보조적인 논거 : 특별권력관계 이론의 반박

소수의견(합헌론)에서는 앞에서 본 바와 같이 보조적인 논거로 여러 가지를 들고 있었으나, 이에 대해서 다수의견(위헌론)은 특별권력관계 이론에 대해서만 반박하고 나머지 논거에 대해서는 "침묵함으로써 배척하는" 태도를 취하였다. 즉, 특별권력관계에 있어서의 "특수성"이라는 것은 그 직무상 불가피하고 "정당한" 것으로 인정되는 행위에 대해서만 허용될 수 있는 것이지, 이 사건에서와 같이 "위법한"

행위에 의해서 입은 손해에 대해서까지 미치는 것은 아니라고 반박하고 있다.

중간 정리

이상이 판결문에 나타난 다수의견을 정리한 것이다. 판결문의 구조상 특이한 점은, 먼저 서술되고 있는 다수의견을 읽어나가는 과정에서, 뒤에 기술될 소수의견의 일부내용을 앞에서 언급하고 반박하는 구절들이 나타나고 있다.(예를 들면, 이중 배상의 문제와 특별권력관계에 관한 언급 등). 그러나 이는 토론 과정에서 나타난 쟁점에 대해서, 다수의견을 먼저 기술해야 하는 판결문의 형식상 피치 못하게 발생한 작은 어색함으로 보인다.

앞에서와 마찬가지로, 여기에서도 이 판결이 가지는 역사적 중요성 및 뒤에서 볼 평결정족수라는 또다른 쟁점과 연관하여, 이 다수의견에 가담한 대법원 판사 9명의 명단을 보면, 다음과 같다. 대법원 판사 1)손동욱 2)김치걸, 3)사광욱 4)양회경 5)방순원 6)나항윤 7)홍남표 8)유재방 9)한봉세의 9명이다. 역시 서열순의 기재이며, 이 9명은 총 16명의 대법원 판사 중 반수(8명)를 가까스로 넘긴 숫자이다.

6. 남겨진 또 하나의 문제 : 평결정족수의 문제

문제 상황

보통의 경우라면, 위와 같이 과반수의 다수의견이 나타났으면, 이에 따라 판결을 선고하고 사건은 마무리되었을 것이다. 그러나 이 사건의 경우에는 평결정족수를 어떻게 하여야 할 것인가(즉 과반수인가, 3분의 2 이상인가)의 또 다른 쟁점이 남아 있었다.

따라서 평결정족수에 관한 헌법과 법률의 규정이 어떻게 되어 있었는가 그 상황을 우선 살펴볼 필요가 있다. 먼저, 1)헌법상으로는, 대법원의 일반사건의 경우 평결정족수에 관한 아무런 규정이 없다. 그런데 2)헌법상으로, 대법원의 "정당해산 판결"에 관해서는 평결정족수에, 특별규정을 두어(헌법 제103조) 대법원법관 정수의 5분의 3 이상의 찬성을 얻어야 한다고 제한하였다. 다음 3)법률(법원조직법 제59조 제1항)의 규정을 보면, 일반조항으로, 합의심판은 "과반수로 결정한다"고 규정하고 있다. 그런데 4)이 법률규정의 "단서"에는 "다만, '대법원이 법률의 위헌여부의 심판을 하는 때에는' 3분의 2 이상의 출석과 3분의 2 이상의 찬성으로 결정한다"고 특별규정을 두고 있다.

따라서, 평결정족수에 관한 헌법상의 2개의 규정상황, 그리고 법률상의 2개의 규정상황, 합하여 4개의 규정상황의 상호관계를 어떻게 파악할 것인가의 입장에 따라서 이 사건에서 평결정족수가 어떻게 될 것인가(즉, 이 단서규정이 위헌인가 합헌인가, 따라서 과반수인가, 3분의 2인가)가 정해지게 된다.

다수의견 : 과반수에 의한 평결은 재판의 근본원칙이다.

이 견해는 법관의 과반수로 재판하여야 함은 재판의 근본원칙이라고 한다. 따라서 이는 너무나도 당연한 원칙이기 때문에 헌법에 일반사건의 평결정족수에 관한 규정을 두지 않은 것일 뿐이고, 법원조직법 제59조 제1항에서 과반수평결 원칙을 규정한 것은 이 당연한 원칙을 "확인하는" 차원에서 규정한 것이라고 한다. 따라서 헌법 제103조에서 정당해산에 관한 5분의 3 특별정족수를 둔 것은 원칙에 대한 예외규정으로서 역할하는 것이다.

그리하여 어떤 부류의 사건에 관하여 특별평결정족수를 두기 위해서는 이를 반드시 헌법에 규정하여야 하고, 그 결과 이 사건에서와 같이 법률의 위헌여부 판단에 관한 특별한 평결정족수(3분의 2이상)를 헌법이 아니라 법률에 규정한 것(법제 59조 제1항 단서)은 헌법의 기본원칙에 위배되어 무효라는 것이다.

이 견해에는 대법원 판사 16명 중 11명이 가담하여 다수의견을 이루었다. 그 구체적 명단은 1)손동욱 2)김치걸 3)사광욱 4)홍순엽 5)방순원 6)나항윤 7)홍남표 8)김영세 9)한봉세 10)민문기 11)양병호 각 대법원 판사이다.(서열순)

소수의견 : 평결정족수는 법률로 적절히 정할 수 있다.

이 견해는, 재판에 있어서 평결정족수를 어떻게 정하여야 하는지에 관해서는 헌법이 아무런 규정을 두고 있지 않기 때문에, 이는 입법자의 재량에 맡겨져 있는 것이라고 한다. 따라서, 이러한 기본입장에 따라서 법원조직법 제59조 제1항이 "헌법이나 법률에 다른 규정이 없으면, 과반수로 결정한다"고 원칙을 천명한 것이다. 그리하여 이 원칙에 대한 예외규정으로서, 헌법에 규정된 것이 정당해산에 관한 규정(103조)이고, 나아가 법률에 규정된 것이 이 사건에 적용되고 있는 "법률의 위헌선언에 관한 규정"(법제59조 제1항 단서)이므로, 위의 단서규정은 하등 헌법에 어그러짐이 없다는 주장이다.

이 견해에는 대법원 판사 16명 중 5명이 가담하여 소수의견을 이루고 있다. 그 구체적 명단은 1)민복기 2)양회경 3)이영섭 4)주재황 5)유재방 대법원 판사였다.(서열순)

중간 정리

위에서 본 바와 같이, "가중된 평결정족수(3분의 2 찬성 필요) 규정"이 위헌이라고 압도적으로(11대 5) 평결됨으로써, 그 결과로 (9대7이라는 단순 과반수로 위헌 평결된) "군인에 대한 손해배상제한 규정"은 위헌인 것으로 확인되었다. 따라서 이 규정은 대법원판결이 선고된 1971년 6월 22일 무효로 확정됨으로써, 70년 사법부 역사상 가장 중요한 판결로 자리잡음과 동시에, 뒤에서 살펴보는 바와 같이 현재까지, 우리나라 사법부의 위상에 커다란 영향을 끼치는 시발점이 되었다.

여기에 덧붙여, "배상청구 제한의 위헌성"(실체적 쟁점)과 "평결정족수 가중의 위헌성"(절차적 쟁점) 각각에 대해서, 위헌의견과 합헌의견을 제시한 16명 대법원 판사들의 조합(4가지 경우의 수가 된다)을 살펴보면 다음의 표와 같다.

		배상청구제한(실체적 쟁점)	
		합헌(7인)	위헌(9인)
평결정족수가중 (절차적 쟁점)	합헌(5인)	1), 9), 10)(3인)	6), 12) (2인)※
	위헌(11인)	5), 13), 15), 16)(4인)	2), 3), 4), 7), 8), 11), 14)(7인)

물론 16인의 판사들이 이러한 조합을 염두에 두고 의견제시를 하지는 않았겠지만, 결과를 본다면, 흥미 있는 생각을 할 수 있을 것이다.

여기에 대한 분석, 평가는 뒤에서 따로 살펴보기로 한다.

※ 표의 의미에 관해서는 이 책 p.77에서 설명할 것이다.

대법원 판사 16인(서열순)

1)민복기	2)손동욱	3)김치걸	4)사광욱
5)홍순엽	6)양회경	7)방순원	8)나항윤
9)이영섭	10)주재황	11)홍남표	12)유재방
13)김영세	14)한봉세	15)민문기	16)양병호

7. 판결문에 쓰여 있지 않은 이야기들

지금까지는 판결문에 기재된 내용들을 알기 쉽도록 재구성하고 쉬운 표현으로 바꾸어 설명하였다. 그러나 이 판결이 가지는 역사적 중요성이 너무나 크기 때문에, 판결문에 나타난 내용이 조금이라도 빠지지 않도록 노력하였다.

이 판결의 이해편의를 위하여 몇 가지를 추가한다. 이 판결을 할 당시인 1971년에는 우리나라의 헌법재판(법률이 헌법에 위반되는지 여부의 재판)은 대법원에서 하도록 되어 있었다. 즉 오늘날과 같은 헌법재판소가 따로 설치되어 있지 않았다.

또한, 헌법재판을 하는 데에는 보통의 민사사건 등과 같은, 당사자주의가 적용되지 않고, 문제점을 법원이 직권으로 판단하게 된다. 따라서 이 판결문의 구성내용에서도 보이듯이, "상고이유 중……에 대해서 본다"와 같은 표현은 없다. 바로 쟁점의 판단으로 들어간다.

그리고 1971년 이 대법원 판결이 있기 이전에 이미 다른 대법원 판결로서, 이 국가배상법 조항이 위헌이라는 종전의 판결이 있었다. 따라서 이 판결은 종전의 판결을 변경해야 한다는 주장에 대한 판단인 것이다. 따라서 이 국가배상법을 개정하면서 부칙도 새로 신설하여(부칙 3항) "이 법률이 헌법에 위반되었다고 재판한 종전의 판결에 따라서 재판하는 경우에도 第59조 1항 단서(즉 가중된 평결정족수)를 적용한다"고 특별히 규정한 것이다.

나아가 앞에서 본 바와 같이 이 사건의 1심 판결은 1969년 5월 5일에, 2심 판결은 1970년 3월 13일에 있었고, 대법원 판결은 1년 3개월이 지난 1971년 6월 22일에 있었다.

대법원 업무량의 과중함 그리고 이 사건이 가지는 법률적, 정치적 중대성을 고려한다면, 이 1년 3개월의 기간은 결코 긴 기간이 아니다. 특히 정치적으로 민감한 사건들이 수년 동안이나 묵혀져 있는 일이 드물지 않은 현실에서, 이는 대법원이 이 사건에 대해서 "조금도 주저하지 않고 정면으로" 심리하고 결론을 내렸음을 분명히 나타내고 있다. "시기에 늦은 정의는 정의가 아니다(Justice delayed, Justice denied)"* 라는 서양 속담이 여기에서는 전혀 타당하지 않다. 당시 대법원 판사들의 패기와 용기에 경의를 표해서 마땅할 것이다.

물론, 법적 논리에 신중하다 보니, 끊어짐이 없이 길게 한 문장으로 쓴 내용은 쉽게 이해하기 어려운 불편함이 있다. 그러나 이 점만을 제외한다면, 판결문의 구성 및 내용에서 오늘의 후배법관들에게 커다란 깨우침을 주기에 충분하다.

우선 다수의견은 핵심쟁점 3가지에 관하여 간단명료하고 중후하게 답하고 있다. 군인의 손해배상을 배제하게 되면 기본권의 "본질적 내용을 침해"하는 결과가 되고, 국고손실이 많으므로 이점을 고려하여 국가배상을 줄여야 한다는 점에 대해서는, 국가경제적인 요소도 충분히 고려하였지만, 그럼에도 불구하고 "그들의 희생 위에 국고 손실을

---

* 직역은 "정의가 지연되면, 정의가 부정된 것이다"이다. 그러나 우리나라에서는 보통 본문과 같이 의역되고 있다.

방지하여야 할 이유가 되지 못한다"고 통렬하게 지적하였다. 사실, 국가가 배상할 손해배상액의 총액은 국가전체의 예산규모에 비추어보면 무시해도 좋을 정도였다.

나아가 특별권력관계의 이론에 대해서도 이는 "적법한 행위에 대해서 인정"되는 것이지 "불법행위의 결과"에 대해서는 적용될 수 없다고 핵심을 지적하고 있다.

소수의견 역시 이 사건에서 논거로 삼을 수 있는 사항들을 빠짐없이 조목조목 지적함으로써, 심리과정에서 얼마나 용의주도하고 광범위하게 심사숙고하였는지를 충분히 느낄 수 있다.

판결의 후폭풍 : 사법사상 최초의 사법부에 대한 "공개적 보복"

대법원 판결이 1971년 6월 22일에 내려지자, 대통령 및 정치권력자들은 커다란 충격을 받게 되었다.

이 사건이 대법원에 계속 중에 있을 때에, 대법원의 기류가 심상치 않음을 감지한 대통령측에서는 운동기구를 선물한다거나, 해외여행을 주선해준다거나 하는 호소적인 제스처를 취하기도 하였다. 그리고 이에 더하여 대법원에서의 심리기간 중인 1970년 8월 7일 법원조직법의 평결정족수를 가중적으로(과반수에서 3분의 2로) 개정하는(제59조 제1항, 단서), 노골적인 압박을 가하기도 하였다.

아무튼 이 대법원 판결만이 원인이 되지는 않았겠지만, 다른 정치적 상황과도 어울려져서, 1년 4개월 정도 후인 1972년 10월 17일 유신이 선포되고, 1972년 10월 27일 유신헌법이 공포되었다.

그리고 이 유신헌법의 부칙규정에 따라, 당시의 대법원 판사들은 전원 재임명을 받아야 했고, 그 결과, 국가배상법의 규정이 위헌이라는 다수의견에 가담한 "9명의 판사들만" 전부 재임명에서 탈락되었다.

이로써 법관의 신분보장을 규정한 헌법규정은 정면으로 무시되었고, 사법사상 최초로 "공개적으로" 판사가 그가 내린 판결에 대해서 보복을 당하는 치명적이고 치욕적인 사태가 발생하였다. 이는 뒤에서 다시 보는 바와 같이, 아직까지도 사법부에 두고두고 부정적인 영향을 끼치게 된다.

이와 같이 태풍이 몰아치는 마당에, 미세한 검토를 시도하는 것이 부질없는 일인 것임을 모르는 바는 아니지만, 당시의 정치권력은 무딘 칼날을 거칠게 휘둘러 댔다. 우선, 위헌의견을 제시한 9명을 정확하게 재임명에서 탈락시켰고, 합헌의견을 제시한 7명 역시 정확하게 재임명함으로써, 그들이 전하고자하는 메시지를 분명히 하였다.

나아가, 법리상으로는, 이 위헌의견을 제시한 9명 중에서 가중된 평결정족수 규정에 관하여 합헌의견을 제시한 2명(양회경, 유재방)* 은 결과적으로 정치권력의 입장을 지지해주게 되었을 것이었다. 즉, 가중된 평결정족수가 합헌이라고 인정되면, 이 사건 배상제한 규정을 위헌이라고 하기 위해서는 16인의 3분의 2인 11인의 동의가 있어야 하는데, 결과적으로는 이 경우에는 9인만이 위헌의견을 제시하였으므로 위헌판결을 할 수 없게 되었을 것이었다. 그러나, 정치권력이 그 당시 이러한 섬세한 고려까지 했을 여유는 없었을 것이다.

사법부와 통치권력과의 관계

사법부와 통치권력은 서로 어떠한 관계에 있는가? 어떠한 관계를

---

* 이 두 판사의 평결 의견은, 판결의 결과에 특별한 영향을 미칠 수 있었기 때문에 이 책 p.73의 도표에서 ※로 따로 표시하였다.

가져야 하는가? 아니면 어떠한 관계가 가장 바람직한가?

법조선진국일수록 양자는 서로 자연스럽게 소통하면서도 독립을 유지하는 관계일 것이고(미국의 예와 같이), 법조후진국일수록 겉으로는 서로 독립되어 있는 것 같으나, 속으로는 사법부가 통치권자의 눈치를 보는 그리하여, 결국은 그 의도를 따르는 불건전한 관계일 가능성이 많다.

현실적으로는 어려운 문제이기도 하고 예민한 문제이기도 하므로, 우선 원론적인 면에서 살펴본다. 사법권의 작용도 궁극적으로는 통치권 행사의 일부분이므로, 통치권자와 사법부가 "정의로운 범위 내에서" 서로 협력해야 하는 것은 당연하다. 여기에서 문제로 등장하는 것이 "무엇이 정의인가?"하는 점이다.

이러한 시각에서 보건대, 사법부는 법적 안정성, 형평성, 인권옹호 등을 중요시하는 경향이 있을 것이고, 통치권자는 합목적성, 경제지향성, 구체적 타당성 등을 강조하는 경향이 있을 것이다. 특히 어떤 사안이 정치적인 이해관계가 클수록 양자간에 갈등의 소지가 클 수밖에 없다. 사법부로서는 통치권자의 반발 내지 잠재적 위협을 신경 써야 하는 반면에, 자칫 국민의 신뢰를 잃을 수도 있다는 어려운 상황에 처할 수도 있다.

이 사건에서 대법원의 다수 의견은 통치권자의 정치적 배려 요망을 거부하는 단호한 입장을 취하였다. 당시 대법원 판사들이 일제 치하에서 독립투사적인 기질 또 선비기질을 강하게 가지고 있었던 결과가 아닌가 생각된다. 이러한 기질은 뒤에서 보는 바와 같이 약 10여 년간은 더 지속되었으나, 그후 점점 약화되어가는 경향을 보이게 된다.

이는 그 필연적인 결과로서, 사법부에 대한 국민의 절대적인 신뢰의 상실 및 언론으로부터의 존경심의 상실로 이어지게 되어 두고두고 사법부 불신의 씨앗으로 남는다. 당연히 사법부에 대한 신뢰회복의 방안을 심각하고 구체적으로 살펴보아야 하겠지만, 이 점은 이 책의 제3부에서 따로이 논의될 것이다.

비슷한 사례

미국의 경우 : 마버리 대 매디슨 사건, 1803년

사법부와 통치권자가 정면으로 충돌한 위의 사건에서, 우리나라는 사법부의 기개는 충분히 보여주었으나, 결과적으로는 통치권자로부터 철저히 보복당하였고, 그 결과 법치주의의 측면에서 최악의 선례를 남기게 되었다.

그렇다면 현재 법조 최선진국가라는 미국에서는 어떠하였는가? 역사상 발전과정을 보면 그들도 역시 어려움을 겪었었고 그 대표적인 사례가 건국 초기인 1803년에 있었던 마버리 대 매디슨(Marbury vs Madison) 사건이었다.

어떤 사건이었는가?

권력을 둘러싼 정치인들의 욕심과 여기에서 비롯된, 점잖지 못한 행태는 어디에서나 같은 것 같다. 당대의 세계 최강의 제국 영국과 독립전쟁을 벌일 때에는 협력, 단결하였던 미국이었지만, 정권을 두고서는 분열하였다.

1796년의 대통령선거에서는 에덤스(연방파)가 승리하였으나, 4년 뒤의 1800년의 선거에서는 반대파인 제퍼슨(공화파)이 승리하였다.

그런데 패자인 연방파가 선거후 후임 대통령이 취임하기 전 몇 개월 간의 과도기 동안에, 판사 58명을 자기편의 사람으로 무더기로 임명해버렸다. 사법부에만이라도 자기파 사람들을 심어두려는 의도였다.

그러나 워낙 급하게 일을 처리하다보니 그중 17명의 판사지명자들이 에덤스가 퇴임하는 날까지 임명장을 "전달받지" 못하게 되었다.(임명장이 이미 작성되어 국무장관의 서명, 날인까지 다 되어 있었다.)

얼마 후, 후임 대통령 제퍼슨이 직무를 시작하면서 이런 상황이 발견되었다. 그는 국무장관 매디슨에게 그때까지 전달되지 않았던 17명 판사의 임명장을 전달하지 말라고 지시하였다.

사태가 이렇게 되자 17명 중의 한 사람인 마버리 판사 지명자가 당시 국무장관이던 매디슨을 상대로 임명장을 작성하여 전달해줄 것을 요구하는 소송을 대법원에 제기하였다. 그 법적인 근거로서는 당시의 사법부 법(Judiciary Act)(13조)에 의하면 "대법원이 정부관리(국무장관)에게 '직무집행 영장'의 발행을 명령할 수 있다"고 되어 있었기 때문이었다. 더욱이 공교롭게도, 당시 연방대법원의 대법원장인 마샬은 애덤스가 퇴임 직전에 임명한 사람으로, 마버리와 정치적 성향(연방파)이 같았기 때문에 마버리 자신에게 유리한 판결을 신속하게 내려주리라는 기대도 있었음은 물론이었다.

어떻게 진전되었는가?

사태가 이렇게 되자 대법원은, 특히 마샬 대법원장은 곤란한 입장에 처하게 되었다. 위 사법부 법의 규정에 의하면 당연히 임명장의 작성, 전달을 명령해야 하겠지만, 그렇게 하면, 현재의 대통령 제퍼슨

(공화파)으로부터 미움을 받을 뿐만 아니라, 국무장관이 이를 거부할 것이라는 두려움도 있었다. 반면에 임명장의 작성, 전달 요청을 거부한다면, 우선 이 법률의 규정에 정면으로 위반될 뿐만 아니라, 대법원이 행정부의 권력에 굴복하는 인상을 주어 권력의 시녀로 전락해버릴 염려가 있었다.

진퇴양난의 상황에서 마샬 대법원장은 의외의 곳에서 돌파구를 찾았다. 즉 미국 헌법의 한 조항(Article III, Section 2, Clause 2)에 의하면, 연방대법원은 원칙적으로 항소심재판권(appellate jurisdiction : 하급심의 판결이 먼저 있고나서, 이에 대한 당부를 판단하는 재판권)만을 가지게 되어 있었다. 다만 예외적으로 외교적인 사안(대사, 공사, 영사 등)에 대해서만은 1심재판권(original jurisdiction : 하급심 판결 없이 최초로 재판할 수 있는 권한)을 가진다.

그런데, 이 사건은 이 헌법조항에 정한 예외적인 사항(외교적 사안)에 해당하지 않으므로 1심으로 재판할 수 없다. 따라서 이 사건을 1심으로 재판하도록 규정한 사법부 법은 "헌법에 위반되어" 효력이 없다.(무효이다.) 그러므로, 이 사법부 법에 근거하여 청구된 이 사건청구는 이유 없으므로 기각되어야 한다고 판결하였다.(1803년 2월 24일 전원일치 판결)

역사적인 평가

과거권력과 현재권력과의 사이에서, 또 사법부의 권위와 대통령의 권력과의 사이에서 어려운 상황에 처해 있었지만, "마버리에게 임명장을 수여하지 않은 것은 잘못이라고 하면서도, 그러한 안건을 심의, 판결할 권한이 대법원에 없으므로, 임명장을 수여하라고 판결할 수도 없다"고 결론내린 것은 '절묘한 선택'이었다고 후세에 평가되고 있다.

더욱이 당시 미국 대법원은 스스로의 건물조차 없이 국회의사당의 회의실 하나를 빌려 업무를 보는 처지였으나, 헌법을 자기 편의 무기로 삼아, 국회가 만든 법률을 무효화시킬 수 있는 권한을 스스로 획득하였으니 그 정치적 파장은 사법부의 '쿠데타'라고 할 정도였다. 하지만 그 판결 당시에 이러한 파장을 멀리 내다본 사람들은 많지 않았다.

목전의 난관을 돌파하기 위한 이 판결은, 대법원의 "위헌법률 심사권"이라고 하는 망외(望外)의 커다란 소득을 얻었다. 망외의 소득을 올려서일까? 이 판결의 배경에는 흥미로운 우연들이 있다.*

우리도 미국과 같이 처리할 수는 없었는가?

다시 우리의 관심사로 돌아와보자. 우리의 국가배상법 위헌판결의 여파는, 법치주의, 사법권 독립, 삼권분립이라는 헌법의 기본틀마저도 파괴해버리는 엄청난 파장을 낳았다. 그러나 장래를 위해서라도, 달리 더 좋은 모양으로 해결할 수는 없었는가 고민해본다.

미국의 예에서는 결국 "실체적인" 면에서는 즉 "임명장을 주지 않

---

* 이 사건의 장본인, 즉 애덤스 대통령 당시의 국무장관이었던 마샬이, 제퍼슨으로 대통령이 바뀐 당시에는 대법원장이 되어 있었으며, 그 결과 이 사건의 심리, 판결을 하게 된 주역이 되었던 것이다.(오늘날의 법이론으로는 소위 conflict에 해당되어 재판에서 제외되었을 것이다.)

이 사건의 피고였던 매디슨(국무장관)은 그후 애덤스, 제퍼슨 대통령에 이어 미국의 제4대 대통령이 되었다.

그리고 이 사건 발단의 정치적 주역으로서 서로 대립각을 세웠던 애덤스와 제퍼슨은 말년에 앙금을 털고 화해하였는데, 우연하게도 1826년 7월 4일, 미국의 50주년 독립기념일에 같이 이 세상을 떠났다.

은 것"은, 잘못된 것임을 솔직히 인정하면서도, "절차적인" 면에서는 즉 "대법원이 재판할 권한이 없으니" 어쩔 수 없다고, 절충적, 타협적 해결방법을 추구하였다.

우리의 사건에서도 이러한 해결이 가능하였을까?

결론은 가능하였다는 것이다. 즉, "실체법적으로 보아" 손해배상을 전면 거부한 국가배상법의 규정은 헌법(재산권보장 및 평등권)에 위반되어 효력이 없지만, 다른 한편 "절차법적으로 보면", 개정된 법원조직법이 평결정족수를 3분의 2로 가중시켜놓았기 때문에, 이 규정에 따라 위헌이라고 판결할 수 없다고 판단할 수는 있었다. 그리고 실제로 이와 같은 의견을 제시했던 판사가 앞에서 본 바와 같이* 두 판사(양회경, 유재방)이었다.**

그러면 이러한 길을 찾아갔더라면, 우리도 역시 미국의 경우와 같이 현명한 판결이었다고 후세에 칭송받을 수 있었을까?

우리의 경우는, 반드시 그렇다고 말할 수는 없을 듯하다. 왜냐하면, 우리의 경우에는 가중된 평결정족수를 규정한 법원조직법의 규정이 앞에서 본 바와 같이, 유감스럽게도 대법원에 사건이 계속되어 "심리중이던 기간 중에 개정되어" 새롭게 들어갔기 때문이다. 이 개정된 조항에 대법원이 동조하게 된다면 이미 그 자체로서 벌써 대법원이 현재의 권력, 대통령에게 굴복하는 모습이 되어버리기 때문이다.

이런저런 상황에 의해서 우리의 사법부는 선진화되지 못한 법치주의의 풍토 때문에 훨씬 어려운 처지에 빠져 있었고, 이러한 상태는 현재까지도 어두운 그림자를 사법부에 드리우고 있다.

---

* 이 책 p.73의 도표 중 ※표 참조

** 이 책 p.77의 설명 참조

제2장

김재규의 "내란목적 살인" 사건

—"사법권의 독립"이 "확인사살"되다

1. 정치의 소용돌이에 휘말린 대법원

1971년 12월 유신헌법이 발효된 이후 당시의 박정희 정권은 긴급조치의 공표 등 초헌법적인 강압통치를 계속하였다. 정권의 정당성에 대한 약점이 컸던 만큼, 다른 선택의 여지가 없는 외통수의 길이기도 하였다. 이러한 혼란스러운 정치의 소용돌이 속에서 법치주의는 그 단어도 꺼낼 수 없을 정도로 무너져버렸고, 사법부 전체, 나아가 최고법원인 대법원의 위상은 끝없이 추락하였다. 사법부 최악의 암흑시대였다고 해도 과언이 아닐 것이다.*

그러나 압박이 쌓이면 어느 곳에선가 폭발하기 마련인 자연법칙에 따라 유신체제 8년이 지난 1979년 10월 26일 박정희 대통령이 살해당하는, 그것도 그의 최측근인 김재규 중앙정보부장에 의해서 살해당하는 끔찍한 일이 벌어졌다.

여기에서 다시 박대통령 살해사건의 법적, 정치적 성격을 둘러싼

---

* 이 기간 동안의 사법부 모습에 대해서는 직접 또는 간접으로 그 시대를 경험해온 관계자들의 증언, 저술들이 다수 있으므로 그들의 업적을 차용하기로 한다.

새로운 다툼이 시작되고, 사법부는 또 다른 시련에 직면하게 되었다.

2. 사실관계

소위 "10-26 사건"으로 잘 알려진 이 사건의 사실관계는 정치적인 이해관계에 따라 시간이 흐르면서 중요부분에서 약간 변형되었다. 그러나 이 변화는 "의미 있는" 변화이기 때문에, 사건 직후 계엄사령부 합동수사본부(본부장 전두환 국군보안사령관)가 발표한 내용과, 수사 후 공소장에 기재된 내용을 서로 비교해서 보기로 한다.

먼저 수사본부에서 발표한 내용이다.

- 1979년 10월 26일 오후 6시경 청와대 인근 궁정동 안가(安家)에서 만찬이 시작되었다. 참석자는 박정희 대통령, 김재규 중앙정보부장, 김계원 대통령 비서실장, 차지철 대통령 경호실장의 4명과 시중드는 젊은 여인 두 사람, 모두 6명이었다.
- 만찬이 시작된 후, 박대통령은 김재규 부장을 향하여 그 무렵의 부마사태(부산, 마산을 중심으로 일어난 대규모의 반정부시위)는 중정의 정보 부재로 일어난 것이 아니냐고 질책하였고, 여기에 차지철 경호실장도 가세하여 중정의 무능함을 과격한 말투로 공박하였다.
- 이에 불쾌해진 김부장은 흥분된 얼굴로 방에서 나와 2층에 있는 자기의 집무실로 가서 권총을 뒷주머니에 넣고 나왔다.
- 그때 자신을 따라오던 박흥주 대령(중정부장 수행비서)에게 "오늘밤 내가 해치우겠으니, 방에서 총소리가 나거든 자네들(중정 소속 경비원들)은, (청와대) 경호원들을 해치워라"라고 지시했다.
- 방으로 돌아온 김부장은 (중정 의전과장 박선호로부터 보고를 받기

위해서 잠시 나갔다가 들어온 뒤), 대통령 비서실장 김계원에게는 "각하를 똑바로 모십시오"라고 말한 다음, 대통령 경호실장 차지철을 쳐다보며 대통령에게 "각하, 이 따위 버러지 같은 자식을 데리고 정치를 하니, 올바로 되겠습니까?"라고 외치면서

• 권총을 뽑아, 한 발을 차지철을 향해서 쏘고, 이어서 박정희를 향하여 발사하였다.
• 이때 팔목에 총상을 입고 화장실 쪽으로 피신하려는 차지철에게 다시 한 발을 쏘고, 연달아 대통령의 머리에 또 한 발을 발사하였고, 두 사람은 모두 숨지고 말았다.

여기에 비하여 막상 기소된 공소장의 내용에는 큰 틀에서 사실관계에는 변함이 없었으나, "범행의 동기부분"과 "범행 이후의 거사계획"에 관하여 약간의, 그러나 "중요한" 설명이 덧붙여졌다.

• 김재규는 중정부장으로서 자신의 정국수습책이 거듭 실패하여 그 무능함이 노출되어, 박 대통령으로부터 질책을 당하고 인책설, 해임설이 나돌아 불안을 느꼈던 한편,
• 군 후배이자 연하인 대통령 경호실장 차지철의 오만방자한 태도와 월권적 업무간섭에도 불구하고 박대통령이 차지철만을 편애하는 데에 불만을 품고
• 대통령 등을 살해한 후 "정권을 잡을 것을 기도하고"……*라고 하여 범행동기를 김재규의 "사적 감정에 의한 살인"에서 "집권기도(정권을 장악할 목적)"로 범죄사실을 바꾸어 구성하였다.

---

* 그후의 사건의 전개에 관해서는 앞에서 본 수사결과 발표와 같은 내용의 사실관계를 적시하고 있다.

그러나 김재규는 비공개 재판에서는 박대통령 살해동기로 "민주회복혁명론"을 내세웠다.

이러한 사실관계에 덧붙여, 살해행위가 일어난 만찬 장소의 외부상황을 잠시 살펴볼 필요가 있다. 왜냐하면, 이러한 주변 상황이 어떠하였느냐에 따라서, 이 사건의 법률적 성격이 "내란목적 살인"이면서 "폭동"에 해당하느냐, 아니면 "일반 살인"이냐의 판가름에 중요한 자료가 될 수 있기 때문이다.

만찬 장소 현장에는 박대통령을 비롯한 4명이 있었고, 그 외부에는 김재규가 부장인 중앙정보부 소속의 직원으로서 부장 수행비서 1명, 비서실 의전과장 1명, 비서실 경비원 3명, 비서실 운전사 1명 합계 6명이 대기 중에 있었다. 그리고 만찬장에 있던 김계원 비서실장 및 차지철 경호실장 이외에 대통령 경호실 소속의 경호원 4명이 함께 밖에서 대기 중에 있었다.

요약하면, 외부에는 (가해자인) 중정 직원 6명, (피해자인) 경호실 직원 4명이 대기하고 있었는데, 만찬장에서 김재규의 총성이 울리자, 그가 지시했던 대로, 만찬장 외부에서도 중정 직원 6명이 경호실 직원 4명에게 총격을 가하는 사태가 함께 발생하였다.

3. 무엇이 문제였는가?

1-2심을 군법회의 재판으로 마친 후, 대법원에 올라온 이 사건은 살해된 피해자가 현직의 대통령이었던 만큼, 법률상 동원될 수 있는 모든 방어수단이 주장되었다. 헌법적인 "저항권이론"으로부터, 실체법적인 "내란, 폭동 및 확인사살의 의미"뿐만 아니라, 절차법적으로

"변호권 박탈, 공개재판 위반 등" 모든 쟁점이 거론되었다.

그러나 여기에서는 검토하고자 하는 대상, 즉 김재규가 저지른 행위에 대한 법률적인 평가와 관련하여, 두 가지 쟁점, 즉, "내란목적 살인"인가, "일반살인"인가 및 "폭동"에 해당하는가에만 집중하여 살펴보기로 한다.

사실, 이 사건이 가지는 가장 큰 정치적인 의미, 따라서 자연히 뒤따라오는 법률적인 의미는 "내란목적 및 폭동의 인정 여부"에 있었다. 현직 대통령을 살해한 행위는 양형상 어차피 최고형인 사형 선고가 확실한 것 같았고, 여기에 내란목적이 아닌 일반살인죄가 적용된다고 해서 형량 자체에 아무런 차이가 생길 여지가 없는 것 같았다.

그러나 그 차이는 정치적으로는 엄청난 의미를 내포하고 있었다. 이 사건 범행으로 유신체제를 이끌어오던 박정희 대통령이 제거되자, 이제 유신체제가 폐지되고 새로운 민주적인 헌법을 만들어야 한다는 국민적 합의가 형성되어가고 있었다.

그러나 권력의 교체는 그렇게 쉽게 이루어지지 않았다. 혼란스러운 정치 상황 속에서 종래 유신체제의 수혜자인 군부가 살아남기 위하여, 나아가 이후로도 계속해서 권력을 장악하기 위하여 이러한 사태 변화를 앉아서 볼 수만은 없었던 것이다. 이 사건의 수사 책임자인 보안사령관 전두환은 자신이 나서서 정권을 장악하기로 "중대한 결단"*을 내린 후, 여기에 걸림돌이 될 수 있는 경쟁자들을 제거하는 작업을 하기에 이르렀다.(소위 12-12사태 등)

그러나, 문제는 여기에서 끝나는 것이 아니었다. 전두환이 정권을

---

* 여기에는 박정희 개인에 대한 평가 여하, 즉 구국의 영웅인가 아니면 타락한 독재자인가의 판단까지도 포함된다.

장악하기 위하여는 그 "정통성을 인정받아야" 할 필요가 있었기 때문에(이것이 어려우면 최소한 그 나름으로 정권의 "정통성을 주장할 논거"라도 마련할 필요가 있었기 때문에), 그 논거를 김재규가 우발적이 아니라, 계획적으로 정권을 잡을 것을 기도하고, 즉 "내란을 일으킬(국헌을 문란할) 목적으로", 대통령을 살해하여 "폭동"을 일으킨 것으로 몰아가고, 이러한 국가 비상사태 하에서 "국헌을 수호하기 위하여" 전두환을 비롯한 신군부가 나섰기 때문에, 그들의 정권인수는 정당성이 인정된다는 논리를 펴게 된 것이었다. 따라서 이러한 논리 즉 "내란목적 살인"이라는 공소사실을 대법원으로부터 인정받는 것이야말로, 그들에게는 절체절명의 필요성이 있었다.

4. 다수의견

정권의 사활이 걸린 문제였던 만큼, 재판과정에서 신군부는 대법원에 엄청난 압력을 행사하였다. 이해관계가 크고 또한 이해관계자가 군인이었던 만큼, 그 압력은 은밀한 범위를 넘어 노골적, 물리적인 정도에까지 이르렀다. 그 구체적인 내용에 대해서는 이에 관한 다른 연구성과에 의지하기로 하되* 여기에서는 이 사건 판결문에 나타난 김재규에 관련된 핵심 쟁점들을 대상으로 하여 살펴보기로 한다.

핵심 쟁점은 김재규의 대통령 살해행위가 1) "내란목적으로", 즉 "국헌을 문란할 목적으로", 다른 말로 표현하면 "정권을 장악할 목적으로" 한 것이냐와, 2) 그 행위가 "폭동"에 해당하느냐의 문제로 귀결

---

* 예를 들면, 한승헌, 「재판으로 본 한국현대사」, 창비, 2016; 한홍구, 「사법부」, 돌베개, 2016 등이 있다.

되었다.

먼저 이 두 쟁점에 관하여 대법원의 다수의견 (14명 중 8명의 대법원 판사)은 다음과 같이 판시하였다.

"정권을 장악할 목적"(국헌문란 목적, 내란 목적)에 관련하여

다수의견은 1) "국헌문란"이라는 개념은 "정치적 기본조직을 불법으로 파괴하는" 것이고, 반드시 "공산, 군주 또는 독재제도로 변경하는" 것을 의미하지 않는다. 2) 내란죄가 목적범이기는 하지만, 이는 "미필적 인식"으로 족하고 "확정적 인식"일 필요는 없다. 3) 그런데 이 사건 기록을 보면, 피고인 김재규는……와 같이 대통령의 질책과 후배로부터의 멸시를 받아 불만을 품은 상태에서, "대통령을 살해한 후 정권을 잡을 것을 기도하고, 구체적인 거사계획을 세움에 있어서……'대통령을 시해한 후'……'계엄을 선포하고'……'계엄군을 장악하여'……'혁명위원회를 구성하고'……'본인이 위원장에 취임한 후'……'대통령에 출마'할 것을 계획"하였다고, 검찰관 앞에서 진술하였고, 원심 법정에서도 그와 같이 진술한 것으로 "기재되어" 있기 때문이 이러한 "정권장악 목적"을 인정할 수 있다고 하였다.

"폭동"의 개념에 관련하여

형법(87조)의 내란죄의 요건으로서의 "폭동"은 "다수인이 결합하여 폭행, 협박하는 것"을 뜻한다. 따라서 그 다수인이 어느 정도 "조직화"될 필요는 있지만, 그 "숫자를 특정할" 수는 없다. 그러므로 이 사건에서 김재규와 그의 지휘를 받는 6명의 부하직원들이 총격을 가한 것 등은 "폭동에 해당한다"고 하였다.

이 다수의견에 가담한 8명의 대법원 판사는 이영섭, 주재황, 한환진, 안병수, 이일규, 라길조, 김용철, 유태흥(대법원 판사 서열 순임)으로서, 총 14명의 대법원 판사 중 과반수에 정확히 해당하게 되어 1980년 5월 20일 대법원의 판결로 선고되었다.

5. 소수의견

이러한 다수의견에 대해서는 나머지 6명 대법원 판사들의 소수의견이 있었는데, 이러한 반대의견은 다음과 같이 3가지 부류로 나눌 수 있다.

"초법규적" 논거

대통령을 살해한 사건인 만큼, 여기에 대한 대법원 판사들의 고뇌는 초법규적인 데까지 이르렀다. 이는 다시 다음의 2가지로 나누어지게 된다.

"시국관"에 기초한 이론(민문기 대법원 판사) : 이 사건 범행으로 대통령이 살해된 이후 우리나라에는 국민의 중대한 정치적 결단이 나타나고 있었다. 과거의 유신체제를 폐지하고, 이와 상충되는 민주체제를 근본으로 하는 새로운 헌법을 만들어야 한다는 전 국민적 합의가 이루어지고 있었던 것이다.

그런데, 김재규의 이 사건 범행의 목적이 "유신체제를 종식시키고, 민주체제로 돌리는 데 있다"는 취지로 인정 못할 바 아니다. 그렇다면, 범행 이후 현재의 단계에서, 전 국민이 이러한 민주체제를 지지하고 있다면, (살인 등의 죄로 김재규를 따로 처벌하는 것은 별문제로

하고) 적어도 그를 "내란죄"로 처벌할 수는 없다고 주장한다. 그리고 다음과 같은 예를 들어 설명하고 있다.

"민주주의 체제를 군주체제로 변혁하려는 일로 해서 내란죄로 재판받고 있는 도중에, 전 국민적 합의가 있어서, 그 국가가 군주제로 하기로 하였다면, 이제 그 국가의 정체는 군주제이므로, 사후적으로 그 행위자를 내란죄로 처벌할 수 없는 것"과 마찬가지라는 것이다. 법률가의 차원을 넘어, 철학적 차원에까지 다다른 흥미로운 사고를 보여주고 있다. 그리고 나머지 앞으로 살펴볼 핵심쟁점(내란목적, 폭동, 저항권)에 관해서도 전적으로 동의한다는 의견을 개진하였다.

"저항권"에 기초한 이론(임항준 대법원 판사) : 우리나라 정치의 기본질서는 "인간존엄을 중심가치로 하는 민주주의"이다. 그런데 국가기관에 의하여 이러한 기본가치가 부정되고, 나아가 실정법상의 수단으로는 이를 바로잡을 수 없게 된 경우라면, 최후의 수단으로, 국가기관에 대한 복종을 거부할 수 있는 저항권을 인정하여야 한다. 이러한 저항권은 헌법에 명문화되어 있지는 않지만, "자연법상의 권리"로서 인정하는 것이 타당하다.

그리고 구태여 헌법적인 근거를 찾는다면, 헌법 전문에 "……4-19 의거의 이념을 계승하여……"라고 되어 있는데, 4-19 사태가 당시의 실정법에 따르면 범법행위인데도, 이를 의거라고 규정짓고 있는 점을 감안한다면, 헌법 전문이 저항권의 실정법상의 근거로 볼 수 있다. 나아가 이와 같이 저항권이 인정된다면 이는 "재판규범으로서의 기능"까지도 당연히 인정받을 수 있다.

핵심적인 논거

여기에는 당연히 2가지 쟁점이 문제가 된다.

"정권을 장악할" ("국헌을 문란할") ("내란"의) 목적이 있었는가? (양병호 대법원 판사) : 앞에서 본 바와 같이 다수의견은 김재규의 "정권을 장악할 목적"을 인정하면서, "대통령 살해를 작정하고, 그후 '계엄을 선포하고', '계엄군을 장악하여', '혁명위원회를 구성하고', '자신이 그 위원장이 된' 후, '대통령에 출마할' 것을 계획한" 사실 등을 그 인정근거로 들고 있다.

그러나 첫째, 이와 같은 정권장악 의도 사실을 인정하기가 어렵다. 왜냐하면, 당초 전두환 합동수사본부장이 발표한 내용에는 개인적인 동기만이 포함되어 있다가, 나중에 정치상황이 급변한 후에 공소장을 작성하면서 비로소 이러한 정권장악 의도 부분이 추가되어 그 진실성이 의심된다.

둘째는 이러한 정권장악 의도가, 수사과정상 검찰관 앞에서 인정하고, 원심의 법정에서도 인정한 것으로 "조서에 기재되어"(자백되어) 있으나, 김재규가 이를 부인하는 진술도 역시 기록에 나타나 있다.(따라서 자백의 임의성이 의문시된다.) 나아가 피고인의 이와 같은 진술(자백)에는 이를 뒷받침할 만한 "보강증거"가 기록상 인정될 수 없다.

따라서 피고인의 "정권장악 의도"는 이를 인정하기에 충분치 않기 때문에 원심판결에는 심리미진 및 이유불비의 위법이 있다고 설명하여, 당시의 "신군부가 가장 아파하는", "듣기를 원치 않는", 부분을 적나라하게 지적하였다.

피고인의 행위가 "폭동"에 해당되는가?(임항준, 김윤행 대법원 판사) : 내란죄에서 "폭동"은 "다수인이 결합하여 폭행이나 협박으로 한

지방의 평온을 해치는 정도가 되는 것"을 말한다. 즉 다수인의 결합이 핵심이다. 왜냐하면 다수인이 집합하게 되면 군집(群集)심리가 발생되어, 평상시에는 예기할 수 없는 비합리적인 감정의 폭발 또는 파괴적 행동으로 나오는 경향이 있기 때문에, 이러한 점을 경계하여 형법이 따로 군집범(群集犯 : 집단범죄)의 처벌규정을 두는 것이다.

그런데 이 사건에서와 같이 10명 내외의 사람의 집합만으로는 위와 같은 군집의식이 발생될 수 있는 다수인이라고 볼 수 없다. 따라서 피고인 김재규가 저지른 (피고인 본인과 외부에 있던 6명의 부하직원들에 의한) 이 총격사건은 내란죄에서 말하는 "폭동"이라고 할 수 없다고 직설적, 단정적으로 사건의 핵심을 지적하였다. 이 의견에는 김윤행 대법관도 견해를 같이 하였다.

부차적인 논거(서윤홍, 정태원 대법원 판사)

주된 피고인인 김재규에 대한 소수의견은 이상과 같았지만, 부차적인 피고인들에 대한 소수의견도 개진되었다.

서윤홍 대법원 판사의 의견 : 1) 피고인들 중 당시 대통령 비서실장이었던 김계원은 여러가지 증거를 종합하면, 김재규의 대통령 살해행위에 공모공동정범으로 가담하였다고 볼 수 없다. 2) 당시 중정의 경비원 및 운전사로서 살해현장 외부에 있었던 피고인들 2명(이기주, 유성옥)은 증거상 "내란목적"이 있었다고 볼 수 없다. 3) 당시 중정의 경비원으로서 살해현장 외부에 있다가, 문제의 총격이 있은 지 "30분 후"에, 현장에 들어가, 차지철 경호실장에게 확인사살을 하여, 생명을 완전히 끊음으로써 내란목적 "살인죄"를 범하였다는 부분에 대해서는, 그 "30분 이전에 있었던" 김재규의 총격으로 차지철이 이미 사망한 것으로 보아야 하므로, 그 살인의 죄가 성립될 수 없다.

서윤홍 대법원 판사는 이와 같이 김재규 이외의 피고인들에 대한 소수의견을 개진하였다.

정태원 대법원 판사의 의견 : 정태원 판사는 "위 서윤홍 판사의 의견 중 2)항과 3)항의 의견과 같다"*라고 하여 "가장 부수적인 피고인들 2명"에 대해서만 "2줄짜리" 소수의견을 개진하였다.**

결국 다수의견에 반대하는 소수의견을 낸 대법원 판사는 민문기, 양병호, 임항준, 김윤행, 정태원, 서윤홍 6명이었다.(대법원 판사 서열 순임)

6. 판결에 쓰여 있지 않은 이야기들

판결 전야

1979년 10월 26일에 사건이 있은 이후 1980년 5월 20일에 대법원 판결이 있기까지의 7개월의 기간은 격동의 시기였다. 유신철폐와 민주화의 기대에 부푼 많은 시민, 이를 저지하고 정권유지에 골몰하는 신군부 그리고 신군부내의 권력투쟁 등으로, 역사의 방향을 결정짓는 큰 사건들이 일어났다. 12-12 사태, 5-18 광주민주항쟁 등이 그것이다.

이러한 와중에 김재규에 대한 수사와 재판은 속전속결로 진행되어, 1980년 1월 22일에 항소심이 열려 3일 만에 심리와 판결을 마치고, 대법원으로 넘어왔다.

---

* 원문인 2행을 그대로 옮긴 것이다.

** 이 소수의견이 가져온 결과에 관하여는 이 책 p.101 참조.

그 사이에 계엄사령관, 합수부장, 육본 법무감, 보안사 실권자 등이 신속한 판결과 상고기각을 위압적으로 요구하였다.

대법원은 이 사건을 형사3부에 배당하였으나, 의견이 일치되지 않아, 1980년 4월 10일 전원합의체로 넘어갔고, 격렬한 토론 끝에 1980년 4월 28일에 8 대 6의 다수의견으로 상고기각의 합의가 내려졌다. 그러나 강력한 소수의견의 주장으로 판결문 작성에 시간이 소요되어 판결은 거의 한 달 뒤인 1980년 5월 20일에 선고되었다. 그리고 4일 뒤 5월 24일 김재규 등은 처형되었다.

판결에 대한 평석

이 사건을 핵심적으로 요약한다면, "대통령, 중앙정보부장, 대통령 비서실장, 대통령 경호실장의 4명이 만찬을 하였다. 대화 도중 중앙정보부장(김재규)은 불만을 품고 방 밖으로 나가 2층에서 권총을 가지고 돌아와 대통령을 살해하였다. 그 과정에서 외부에 대기 중이던 중앙정보부 직원 6명에게 방에서 총성이 들리면, 경호실 직원 등 4명을 모두 처치하라고 지시하였다"일 것이다. 이러한 사실관계라면, 김재규의 대통령 살해행위가 정권을 "탈취할 목적"으로 한 "계획적인" 것인가, 아니면 불쾌한 기분에서 저지른 "우발적인" 것인가의 문제와 "6명의 부하직원이 외부에 대기" 중인 상황에서의 대통령에 대한 총격이 "폭동"에 해당될 수 있는가일 것이다.

이에 대한 대법원 판사 14명의 평가가 8 대 6으로 갈라졌다는 것은 앞에서 본 바와 같다. 이 결론에 대한 평가는 독자 각자의 몫이다.

다만, 여기에서 2가지를 코멘트하려고 한다. 하나는, 잘 알다시피 판결은 사실인정의 문제와 이를 토대로 한 법률판단의 문제가 결합하여 이루어진다. 통상 판사생활을 오래 한 법관의 경우, 법률판단을 할 때는, 세계관, 철학관, 법의식에 따라 가치판단이 달라질 수 있으나(앞에서 본 국가배상법의 위헌여부 판단이 그렇다), 사실인정에서는 그 편차가 훨씬 적어서 아주 특별한 경우를 제외하고는 거의 의견이 일치하는 것이 보통이다.

다른 하나는, 세월이 한참 지나, 당시 다수의견의 쪽에 섰던 이일규 대법원 판사*의 면담 내용이다. "이론적으로는 소수의견이 옳았다. 그러나 일반살인이든 내란목적 살인이든 어느 쪽으로 해도 사형은 틀림없는데, 내란목적이냐 뭐냐 따져서 시일을 보낼 필요가 없지 않나 하는 생각에서 소수의견에 가담하지 않았다"고 말하였다.**

김재규의 대통령 살해동기가 얼마나 큰 정치적, 법적 의미를 가지는지는 이미 누차 앞에서 보아왔다. 이일규 판사의 면담내용이 문자 그대로의 진의였는지, 그의 오랜 법관으로의 경륜에 비추어 너무 단순화되어 전달된 것은 아니었는지 궁금하다.

판결의 후폭풍

이 사건 대법원 판결은 그 결론에 있어서는(8 대 6의 다수의견으로) 신군부의 손을 들어주었다. 즉 "내란목적의 살인"을 인정함으로써 명분상 신군부정권의 정통성을 긍정해준 결과가 된 것이었다.

그러나 신군부는 여기에 만족하지 않았다. 우선 "국사범을 처리하는데 무슨 놈의 법관들 합의가 필요하냐. 정신나간 대법원 판사들 그냥 쓸어버리자"라고 위협하고, 또한 "김재규 사건을 늦게 마무리하는

---

* 노태우 대통령에 의해서 제10대 대법원장(1988-1994)으로 임명되었다.

**한홍구, 앞의 책, p.154

바람에 (판결선고 2일 전에) 5-18 광주사태가 터졌다"라며, "사법부에 유감이 많다"고도 했다.

그런데 신군부의 간담을 서늘하게 한 것은, 소수의견의 내용이었다. 첫째, "정권장악의 목적"(내란목적)에 관하여 반대의견을 낸 양병호 판사(민문기 판사도 이 의견에 가담하였다)의 직설적이고 핵심을 찌르는 장문에 걸친 반박논리였다. 요지는 앞에서 본 대로 "우발적인" 살인으로 볼 여지가 많이 있음에도 김재규 자백의 진실성, 임의성에 대한 심리가 부족하였으므로 하급심에서 다시 재판하도록 해야 한다는 점이었다.

둘째, "폭동"의 의미에 관하여 반대의견을 낸 임항준 판사(김윤행 판사도 이 의견에 가담하였다)의 핵심을 찌르는 반박이었다. 김재규 본인 이외에 "겨우 6명의 부하직원들이 외부에서 대기중인" 상황에서는, 한 지방의 평온을 해칠 정도의 폭동이 될 수 없다는 논리정연한 주장이었다.

당시의 극도로 긴장되고 위압적인 정치상황에서 어느 누구도 감히 위의 2가지 문제점에 대한 언급마저도 꺼리는 가운데에, 그 논점을 정면으로 부각시키고, 철저한 논리로 분석하고 정리함으로써 반박하기 어려운 결론을 이끌어낸 용기에 신군부는 말할 수 없는 불안감을 느낀 것이다.

이리하여 신군부는 앞날을 위하여서라도 소수의견을 낸 판사들을 제거하기로 다짐하였다. 그 첫 번째 시도가 당시 국보위에 설치되어 작동 중이던 사회정화위원회의 "사회정화 대상"에 포함시켜 축출하려는 시도였다. 그러나 이때의 사회정화는 주로 조직폭력배 등을 대상으로 한 것으로 너무나 정당하지 않는 모습으로 보였을 뿐만 아니라 당시 국가보위비상대책위원회에 사법부로부터 파견근무 중이던 김헌무 부장판사* 등의 완강한 저항으로 7월 중순의 이 시도는 성사되지 못하였다.

그렇다고 해서 그 시도를 포기할 신군부가 아니었다. 그들은 이제 보다 직접적이고 물리적인 방법을 사용하기 시작하였다. 이 과정에서 가장 큰 수모를 겪은 판사는 양병호 대법원 판사였다. 그는 앞에서 상세히 본 바와 같이 "정권장악"(내란) 목적에 관하여 작심하고 직설적인 논리로 반대의견을 주도한 판사이다.**

정보기관이 그 제거대상자를 축출하는 방법은 예나 지금이나 마찬가지다. 우선 여자관계를 들추어 파렴치범으로 몰고, 다음에는 금전관계를 캐내어 부도덕한 인물로 만들고, 그래도 여의치 않으면 물리적 고문을 가하여 파멸시키는 것이다.

양병호 판사의 경우는 우선 첫 번째 수단이 동원되었다. 1980년 7월 말경 당시 서일교 법원 행정처장이 한남동 대법원장 공관으로 이영섭 씨를 급히 방문하였다. "사실은 양판사가 6-25 당시 여자관계가 있었고 그 사이에 태어난 사생아가 있는데, 그 아이를 자식으로 인정하지 않아 말썽이 되고 있다. 이 사실이 공개되면 대법원의 망신이니 알아서 조용히 해결하라고 안기부에서 연락이 왔다"고 보고하였다.

그날 저녁 이 대법원장은 양판사를 공관으로 초치하여 사실여부를 확인하였는데, 양판사는 친자 운운하는 것은 날조이며 모함이라고 강력하게 부인하였다. 다만 결혼 전 혼담이 있었던 여성을 피난길에서 우연히 만나 알고 지냈던 것은 맞다고 하였다.

---

* 그는 소수의견을 낸 임항준 대법원 판사의 사위이기도 했다.

** 이 책 pp.93-94 참조.

여자관계를 내세운 전략이 실패로 돌아가고 부도덕한 금전관계도 나타나지 않자, 이제는 보안사가 마지막 수단인 물리력을 동원하였다. 보안사의 요청 및 위협에도 불구하고 양판사가 사표제출을 거부하자, 보안사는 1980년 8월 3일 악명 높은 서빙고 분실로 그를 연행하였다.

그는 밀폐된 공간에서 "고문"을 당하고 결국 강요된 사표를 자필로 작성하였다.* 이 사표는 어떤 군인의 손을 거쳐 법원 행정처장에게 전달되고 다시 대법원장에게 제출되었다. 그러면서 "이걸 대법원장이 수리해주셔야 양판사가 나올 수 있다고 합니다"라고 전언하였다. 대법원장은 어쩔 수 없이 사표를 수리하였다.**

신군부의 안중에 "사법권의 독립" 같은 사치스러운 문구는 없었고, "훗날"을 위하여서라도 군사작전을 하듯이 일을 처리해나갔다. 양판사의 비서관과 운전기사 등도 "정화" 바람에 사직했다.

그 "성과"의 하나가 5개월 후인 1981년 1월 23일 김대중 내란음모사건 선고였다.*** 대법원은 전원일치로 상고를 기각하여 사형을 확정시켰다. 그리고 "한 시간 후" 국무회의를 열어 사형을 무기징역으로 감형시켰다.

나머지 소수의견을 낸 판사들도 무사하지 못하였다. 며칠 후인

---

* 이는 유신시대 이래 신군부시대가 끝날 때까지 '판사를 외부 정보기관에 연행하여' 가혹행위를 한 '유일무이한 사례'였다.

** 그러고 나서 한 시간도 안 되어 양판사가 대법원장실에 나타났다. 그는 아무 일도 없었다면서, 헛웃음을 터뜨리며 커피를 마셨다. 그런데 마시던 커피가 입으로 들어가지 않고 목덜미를 거쳐 가슴으로 흘러내려 와이셔츠를 적시고 있는 것도 모른 채, 정신 나간 사람처럼 눈에 초점이 풀려 있었다. 한홍구, 앞의 책, p.156

*** 한승헌, 앞의 책, p.342

1980년 8월 9일 민문기, 임항준, 김윤행, 서윤홍 등 4명의 대법원 판사들도 "임의로" 사표를 제출하는 형식으로 사표가 수리되었다.

그런데 한 가지 이례적인 일이 있었다. 즉 소수의견을 낸 6명 중 다른 5명을 제외한 나머지 1명, 정태원 판사는 사표를 내지 않고 판사직을 유지했다.

그러나 소수의견을 좀더 자세히 읽어보면 금세 그 이유가 드러난다. 앞에서 본 바와 같이 정태원 판사는 소수의견에 가담하기는 하였으나, 그 소수의견이라는 것이 단지 "2줄짜리"였는데, "서윤홍 판사의 의견 중 피고인 이기주, 유성옥(경비원)에 관한 부분 및 피고인 김태원에 관한 부분과 같다"라고 기재하여 부수적 피고인의, 부수적 쟁점에 대해서만, 그것도 인용의 형식으로 가담하였기 때문에 정상이 참작된 것 같았다. 그러나 그 역시 다음해인 1981년 4월 19일에 있은 제5공화국 헌법에 따라 대법원이 재구성될 때, 재임명에서 탈락되었다. 8개월 동안 더 재직한 것이다.

부끄러운 이야기들

김재규의 내란음모사건의 처리과정에서 사법부의 독립은 신군부의 군화에 철저히 유린당하였다. 그래도 이전의 국가배상법 위헌사건에서는 대통령의 호소, 부탁의 형식이라도 취하였고, 판사의 제거과정도 개정헌법 부칙규정에 따르는 등 법률적 절차를 따르는 듯한 외형이라도 취했었다.

그러나 9년 뒤의 이번에는 완전히 달라져 있었다. 읍소 대신에 위협과 협박이 난무하였고, 사상초유로 판사를 물리적으로 납치하여 고문을 가하는 파렴치한 행위도 서슴지 않았다. 판사의 제거과정도 법적인 조치를 취하는 것은 사치스러운 일이었고, 협박으로 자진 사표를 강요하였다. 9년 전의 조치가 "사법권 독립의 사살"이었다면, 이번의 조치는 "사법권 독립의 확인사살"이었다.

이러한 수모를 겪었지만, 사법부의 수장인 대법원장 이영섭은 온전히 그 자리를 보전할 수 없었다. 그는 1981년 4월 17일 퇴임하면서 "사법부(한자로 司法'府' 대신에 司法'部'라고 썼다)의 정상의 직을 맡을 때는 포부와 이상도 컸었지만, 오늘 지난날을 돌이켜보면, '회환과 오욕'으로 얼룩진 것이었습니다"라고 말하였다. 사법부에 가해진 군인들의 부당한 탄압에 대한 억울함을 이와 같이 털어놓은 데에 대해서 동정심이 가기는 하지만, 후배 법관들 중의 일부는 너무나 문약(文弱)한 태도였다고 비판하는 의견도 없지 않다. 본인이 사법행정의 최고 책임자로서 그 직을 맡은 이상에는 사생결단하고 사법부의 권위를 지켰어야 했다는 것이다.

부끄러운 사법부의 민낯이 하나 더 남아 있다. 대법원의 판결이 내려지면 주요 판결은 바로 인쇄되어 한 달에 두 번 간행되는 "법원공보"라는 소식지에 게재되는 것이 실무이고 관행이다. 그러나 어찌된 일인지 내란음모에 관한 이 대법원 판결은 1980년 5월 20일의 선고가 있은 지 10년이 지나도록 "법원공보"나 다른 어느 인쇄물에도 게재되지 않았다. 따라서 법원의 판사들이나 학자들이나 언론사, 국민 누구도 그 판결이유를 읽어볼 수가 없었다. 당연히 직설적이고 논리정연한 소수의견의 내용이 널리 알려지는 것을 두려워한 신군부의 조치였겠지만, 여기에 협조한 사법행정 담당자의 처사에 실망을 느끼지 않을 수 없다.

이 판결은 세월이 한참 지나 1987년 6-29 민주화조치가 있고, 문민정부로 세상이 바뀐 후인 1990년 8월 27일에 간행된 대법원 전원합의체 판결집에 10년 만에 처음으로 게재되었다.

비슷한 사례

미국의 경우 : 부시 대 고어, 2000년

사실관계

민주당 소속 부통령인 고어와 공화당 소속 주지사 부시가 맞붙은 2000년의 미국 대통령선거는 역사상 가장 치열한 선거전이었다. 알려진 바와 같이 미국의 대통령선거는 간선제로서 승자독식의 원칙에 따라 행해진다. 총 537명의 선거인단이 각 주의 인구수에 비례하여 각 주에 할당되고(예를 들면 캘리포니아에는 55명, 텍사스는 38명, 알라스카와 버몬트는 각 3명씩 할당된다), 할당된 선거인단의 전체 숫자를 그 주의 유권자의 투표에 따른 승자가 모두 가져가서, 이렇게 획득된 각 주 선거인단 수를 합계하여 전국적으로 더 많이 차지한 후보가 당선되는 방식이다.

투표일인 2000년 11월 7일까지 드러난 결과로는 고어가 부시에게 267 대 245로 22표 앞섰다. 그러나 25명의 선거인이 할당된 마지막 선거인단인 플로리다 주의 개표 결과는 1,784표(총 투표자의 0.1퍼센트)라는 간발의 차이로 부시의 승리였다. 따라서 267 대 270으로 부시가 대통령이 될 수 있는 상황이었다.

그런데 공교롭게도 플로리다 주(state)의 법률은 격차가 0.5퍼센트 이하일 경우에는 "기계에 의한 재검표(machine recount)"를 하도록 규정하고 있었다. 이에 따라 재검표를 했더니, 이제는 그 격차가 현저히 줄어들었으나, 327표 차이로 결국 부시가 승리한 것으로 나타났다. 그러자 고어

측은 이제 전통적으로 민주당이 강세인 "4개의 군(county)에 대해서" 플로리다 최고법원에 "수작업에 의한 재검표(manual recount)"를 요구하였는데, 주 최고법원은 이를 받아들이면서 "주 전체에 대한" 재검표를 명령하였다.

상황이 이렇게 되자 부시측은 연방대법원에 전면 재검표를 명령한 주 대법원의 결정을 취소해달라고 상소하였다.

쟁점의 소재

문제는 미국 연방 수정헌법 제14조의 "동등한 보호의 원칙" 조항을 어떻게 해석할 것이냐에 달려 있었다. 즉 이 헌법규정은 "투표권을 행사하는 유권자의 개개인에게는 동등한 존엄성이 부여된다"는 원칙이다. 따라서 투표용지를 개별적으로 검표할 때에, "그 유, 무효 또는 누구에게 투표한 것으로 인정할 것인가"에 관하여 "구체적으로 공정한 기준"이 존재할 수 있는지의 여부가 중요한 쟁점이 된다. 즉 이러한 공정한 기준이 존재할 수 있다면, 수작업에 의한 재검표가 허용될 수 있다는 결론으로 흘러갈 것이었다.

다수의견

연방대법원은 2000년 12월 11일 양측의 구두변론을 듣고, 불과 16시간 후인 12월 12일에, 5 대 4의 평결로 주 대법원의 판결을 파기하면서(즉 재검표를 거부하고) 부시를 승자로 인정하였다.(Bush vs Gore 531 US 98)

논거는 다음과 같다.

투표용지를 개개로 검표한다고 하더라도, 여기에 적용될 "구체적인 기준이 의심의 여지가 없을 정도로 공정하게 마련되어 있지 않다." 그러므로 수작업 재검표를 하더라도, 다툼의 불씨는 계속 남게 된다. 따라서 이러한 상황 하에서 재검표를 전면적으로 한다는 것은 헌법 14조의 투표자의 평등보호원칙에 어긋난다.(쉽게 일상적인 언어로 표현한다면, "더 큰 혼란만 야기할 뿐이다"로 풀이할 수 있다.)

반대의견

반대의견의 핵심논거는 2가지이다.

하나는, 각 주는 "그 주가 정하는 방식으로" 선거인단을 정하고 투표하도록 되어 있으므로, 검표를 어떻게 할지는 각 주에서 정할 일이지, 연방대법원이 관여할 일이 아니다. 다른 하나는, 투표자의 "동등보호의 원칙"은 "투표자의 의도를 정확히 파악하여 그의 뜻에 따라 투표결과를 인정해야 한다"는 의미일 것이므로, 이를 추구하여 검표를 정밀하게 진행하는 것은 전혀 수정헌법 제14조에 반하는 것이 아니다.

판결 후의 이야기들

이 판결은, 미국 역사상 최초로 연방대법원이 사실상 대통령선거의 승자를 결정하는 결과를 초래하였다. 그 결과 부시는 가까스로 대통령직에 오르기는 하였으나, 한동안 "정통성 논란"에 시달려야 했다. 부시의 측근들의 증언에 의하면, 이 정통성 콤플렉스 때문에, 9-11 테러 공격에 보복하면서, 아프가니스탄뿐만 아니라, 이라크까지 침공하였다고 한다. 이는 정통성 부족을 일거에 만회하기 위한 "리더십의 도박"으로 평가되기도 한다.

부시는 재선에 성공하였으면서도 몇 가지 이유로 가장 인기 없는 대통령 중의 한명으로 꼽히기도 한다. 반면에 고어는 판결에 동의하지는 않지만, 국가단합을 위해서 승복한다고 발표하였다. 그후 그는 환경문제에 많은 관심을 보여 2007년에는 노벨 평화상까지 수상하였고, 투자와 자문을 통해서 상당한 부도 축적하였다.

직설적인 반대의견을 쓴 스티븐스 대법관은 "이 판결이 주 법원 시스템의 권위를 크게 손상시켰다"고 주장하면서, "주 법원 판사들의 불편부당함과 능력에 대한 일반 국민들의 신뢰가 불필요하게 훼손되었다"고 하였다. 더욱이 다수의견을 낸 동료 대법관들을 겨냥하여, 다수의 판결을 내린 대법관들의 "동기와 진정성"에 근본적인 의문을 제기하지 않을 수 없다고, 의미 깊은 그리고 뼈아픈 지적을 서슴지 않았다. 대통령이 된 부시에게 가슴 아픈 상처를 남길 수 있는 코멘트를 한 스티븐스 대법관은 그후 아무런 불이익도 받지 않았다.

제3장

검사의 구형이 판사의 판결보다 더 우위인가?

—형사소송법 제331조 단서의 위헌 결정*

1. 검사의 "구형"이 판사의 "판결"을 압도하는가?

상식적으로 검사는 사건을 수사하여 죄가 있다고 여겨지면, 법원에 기소를 하고, 판사는 유죄, 무죄를 판단하여 형을 선고하는 것이다. 그리하여 판사는 "판단을 내리는" 사람이고, 검사는 그 "판단을 받는" 사람인 것이 당연하다.

그런데, 법률의 규정이 이러한 기본틀에 어긋나게 되어 있어서, 검사가 구형을 10년 이상 하게 되면(당연히 사형이나 무기징역도 포함하여), 판사가 무죄나 집행유예를 선고하더라도, 피고인이 석방될 수 없다고 한다면, 문제가 없다는 말인가?

피고인의 신병을 구속, 석방하는 것은 판사만이 할 수 있는 것으로 알려져 있는데, 이는 잘못 알려진 것인가? 과연 검사의 구형이 판사의 최종 판결보다 더 강력하고, 우위에 있는 것인가?

---

* 이 사건은 필자가 서울형사지방법원의 부장판사로 근무할 당시, 취급한 92고합448 강도상해사건에서 1992년 5월 20일 위헌제청 결정을 하고, 여기에 대해서 헌법재판소가 내린 결정이다.

언뜻 보기에 당연한 것으로 생각되어 문제가 없을 것 같은, 헌법상의 법관에 의한 영장주의원칙을 다시 한번 돌아보게 하는 헌법재판소의 결정(헌재 1992. 12. 24, 92헌가8)이 있었다.

2. 사실관계

- 피고인 A는 16세, 피고인 B는 18세의 미성년자이다.
- 피고인들은 서로 공동하여, 길 가던 학생인 피해자들을 불러 세워 폭력을 행사한 후, 기껏해야 몇 만원에 해당하는 지갑 및 현금을 강제로 빼앗았다.(강도죄)
- 위와 같이 폭력을 행사하는 과정에서 2주일의 상해를 입혔다.(강도상해죄 : 참고로 2주일의 상해는 경미한 정도의 상해이다.)
- 피고인들은 범행을 모두 자백하고 있고, 전에 처벌받은 경력이 없다.(초범)
- 범행 이후 피고인들은 피해를 전부 변상했고, 피해자들로부터 처벌을 원치 않는다는 합의를 하였다.(피해변제와 합의)

이와 같이 비교적 경미한 사안으로 여겨지는 이 사건의 심리는 순조롭게 진행되었고, 절차에 따라 재판장은 공판 관여 검사에게 구형을 할 것을 명하였다. 그러자 검사는, 위와 같이 여러 정황상 가벼운 사안임에도 불구하고, 피고인들에게 "징역 10년"의 형을 선고하기 바란다는 구형(미성년자이므로, 정확하게는 장기 10년 단기 7년의 구형이다)을 하여, 피고인들과 재판부를 깜짝 놀라게 하였다.

3. 무엇이 문제였는가?

자신의 귀를 의심한 재판장은 검사에게 다시 한번 구형량을 확인하였는데, 검사는 틀림없다고 말하였다. 재판장은 잠시 의아해 하였으나, 곧바로 그와 같은 구형량의 취지를 이해하였다. 즉, 당시의 형사소송법(1954년 9월 23일 법률 제341호로 제정) 제331조 "단서"의 규정이 바로 그 핵심이었다. 이 법의 제331조 "본문"은 "무죄나……집행유예의……판결이 선고된 때에는 구속영장은 효력을 잃는다.(즉 석방된다)"고 규정하고, 그러나 그 "단서"에는 "단, 검사가……10년 이상의 형을 구형한 때에는 예외로 한다.(즉 확정시까지 석방되지 않는다.)"고 규정되어 있었다.

그런데 영리한 공판 관여 검사가 재판의 진행과정을 살펴보니, 여러 사정에 비추어 판사가 집행유예를 선고할 가능성이 높아 보이자, 피고인들의 석방을 저지할 방안을 궁리하여, "즉석에서" 구형량을 10년으로 높인 것이었다.

통상 구형량은 수사검사가 적절한 방법으로 소송기록에 표시하고(예를 들면, 기록표지 뒷면에 숫자를 적어두는 등) 공판검사는 이를 따르는 것이 관행이지만, 특별한 사정이 있는 경우에는 즉석에서 임기응변으로 이를 높이고 낮추는 것이 가능하기 때문에 이 점을 활용한 것이었다.

따라서, 이러한 상황에서, 헌법정신에 투철하고 정의감이 있는 판사라면, 무죄 또는 집행유예의 판결을 선고하여도, (10년 이상의) 검사의 구형 때문에 피고인이 석방될 수 없다는 기이한, 상식 밖의, 결과에 의심을 품을 수밖에 없는 상황이 된 것이었다.

4. 재판부의 조치 : 위헌심판 제청과 그 이유

검사의 이와 같은 돌발적이고 도발적인 구형에 재판부는 잠시 긴상하였으나, 곧바로 사건의 처리방향을 결심하였다. 우선 형소법의 이 조항이 헌법상 문제가 있다는 것을 확신하고, 헌법재판소에 위헌심판 제청을 하기로 하였다.

그러나 이러한 조치만으로서는 피고인의 신병이 위헌결정시까지 계속 구금되어 있어야만 하므로, 그 부당함을 피하기 위하여 우선 재판부의 직권으로 피고인들에게 보석허가 결정을 하였다. 사실, 당시의 형소법 규정(제97조 제3항)에 따르면, 법원이 보석허가결정을 하더라도, 검사가 여기에 대해서 즉시항고를 하게 되면, 그 확정시까지는 석방될 수 없도록 되어 있었다. 그러나 재판부의 보석허가결정에 대해서 즉시항고를 하는 것은 너무 지나치다고 생각했는지, 검사는 항고를 하지 않았고, 피고인들은 즉시 석방될 수 있었다.

그후, 재판부는 시간적 여유를 가지고 차분히 위헌제청의 이유를 구상하였다. 그 과정에서, 우리나라의 판결례, 학설, 나아가 일본과 미국 등의 외국의 판례 등을 조사하였으나, 도움이 되는 자료를 전혀 발견할 수가 없었다. 나중에 확인한 것이지만, 민주 법치국가에서 검사의 구형이 판사의 판결보다 우선한다는 것은 상상할 수도 없는 것이기 때문에, 그러한 선례가 없음은 당연한 것이었다.

따라서, 재판부로서는 독창적으로 그 위헌제청의 이유를 구상하고 창작하여야 했기 때문에 그 노력과 수고가 훨씬 많이 소요되었다. 아무튼 창작의 고통을 겪은 후 11,000자(원고지 55매) 분량의 이유서가 작성되었는데, 그 요지는 뒤에서 보는 바와 같았다.

이유서에서 논거로 삼은 이론은 나중에 "전부", 헌법재판소에서 그대로 받아들여져서 그 결정문에 잘 나타나 있으므로 헌재결정의 요지를 살펴보는 자리에 그 설명을 미루기로 한다.(즉, 영장주의, 적법절차의 원칙, 과잉금지원칙 및 당사자주의원칙에 관한 설명들이다.) 다만, 헌재결정의 이유에서는, 너무나도 당연하여, 구태여 설명의 필요를 느끼지 아니하였기 때문이라고 생각하지만, 헌법 제101조의 "사법부의 권한" 그리고 헌법 제103조의 "사법권의 독립"에 관한 상세한 설명이 빠져 있지만, 재판부의 위헌제청 이유에는 이 2가지 점이 강조되어 기술되어 있었다.

5. 법무부 장관의 의견(답변서)

이와 같은 위헌제청 이유서가 헌법재판소를 거쳐, 반대 당사자로서 공익을 대표하는 법무부에 전달되자, 법무부 장관은 다음과 같은 요지의 의견서를 제출하였다.

그 답변의 내용은 뒤에서 보는 바와 같이 헌법재판소에 의해서 "한 가지도" 받아들여지지 않았다. 그러나 여기에는 우리들이 놓쳐서는 안 되는 중요한 메시지가 담겨 있었다. 즉, 법무부와 검찰이, 좀더 구체적으로는, 검사가 법치주의의 의미에 대해서, 사법부의 역할과 위상에 대해서, 나아가 판사의 헌법상의 지위에 대해서 어떤 생각과 사고방식을 가지고 있는지를 문서로 그리고 문자로 분명히 나타내고 있다는 점이다.

여기에서 드러난 검찰의 법치주의, 영장주의, 당사자주의, 적법절차원칙 및 헌법상의 사법부의 지위에 관한 그 나름의 사고방식은, 이를 모두 배척한 헌법재판소의 이 결정에도 불구하고, 현재까지 바뀌어지지 않고 있고, 상황에 따라서는 모양을 바꾸어 더욱 강하게 주장되고 있는 것이 현실이다.

요지는 다음과 같다.

우선, 위헌심판 제청은 부적법하다.

이 점에 관하여는 2가지 이유를 들고 있다. 하나는, 위의 형소법 규정이 있다고 하더라도 판사는 무죄나 집행유예 등의 판결을 할 수 있고, 여기에 아무런 제약이 없으므로 위의 규정은 재판에 영향을 주지 않는다. 둘째는, 위의 규정이 있다고 하더라도, 판사는 보석 등의 방법으로 피고인을 석방할 수 있는 길이 있어서, 구태여 이 규정의 위헌제청 신청을 할 필요가 없으므로 이 신청은 부적법하다.

다음, 이 조항은 헌법에 위반되지 않는다.

이 주장이 핵심적인 내용을 이루고 있는데, 그 논거로서는 다음의 4가지를 들고 있다.

첫째, 판사는 피고인을 계속해서 구속할 필요가 없다고 인정할 때에는 보석이나 구속취소 등을 통해 석방할 수 있으므로, 이 규정이 헌법상의 영장주의나 적법절차원칙에 반하는 것은 아니다. 둘째, 검사가 10년 이상의 구형을 하였다는 것은 그 "사건의 중대성"을 인정한 것이므로, 이 점을 감안하여 "법원의 오판으로 인한 석방"을 방지할 필요가 있는 만큼 이는 법관에게 전속된 사법권 행사를 침해하는 것이 아니다. 셋째, 인신구속에 관한 법관의 전속적인 권한에도 합리적인 견제와 균형이 요구되는데, 검사의 구형은 피고인과 대립되는 형사소송의 한쪽의 당사자로서 의견진술에 불과한 것이 아니라, 수사의 주재자로서 국가기관의 대외적 의견이다. 따라서 검사의 구형은 사법권 독립에 있어서 견제와 균형으로서의 역할을 담당하고 있으므로, 사법권 독립 보장에 위배되는 것도 아니다. 넷째, 우리나라의 형사소송에서는 검사의 상소제도가 인정되고 있고, 상소심을 통하여 1심 판결의 번복 가능성은 항시 존재하므로, 중대사건에서 피고인을 구속상태에서 재판하는 것은 실체적 진실 발견을 최고 목표로 하는 형사재판 심리와 형의 집행을 보장하는 의미도 있으므로 사법권을 침해하거나 사법권 독립을 해치는 것이 아니다.

6. 헌법재판소의 결정이유 : 전원일치

위와 같은 법원의 위헌제청 이유, 법무부의 답변서를 검토한 후, 헌법재판소는 도입부분을 제외한 판단부분(결론부분)만으로도, 약 2만자, 원고지 100장에 달하는 상세하고도 철저한 결정문을 작성하였다.

더욱이 이 결정은 1992년 5월 20일 법원으로부터 위헌제청 신청을 받은 뒤, 7개월 정도 지난 1992년 12월 24일에 신속하게 내려짐으로써, 1974년생인 피고인이 제청법원에서 미성년인 상태로 재판을 받아 집행유예의 판결을 받을 수 있는 길을 열어주는 배려도 아끼지 않았다.*

위헌심판 제청의 적법성에 관하여

먼저 위의 단서규정이 있더라도 판사가 무죄나 집행유예의 판결을

---

* 기소된 죄명이 강도상해죄였기 때문에 7년 이상의 법정형이다. 따라서 작량감경 이외에도, 미성년자임을 이유로 한 소년감경까지 하지 않는 한, 최저형이 3년 6월이 되어, 3년 이하의 경우에만 집행유예가 가능한 형법규정 때문에 집행유예가 법률상 불가능한 상황이었다.

하는 데에는 "아무런 지장이 없으므로", 판사의 위헌제청 신청이 부적법하다는 검찰측 주장이 있었다.

이에 대해서, 헌재는 검사가 10년 이상의 구형을 하더라도, 판사가 재판 주문(무죄나 집행유예 등)을 결정하는 데에 "직접 영향을 주는 것은 아니라 할지라도", 그 "재판의 실질적 효력", 즉 신병의 구속여부가 달라지는 것이므로, 이는 재판의 전제성(前提性)이 있는 것이라고 판단하였다.

다음으로, 판사는 이 규정이 있더라도 보석허가 등의 방법으로 피고인의 신병을 석방할 수 있는 규정이 있으므로, 구태여 이 규정의 위헌여부를 따질 필요가 없다(즉, 부적법하다)고 주장한다. 그러나 무죄 등의 판결은 종국재판으로 구속의 효력을 당연히 실효시키는 데에 반하여, 보석은 이와 별개로 중간적 재판으로 일시적으로 구속의 집행만을 정지시키는 것이므로, 양자는 법률적 성질과 입법 목적이 전혀 다른 차원의 문제이다. 따라서 전혀 다른 제도적 장치를 들어 재판의 전제성을 부정할 수는 없다.

영장주의원칙에 관하여

헌법 제12조 제3항은 "체포, 구속을 할 때에는……법관이 발부한 영장을 제시하여야 한다"고 규정하여 영장주의의 대원칙을 선언하고 있다.

그런데 검찰측은 새로 구속하는 경우가 아니라, (무죄나 집행유예의 판결로 인해서) 구속된 피고인을 석방해야 하는 경우에는, 범죄의 중대성이나 법관의 오판가능성을 고려하여, 일정한 경우 (즉 구형이 10년 이상인 경우)에는 그 판결의 효력을 제한할 수도 있다고 주장하였지만, 이 역시 헌법재판소는 명쾌한 논리로 배척하였다. 헌법이 명문으로 선언하고 있는 법관의 영장주의라는 것은, 신체를 "구속할 경우"에만 한정적으로 적용되는 것이 아니라, 바꾸어 말하여 구속의 개시 시점에 한하지 않고, 구속영장의 효력을 계속 유지할 것인지 아니면 취소 또는 실효시킬 것인지의 여부도 "법관의 판단에 의하여서만" 결정되어야 한다는 점을 분명히 밝히고 있다. 따라서 이 단서규정은 영장주의원칙에 위배된다는 것이다.

적법절차원칙에 관하여

적법절차원칙(due process)은 역사적으로 1215년에 영국의 대헌장(Magna Carta)에서 처음 비롯되어 발전되어오다가 1791년과 1868년에는 미국의 수정헌법 제14조에 명문으로 규정되어, 미국 헌법의 기본원리의 하나로서, 모든 국가작용을 지배하는 원리가 되었다.

그런데 우리 헌법은 이 원칙을 하나의 독립된 조문으로 규정하고 있지는 않고, "신체의 자유"를 규정하는 조문(제12조)의 일부로서 규정하고 있다. 즉, 1987년 10월 29일의 제9차 개정 헌법에서 제12조 제1항은 "누구든지……적법한 절차에 의하지 아니하고는……처벌을 받지 아니한다." 그리고 3항은 "체포……를 할 때에는 '적법한 절차'에 따라 법관이 발부한 영장을 제시하여야 한다"고 규정하고 있다. 그러나 이 원칙은 독자적인 헌법원리의 하나로서 수용되고 있다. 따라서 첫째, 이는 형식적인 절차뿐만 아니라, 실체적인 법률내용도 역시 합리성과 정당성을 갖추어야 한다는 실질적 의미로 확대해석되고 있다. 둘째, 그 적용대상이 형사소송절차에 국한되지 않고, 입법 및 행정을 포함한 모든 국가작용에 적용되는 것으로 인정되고 있다.

이와 같은 적법절차원칙의 실질적(내용적) 의미에 따라서, 과연 여기에서 문제가 된 형소법의 규정이 과잉입법금지 원칙에 부합하는지를 살펴보아야 한다.

검찰의 주장은, 첫째, 10년 이상의 구형을 받은 "중대한" 사건은 공판에의 출석을 보장하고, 도주 및 증거인멸로 인한 수사와 심리의 방해를 제거할 필요가 크고, 둘째 1심 법원의 오판으로 무죄나 집행유예 등의 판결을 선고함으로써 중범죄자가 석방되어 도주하게 될 경우의 위험성을 예방할 필요가 있기 때문에, 그 단서조항의 합리성이 인정될 수 있다는 데에 있다는 것이다.

그러나, 우선 법률상 피고사건이 중대한지 여부는 결국 법원의 실체판단에 의해서 결정되는 것이지, 임의적이고 일방적인 검찰의 의견인 구형의 높낮이에 의하여 결정되는 것이 아니다. 또한, 법원의 재판에 오판의 가능성이 있다고 해서, 이러한 불확실한 가능성만을 이유로 피고인을 계속 구속하는 것은 인신의 자유를 제한하는 헌법상의 취지가 망각되는 결과가 된다. 그리고 1심의 무죄나 집행유예의 판결로 구속사유가 없음이 잠정적으로나마 밝혀진 경우에는, 일단 피고인을 석방하는 것이 당연하고, 후에 필요한 때에는 상소심에서 재구속하는 것이 신체의 자유의 침해를 최소화하려는 헌법의 취지에 부합한다.

따라서 형사소송법 제331조 단서의 규정은 1)그 입법목적(도주방지, 오판위험방지)이 헌법의 체제상 정당성(목적의 정당성)을 인정받을 수 없고, 2)그 목적달성을 위한 방법(무죄 등의 판결에도 불구하고 피고인을 석방시키지 않고 계속 구속해두는 것)이 효과적이고 적절(방법의 적정성)하지 않으며 3)그 입법목적을 달성하기 위한 방법이,

이로 인한 기본권 제한을 필요, 최소한에 그치도록 (피해의 최소성) 해야 하는 데에도 해당되지 않고 4)그 입법에 의하여 보호하려는 공익과, 침해되는 사익과를 비교하여 형량할 때에 공익이 더 크다(법익의 균형성)고 볼 수도 없다고 판시하였다.

당사자주의원칙에 관하여

이제 검찰이 항상 힘주어 강조하는, 마지막으로 남은, 법무부 측의 답변내용은 형사소송법상 당사자주의원칙에 관한 것이다. 검사는 공익의 대변자로서 국가의 유일한 소추기관이다. 따라서 국가의 형벌권을 행사하는 검사의 구형은 국가기관의 대외적 의견이며 수사의 주재자로서 수사와 공판 관여를 통하여 내린 최종 결론이다. 그렇기 때문에 검사의 구형은 한쪽 당사자로서의 의견진술에 불과한 것이 아니고, 사법권 독립에 있어서 견제와 균형의 역할을 담당하는 것이라고 강조한다.

여기에 대한 헌법재판소의 판단은 단호하고도 분명하였다. 즉, 검사가 공익의 대표자로서 우리의 현행 제도상 국가의 소추기관인 점은 옳다.(다만 이와 다른 입법례도 있다.) 그러나, 이는 수사와 공소제기의 단계까지에서만 그러하다.

일단 공소가 제기되어 사건이 법원에 계속되게 되면, 즉 형사공판 절차에서는, 피고인 및 이를 보조하는 변호인과 대등한 위치에 서는 대립당사자의 일방에 불과한 것이다. 이는 우리 형사소송법의 대원칙이다. 따라서 형소법 제331조 단서의 규정은 "권력분립에 의한 사법권행사를 통하여 법치주의를 구현하려는 헌법의 기본원칙에 위배되는 것이라 아니할 수 없다"고 천명하고 있다.

위와 같은 헌법재판소의 결정에는 재판관 9명이 모두 일치된 의견을 제시하였다. 즉 그 결론이 자명하고 의문의 여지가 없음을 명백히 하였다.

7. 재검토

역사적 의미

형소법 제331조 단서의 구정은 1954년 9월 23일 제정된 뒤 무려 38년이 지난 1992년 5월 20일 판사에 의한 위헌제청 신청이 있고, 곧이어 1992년 12월 24일 헌재의 위헌결정이 있었다. 그 후속조치로서 법개정으로 1995년 12월 29일 단서규정이 삭제되고, 이는 1997년 1월 1일부터 시행되어 현재에 이르고 있다.

이 형소법 단서규정의 실질적 의미는, 시쳇말로 표현하자면, "검사보다 판사가 더 높으냐" 아니면, "검사도 판사와 대등하게 높으냐"의 문제이다. 헌법상 너무나도 당연한 이 명제를 38년 동안이나 잊고 지내다가 "의식 있는" 재판부에 의하여 정식으로 문제제기가 되었고, 당연한 귀결로 헌재가 이를 명쾌하게 천명하게 된 것이 이 사건이다.

헌재도 결정문에서 명백히 설명하고 있는 바와 같이 "구형이 판결을 압도하는" 이와 같은 입법례는 세계 어느 곳에서도 찾아볼 수 없다. 단순한 입법재량의 문제가 아니라, 사법권독립이라는 헌법의 기본원리에 어긋나는 입법이 버젓이 38년 동안이나 시행되어왔고, 더욱이 그동안 사법부의 아무도 이에 대한 문제제기를 해오지 않았던 것이다.

이 위헌제청 이유에 대한 법무부의 답변내용을 "법률기술적 수사"

를 제거하고 "일상적인 용어"로 바꾸어 설명함으로써, 검찰이 사법부에 대해서 가지고 있는 생각의 민낯을 보기로 하자.

먼저 이 단서규정이 있더라도, 판사는 아무런 방해 없이 무죄나 집행유예의 판결을 할 수 있고, 또한 보석을 통하여 피고인을 석방할 수도 있으므로 아무런 문제가 없다는 논리는 희극적이다. 비유적으로 말하자면, 배고픈 사람이 밥을 달라고 애원하는데, 쌀이 없으면 고기를 먹으면 되는 것 아니냐고 말하는 것과 같다. 또한 가벼운 절도죄에 사형을 할 수 있도록 법에 규정해놓더라도, 판사가 무죄나 집행유예를 할 수 있으니 아무런 문제가 없다고 말하는 것과도 같다.

나아가 검사는 형사소송에서 한쪽의 대립당사자가 결코 아니며, 공익의 대변자로서 판사의 독립된 재판권을 견제할 수 있는 지위에 있다고 강하게 이야기한다. 이 역시 비유적으로 설명하자면, 피고인과 검찰이 법원의 심판 아래에서(법정에서) 운동경기를 하고 있는데, 자기는 심판과 대등한 위치에 있는 선수이므로 심판에게 대들어도 좋다는 것과 같다.

헌법재판소의 결정에서도 이 점을 분명히 하고 있다. 즉 검사가 공익의 대표자로서 국가의 소추기관인 것은 맞지만, "형사공판 절차에서는 대립 당사자의 일방이다"라고 단언하고 있다. 또한 검사의 "자의적인 구형"의 가능성을 배제할 수 없다는 위험성도 제시하고 있는데, 공교롭게도 바로 이 사건이 여기에 해당되는 사안이었다.*

18세의 전과가 없는 미성년자가 2주일의 경미한 폭행으로 몇 만원

---

* 검사의 자의적인 구형을 포함한 검찰관의 남용을 억제하기 위한 방안에 관해서는, 2017년 3월 서울대학교 법학대학원에서 박사학위를 받은 임수빈 변호사의 "검찰권 남용에 대한 통제방안"이라는 학위 논문이 있다.

상당의 금품을 빼앗었으나, 후에 피해가 변상된 사안인데, 징역 "10년"을 살아야 하다니, 올바른 판단일까?

검찰의 지위 및 검찰과 사법부와의 관계

사회에서 범죄를 척결하고, 공익을 대변한다는 검찰의 역할은 과소평가되어서는 안 되겠지만, 자칫 의욕이 지나쳐 과잉되게 행동하게 되면 큰 재앙이 되고 오히려 헌법의 대원칙인 법치주의를 해치게 됨을 유념할 필요가 있다.

검찰이 공익을 대표하여 범죄를 수사하고 기소할 독점적인 권한을 가지는 것은 수사와 기소단계까지에서 만이다. 다음 단계인 법원에서의 공판단계에서는 모든 일이 판사의 주도하에 이루어지고 검사는 피고인과 대립되는 당사자의 한 쪽에 불과하다.

즉 판사는 "판단하는" 사람이고, 피고인과 검사는 "판단받는" 사람인 것이다. 이러한 구조는, 인류가 수천 년 역사를 거듭해 오면서, 그리고 몇백 년 이래의 쓰라린 헌법과 형사법의 발전과정을 겪어 오면서 소중하게 깨우쳐온 인류문화의 유산이다. 권력자의 힘에 희생된 수많은 사람들이 흘린 피의 결실인 것이다. 여기에서 다시 비유적인 표현이 필요할 듯하다.

역사의 흐름이 겉으로 보기에 아무런 변화가 없어 보여도 그 내면에서는 폭발력이 응집되어 가고 있는 경우가 많다. 물이 수증기가 되고 수증기가 물이 되는 것과 같이 그 분기점에 도달하는 순간 갑자기 근본적인 변화가 일어나는 것이다. (상전이[相轉移, phase transition] 더욱이 "시간은 수다쟁이"이어서, 불편한 진실을 억눌러두려고 시도해도, 시간이 흐르면 반드시 드러나고 만다. 권력자가 "시계"를 가지고 있고 이로써 역사를 되돌려 보려고 아무리 애쓰더라도, "시간"의 흐름은 어김없이 진행되어간다. 검찰의 권한이 "상전이"에 다다르지 않도록 자제력을 키우는 것이 인류가 오랜 세월에 걸쳐 쌓아온 지혜를 지키는 일이다.

이 사건의 위헌제청과 그 결정이 미친 영향

1992년 말 헌재의 이 결정이 내려지자 언론에서 대서특필되었다. 때마침 민주화의 분위기가 시작되어가고, 헌재가 출범한 지도 4년여 밖에 되지 않아 그 존재가치를 보여줄 수 있는 좋은 기회라고 생각했기 때문이었다. 주요 일간지의 1면 머리기사로, 헌재의 결정 및 이를 유도한 법관의 제청 이유와 그 의미가 상세히 보도되었다.

사법부 내에서도 자성의 움직임이 내면적으로 생성되었다. 군사정권 이래 한없이 침몰해 있던 사법부 내지는 법관의 정체성에 관한 새로운 반성을 촉구하는 계기가 되었다. 눈에 띄는 결과로는, 이 위헌제청이 있은 지 바로 몇 개월 뒤에 위의 규정과 거의 같은 내용을 담고 있던 형사소송법 제97조 제3항(판사가 보석허가 결정을 하더라도 검사가 즉시항고를 하면, 피고인은 확정시까지 석방될 수 없다)에 대해서 법원 직권으로 위헌제청 신청이 있었고, 당연히 같은 논리로 헌재에서 위헌결정이 내려졌다.

그러나 사법부 구성원에 있어서의 이러한 변화의 움직임은 한시적, 제한적이었다. 더 큰 사법부 변화의 물결로는 이어지지 못했던 것이다. 몇 가지 원인이 있겠으나, 근본적으로는 변화를 두려워하고, 현실에 안주하며, 개혁에 앞장서기를 꺼려하는 법관의 속성에 기인하는 것이었다. 그리고 이러한 속성은 다시 원천적으로는 군사정권 이래 사법부가 본래의 기능을 잃고 핍박받아온 정신적 상처가 이미 "내면화"되어 있었기 때문이었다.

이 점에 관한 문제점의 지적과 극복방안은 이 글의 제1차적인 목표이므로 제3부에서 자세히 살펴보기로 한다.

이 결정이 나오자 검찰 측은 당연히 긴장하였다. 법관들이 새로 자기 정체성을 자각하고, 사법권 독립에 철저하려는 움직임은 없는지 깊은 관심을 가졌다.

비슷한 사례

미국에서는 어떠한가?

형사재판에 관한 판사의 무죄판결이나 보석결정 등의 결정권한을 검사의 구형 등의 일방적인 의견에 의하여 제한할 수 있다는 법률규정은 미국에서는 결코 찾아볼 수 없다. 그리고 헌재 결정에서도 명백히 말한 바와 같이 세계 어느 곳에도 이러한 입법례는 없다.

사법부의 역할에 관한 미국의 판례들을 살펴보면, 형사사건뿐만 아니라, 일반적인 국가정책적인 면에서도 오히려 사법부의 적극적인 역할을 강조하는 사례들이 많다. 소위 문언주의(originalism)를 넘어, 사법적극주의(judicial activism)를 강조하는 사고방식도 종종 발견되는데, 국민의 지지를 받고 있다.

형사사법에 관한 대표적인 판례는 "미란다 원칙"으로 잘 알려진 "미란다 판결"*(Miranda vs Arizona, 1966년)이다.

형사사법을 넘어 국민의 행정적, 경제적 관심사에 대해서도 미국

---

* 이 판결에 대해서는 이 책 pp.141-146에서 다시 상세히 살펴볼 것이다.

대법원은 영향력을 행사하고, 대통령의 여러 조치에 제동을 걸기도 하였다. 유명한 사례가 뉴딜 정책을 저지한 판결들이다.

1929년 주식시장의 대폭락 이후, 1930년대 미국은 대공황으로 고통을 겪고 있었다. 1932년 대통령으로 당선된 프랭클린 루즈벨트는 경제불황을 극복하기 위해서 뉴딜(New Deal) 정책을 밀어붙이기 시작했다. 대부분의 법령은 경기진작을 위해서 국민의 계약의 자유를 제한하고, 국가의 공권력을 강화하는 내용을 포함하고 있었다.

그러나 당시 미국 대법원은 9명의 대법관 중 다수인 5명이 계약의 자유를 중시하는 보수파로 이루어져 있었다. 그 결과 대통령이 시행하고자 하는 법령 등이 누차 대법원의 위헌판결로 좌절을 겪게 되었다. 이에 불만을 품은 대통령은 1936년 재선에 성공하자마자, 대법원 개혁법안(court packing plan)을 마련하여 통과시키고자 시도하였다.

그 내용은 대법관이 연로해지면, 격무에 시달려 사건처리가 늦어진다는 이유를 명분으로 내세워, "대법관이 70세에 도달하면, 그 인원수만큼 대통령이 새로운 대법관을 추가로 임명할 수 있다"는 규정을 신설하는 것이었다. 그 뜻은 대통령의 정책에 우호적인 대법관을 새로 임명하겠다는 데에 있었다. 우여곡절을 겪은 끝에 이 개혁안은 표결까지는 이르지 못하고 폐기되었으나, 연방대법원의 위력을 실감케 하는 사건이었다.

우리나라의 법원은 대통령도 아닌 검사의 즉흥적인 의견진술(구형)에 지배당하는 처지에 있었던 반면에 미국의 법원은 최고권력자인 대통령의 의지까지도 좌절시키는 위력을 발휘하고 있었다. 같은 정신의 헌법, 같은 구조의 사법부를 가지고 있는 두 나라인데, 왜 두 나라의 사법부는 이렇게 커다란 위상의 차이를 가지게 되었는가?

미국의 검사들은 어떤 모습일까?

우리나라의 검사들과 마찬가지로, 미국의 검사들 역시 범죄를 척결하고 정의를 구현하려는 공익의 대변자라는 자부심은 대단하다. 그러나 한 가지 큰 차이점은 사법부나 판사에 대한 것이다. 미국의 검사들은 판사의 권위를 침범할 수 없는 성역으로 인정한다. 이는 법치주의 형성의 역사적 배경이 다르고, 그 동안 사법부나 판사가 쌓아온 희생과 노력의 대가이기도 하다.

다만 흥미로운 점은 검사라는 직업의 속성이 "권력지향적"이고, 그들끼리의 "폐쇄된 커뮤니티를 형성하는" 데에 적극적이라는 점에서는 두 나라가 놀라울 정도로 같다는 데에 있다. 하버드 대학교의 저명한 형사법학자이자 변호사인 앨런 더쇼비츠 교수가 그의 저서 「최고의 변론(*The Best Defense*)」 가운데 "변호사의 옷을 입은 검사"라는 제목의 챕터에서 논한 내용을 정리하면 다음과 같다.*

전직 검사출신의 상당수 변호사들은 외형적으로는 분명히 변호사이고 또한 변호사로 일하고 있다. 그러나 그 속마음을 자세히 들여다보면 그들은 오히려 검사와 같은 생각을 하고 있다. 바꾸어 말하면 현재는 일시적으로 변호사로서 생계에 필요한 돈을 벌고 있으나 언젠가는 다시 검찰조직의 고위직으로 돌아가기를 갈망하고 있다.

속마음이 이와 같기 때문에, 그들은 절대 공개적으로 검사들을 비판하지 아니한다. 오히려 그들이 변호를 맡은 의뢰인의 이익과 검사의 이익이 서로 상충하는 경우에는 검사를 설득하여 의뢰인의 이익을

---

* 더쇼비츠, 「최고의 변론」, 이미지박스, 2006, pp.470-473(원서에는 pp.400-402)

추구하기 보다는, 반대로 의뢰인을 설득하여 검사의 입장을 편하게 해주는 방향으로 노력한다. 왜냐하면 현직 검사들과의 끈끈한 우정 및 원만한 관계유지야 말로 그들에게 최상의 자산이 되고, 그들의 장래에 결정적인 도움이 될 수 있기 때문이다.

반대의 측면에서 보면, 검찰청 역시 이와 비슷한 태도를 가지고 있다. 즉 검찰청은, 그들에게 협조적이거나 우호적인 변호사들의 목록과 또한 그들에게 적대적이거나 비우호적인 변호사들의 목록을 동시에 가지고 있다. 아니면 정식의 형식화된 목록은 없더라도 최소한 마음으로는 어떤 변호사가 그들에게 우호적인지 아닌지를 평가하고 내심으로 알고 있다.

이와 같은 쌍방의 태도는 서로 암묵적으로 어울려져서 검찰에 계속 중인 대부분의 사건의 경우에는 검찰출신의 변호사가 맡아 처리하는 경우가 많다. 특히 사안이 중대하거나 이해관계가 큰 사건일수록 고위직출신의 변호사에게 사건이 의뢰되고 맡겨진다는 것이다.

이와 같은 취지의 생각을 전하여 읽고 다음과 같은 두 가지 상념이 떠오르는 것을 막을 수 없다. 하나는 검사라는 직업의 속성은 두 나라의 크게 다른 역사적 정치적 배경에도 불구하고, 어쩌면 그리도 같은가 하는 것이고, 다른 하나는 우리나라에서는 왜 어느 법률가도, 법률학자도 우리의 검찰의 현실을 지적하는 이와 같은 학문적인 글을 쓰는 사람이 없는가 하는 것이다.

제4장

제주도지사 무죄판결*

—위법하게 수집된 증거는 효력이 없다

1. 절차의 적법성에 눈 뜬 대법원

형사사건을 다루는 형사사법(刑事司法)에서는 항상 2가지의 이념이 대립하고 있다.

하나는, 범죄를 저지른 사람은 가능한 한 빠짐없이 모두 처벌을 받게 함으로써 사회정의를 실현하고자 하는 실체적 진실 발견의 이념이다. 그리고 다른 하나는, 역사상 국가공권력의 남용이 항상 우려되어 왔던 형사절차에 있어서, 피의자 내지는 피고인의 형사절차상 보장되어야 할 기본적인 권리를 강조하는 절차적 적법성 보장의 이념이다.

인류의 역사는, 구체적으로는 형사사법의 역사는 전자에서 후자로, 즉 "죄 있는 모든 사람을 빠짐없이 처벌하는" 태도로부터, "죄 없는 사람은 한 사람이라도 처벌받지 않도록 하는" 태도로 변화해왔다고 할 수 있다.

그리하여 어떤 나라의 법치주의의 성숙 정도 내지는 선진화의 정도

* 이 판결은 필자가 이 사건의 상고심을 수임하여 수행한 결과 받은 판결이다.

는 형사사법의 절차적 적법성이 얼마나 잘 보장되고 있느냐에 따라 정해진다고 말할 수 있다.

여기에서 살펴보고자 하는 대법원 판결(대법원 2007년 11월 16일 선고 2007도3061 판결)이 바로 이 문제를 정면으로 다루고 있다.

2. 사실관계

이 사건의 주된 피고인은 당시의 현직 제주도지사이다. 그는 도지사로 선출되어 4년간의 임기만료를 앞두고, 2006년에 실시될 차기 도지사선거에 다시 출마할 계획을 가지고 그 준비를 하는 과정에 있었다.

그러던 중 어느 날 익명의 제보자가 제주도 선거관리위원회에, "제주도지사 관사에 제주도 공무원 및 외부인 등이 수시로 왔다갔다 한다"는 제보를 하였다. 제보를 받은 선관위 직원은 현장을 단속한 결과 제주도 소속 공무원 세 명이 후보자를 위하여 토론, 답변자료 등을 준비하는 등 공무원으로서 정치적 중립의무를 위배하여, "선거운동의 기획에 참여하게" 됨으로써 선거법을 위반한 혐의가 있다고 검찰에 수사를 의뢰하였다. 제주도지사 본인 자신은 출마자로서, 선거운동(기획)은 할 수 있지만, 이 경우에는 중립의무를 위반한 "다른 공무원들과 공범관계에 있다"고 하여 함께 기소되었다.

이에 따라 검찰은 내사를 진행하면서 법원으로부터 "피내사자인 3인의 공무원"에 대한 압수, 수색, 검증영장을 발부받아 이를 집행하게 되었다.

3. 무엇이 문제였는가?

검찰은 발부받은 영장에 따라, 그 압수할 장소로 기재된 곳 중 "피내사자 중 한 사람의 사무실"에서 영장을 집행 중에 있었다. 그런데 압수, 수색이 시작된 지 약 10여분이 지난 후에, 영장이 발부된 대상자인 이 3명의 공무원이 아닌 "제3자인 공무원"이 "우연히" 이 영장기재의 압수, 수색 장소와 인접하고 있었으나, "칸막이로 구분된" 사무실을 방문하였다.

그 장소에서 검사는 이 제3자인 공무원이 들고 있던 서류뭉치를 강제로 압수하였다. 그것은 당연히 압수 목록에 포함되지 않은 것이었다.

그 과정에서 검사는 1)위의 제3자인 공무원에게 영장을 제시한 적이 없고, 2)범죄사실을 고지한 적도 없었으며, 3)검사의 신분증을 제시하지도 않았고", 4)압수에 응할 수 없다고 강력히 거부하는 이 공무원에게 "나는 아무개 검사다. 검찰에 가서 조사를 받고서야 서류를 내주겠느냐 아니면 여기에서 순순히 주겠느냐"는 식으로 윽박지르는 바람에 결국 그 서류를 빼앗기게 되었다. 5)그럼에도 검사는 이 서류에 대한 압수목록을 작성, 교부하지 않았다가, 6개월이 지나 공소제기 하루 전에 이 서류들을 "임의제출" 받았다는 취지의 압수목록을 교부했는데, 그나마 그 목록에는 일자조차 기재되지 않았다.

그런데, 흥미로운 것은, "공교롭게도", 위와 같이 영장에 기재되지 않은. 제3자가 들고 있던 서류뭉치 속에서, 이 사건 피내사자들(즉, 이 사건 피고인들)에 대한 선거법위반의 공소사실을 입증할 수 있는 기재가 포함된 서류, 즉 수첩이 발견되었다는 것이다.

따라서 이 서류가 이 사건 공소사실을 입증하기 위한 증거자료로 사용될 수 있는지가 법률상 뜨거운 쟁점으로 등장하게 되었다.

4. 어떤 길을 갈 것인가?

이와 같은 상황에서 우리는 2가지 갈림길 앞에 서게 된다. 그런데 이 2가지 갈림길이 모두 그 나름대로 합리성과 설득력을 갖추고 있어서 쉽게 어느 한쪽으로 선택하기에 만만치 않다는 데에 어려움이 있다.

한 가지 사고방식은 실체적 진실 발견을 중요시하는 입장이다. 즉 형사사법의 가장 큰 목표가 사회에서 일어나는 범죄행위를 가능한 한 모두 적발하여 이를 처벌함으로써 우리 사회를 범죄로부터 보호하는 데에 있으므로 비록 그 증거수집 절차에 약간의 잘못이 있다고 하더라도, 이는 "보다 큰 목적을 위하여 양보될" 수 있다는 생각이다. 더욱이 이 견해가 강조하여 주장하는 근거는, 비록 위법하게 수집된 (물적) 증거라고 하더라도, 이는 비진술 증거로서 그 증거의 "성질이나 형상(즉 실질적 내용)이 전혀 변화되지 않는 만큼"(성질 및 형상 불변론), 이를 증거로 사용하여도, 범죄사실의 실체를 밝히는 데에 아무런 장애요인이 되지 않는다는 것이다. 이 점에서 피의자의 자백과 같은 진술 증거의 경우에는, 혹시라도 있을지 모르는 가혹행위 등을 방지하기 위하여,(일정한 경우에는) 헌법과 형사소송법에, 원천적으로, 즉 그 자백내용의 진위여부를 묻지 않고, 이를 증거로 사용할 수 없다고 규정하고 있지만, 이 경우(비진술 증거)와는 그 기초적인 배경이 완전히 다르다고 주장한다.

다른 한 가지 사고방식은 절차적 적법성을 중요시하는 입장이다. 즉 형사사법을 지탱하는 2개의 큰 축은 실체진실의 발견과 절차적 적법성의 보장을 통한 인권의 존중이다. 그런데 형사법의 발전과정을 돌이켜보면, 모든 범죄를 빠짐없이 처벌하는 것으로부터, 한사람이라도 억울하게 처벌받지 않도록 하는 방향으로 발전해왔다. 그리하여 나타난 대표적인 규정들이 근대의 헌법과 형사소송법에 도입된 여러 규정들—위법수집 자백의 증거배제, 변호인의 접견교통권 침해나 진술거부권 불고지 상황에서 얻어진 자백 및 위법한 긴급체포로 획득된 자백에 대한 증거능력 부인—이라는 것이다. 요컨대, 피고인의 인권을 최대한 보장하려는 선진화된 형사법의 입장에서는, 절차적 적법성을 엄격히 요구하여, 어떤 증거의 실질적 내용의 변화 여부와 같은 실체적 내용을 고려 범위 내에 두어서는 안 된다고 한다.

참고로 외국의 사례를 살펴보기로 하자.

미국 : 자동적 증거 배제와 그 수정

미국의 대법원은 1914년의 위크스 대 유에스 사건(Weeks vs US, 232 U.S. 383), 그리고 1961년의 맵 대 오하이오 사건(Mapp vs Ohio, 367 U.S. 643)에서 원칙적으로 위법수집증거 배제법칙이 확립되었다. 그 근거로서는 첫째 형사사법 절차의 염결성(廉潔性, integrity)과, 둘째 수사기관의 위법수사 억제라는 형사정책적 이유를 들고 있다. 그러나 1970년대 이후 대법원이 보수적인 노선을 취하면서 이 원칙의 적용을 제한하는 판결(U.S. vs Calandra : 414 US 338[1974])을 내리기도 하면서, 그 확대적용을 반대하거나 예외를 창설하기도 하였다.

영국 : 재량적 위법수집증거 배제

영국의 경우, 비진술증거에 대한 증거배제는 법원의 재량에 맡겨져 있었다. 즉 법원은 신빙성 기준과 공정성 기준으로 판단하였으나, 실제에서는 거의 신빙성 기준에 의존하면서, 위법수집증거의 배제에 인색한 입장을 취하고 있었다. 그러나 1984년에 경찰 및 형사증거법을 제정하여, 형사절차의 혁신을 꾀하였고 그 결과 이 법 78조에서 "…… '절차의 공정성에 적대적인 효과'를 가져오는 경우에는, 법관은 증거를 배제할 수 있는 재량을 가진다"고 규정하였다.

독일 : 인격권에 근거한 증거금지론

독일에서는 본래, 절차규정의 침해가 피고인의 인격권(Persönlichkeitsrecht)을 "본질적으로" 침해한 경우에만 증거로 사용할 수 없다는 입장을 취하여 증거사용금지는 거의 이루어지지 않는 결과로 되었다. 그러나 독일 연방헌법재판소는 1991년 9월 30일 주거에 대한 불법적 수색에 대해서도, 주거의 자유와 함께 인격권도 침해된 것이라고 인정하여 증거의 사용금지를 결정하였다(1992 BVerfGE60[1991]). 이로써 법원이 사법적 통제를 행사할 필요가 있다는 인식을 가지기 시작했음을 보여주고 있다.

일본 : 성질 및 형상 불변론의 포기

일본에서는 종래, 비록 위법하게 증거가 수집되었더라도, 그 내용(성질 및 형상)이 변질되지 않았으므로 증거로 사용될 수 있다는 입장이었다. 그러나 1978년의 오사카 텐노사 각성제 사건(최고재 1978. 9. 7. 형집 32권 6호 1672면)에서 과거의 이론을 버리고, 위법수집증거배제법칙을 원칙적으로 수용하였다. "……증거물 압수 등의 절차에서 영장주의 정신을 무시하는 듯한 '중대한 위법'이 있고, 또한 위 증거를 허용하는 것이 장래 '위법한 수사의 억지'의 관점에서 볼 때 상당하지 않다고 인정되는 경우에는" 증거능력은 부정된다고 하였다.

5. 우리나라는 어떤 길을 걸어왔는가?

위법적인 압수, 수색으로 획득한 증거물에 대해서 우리나라의 법원은 일관되게 그 증거능력을 인정해왔다. 그 논거와 관련하여, 이 사건의 원심인 광주고등법원 (2007년 4월 12일 선고 2007노85 사건) 판결에서는 다음과 같이 3가지로 압축하여 정리하였다.

첫째는, 압수물은 압수절차가 위법하다고 하더라도 물건 자체의 성질과 형태에 변경을 가져오는 것은 아니고, "형태, 성질 등에 관한 증거가치에는 변함이 없다"는 것이다.

둘째는, 범죄사실 인정의 명백하고 유용한 증거인 압수물의 증거능력에 대해서 압수절차의 위법을 이유로 배제하는 것은 "실체적 진실 발견을 어렵게 하여 범인을 방면하는 결과를 초래할" 수 있으며, 이는 사법에 대한 일반인의 신뢰를 손상시키는 결과로 이어지게 된다는 것이다.

셋째는, 위법수사의 억지효과는, 그로 인한 압수물의 증거능력 배제를 통하지 않고, "다른 방법으로도 얼마든지 더 효과적으로 달성할 수 있다"는 것이다.

위와 같이 "단호하게" 그 이유를 설명하면서, 이와 취지를 같이하는 대법원 판결들을 인용하고 있는데, 여기에는 가장 오래된 것으로는 대법원 1968년 9월 17일 선고 68도932 판결로부터, 가장 최신의 것으로는 2006년 7월 27일 선고 2006도3194 판결까지 포함되어 있다.

6. 이제 어떤 길을 가기로 하였는가?

대법원의 태도 변화

원칙: 앞에서 본 바와 같이 성질 및 형상 불변론에 따라 위법수집증거의 불배제 입장을 고수하던 대법원은 2007년 10월 29일 한 차례의 구두변론을 거친 후, 2007년 11월 15일 선고한 전원합의체 판결에서 전원일치의 의견으로 그 입장을 변경하였다.

1)적법절차의 원칙과 영장주의를 선언한 헌법 및 이를 이어받아 압수수색 절차에 관한 구체적 기준을 마련하고 있는 형사소송법의 규범력은 확고히 유지되어야 한다.

2)그러므로, 헌법과 형사소송법이 정한 절차에 따르지 않고 수집된 증거는 원칙적으로 증거로 삼을 수 없다.

3)무릇, 수사기관의 강제처분인 압수, 수색은 그 과정에서 관련자들의 권리나 법익을 침해할 가능성이 적지 않으므로 엄격히 헌법과 형사소송법이 정한 절차를 준수하여 이루어져야 한다.

4)절차조항에 따르지 않는 수사기관의 압수, 수색을 억제하고 재발을 방지하는 가장 효과적이고 확실한 대응책은 이를 통하여 수집한 증거를 유죄인정의 증거로 삼을 수 없도록 하는 것이다.

예외 : 그러면서도, 이 원칙을 끝까지 철저하게 관철시키지는 않았으며, 이에 대해서 다음과 같은 예외를 인정하였다. 즉, 형사소송절차를 통하여 달성하려는 또다른 이념에는 "실체적 진실규명을 통한 정

당한 형벌권의 실현"도 있기 때문에 이 점도 고려해야 한다고 하였다.

따라서 결론적으로 한편으로는 적법절차의 원칙을 고려하면서 다른 한편으로는 실체적 진실규명도 고려하여 형사사법정의가 실현되도록 하여야 한다는 것이다.

그렇다면 우선 절차적 측면에서 보아, 적법절차 원칙과 관련하여 어떤 경우에 그 실질적 내용이 침해되는 것인지 살펴볼 필요가 있을 터인데, 이에 대해서 위의 대법원 판결은 다음과 같이 설명하고 있다. 그 설명 내용이 다소 만연체로 되어 있고, 긴 문장으로 연결되어 있지만, 우선, 그 내용을 그대로 옮겨 적어본다.

"따라서, 수사기관이 증거수집 과정에서 이루어진 절차위반 행위와 관련된 모든 사정, 즉, 절차조항의 취지와 그 위반의 내용 및 정도, 구체적인 위반경위와 회피가능성, 절차조항이 보호하고자 하는 권리 또는 법익의 성질과 침해 정도 및 피고인과의 관련성, 절차위반 행위와 증거수집 사이의 인과관계 등 관련성의 정도, 수사기관의 인식과 의도 등을 전체적, 종합적으로 살펴볼 때, 수사기관의 절차위반 행위가 적법절차의 '실질적인 내용'을 침해하는 경우에 해당하지 아니하고, 오히려 그 증거의 증거능력을 배제하는 것이 헌법과 형사소송법이 형사소송에 관한 절차조항을 마련하여 적법절차의 원칙……을 실현하려는 취지에 반하는 결과를 초래하는 것으로 평가되는 경우"라면, 법원은 그 증거를 유죄인정의 증거로 사용할 수 있다고 하였다.

다음으로 실체적 측면에서 보아 어떤 경우에 그 실체적 진실규명과의 조화를 도모하고 이를 통하여 형사법정의를 실현하려고 한 취지에 반하는 결과로 평가될 것인지 살펴볼 필요가 있을 터인데, 이에 대해서는 따로 독립적인 설명을 하고 있지 않다. 즉 앞에서 본 적법절차에 관한 일반적인 설명을 그대로 함께 받아들이고 있다.

요약하면 다음과 같이 정리될 수 있다.

증거수집절차에 위법사유가 있으면 원칙적으로 그 증거는 유죄증거로 사용될 수 없다. 다만, 예외적으로 그 위반내용을 잘 살펴보아, 적법절차 조항의 "실질적 내용"을 침해한 것이 아닌 경우에는 이를 유죄증거로 삼을 수 있다.

다른 의견

이러한 전체 의견과 큰 틀에서는 그 뜻을 같이하면서 다만 논리구성은 달리해야 한다는 3명의 별개 의견이 있었다. 요지는 다음의 2가지이다.

전체 의견의 핵심은 "수사기관이 절차위반 행위가 적법절차의 '실질적 내용을 침해'하였는지 여부가 문제로 되는데 이는 그 취지가 분명치 않고, 또한 그 기준이 지나치게 엄격하다(따라서 형벌권의 적정한 행사가 불가능하게 된다)"는 것이다. 따라서 그 논리구성을 반대로 하여 절차위반이 있더라도 원칙적으로 증거능력이 인정되지만(이로써 실체적 진실규명을 통한 형벌권의 적정한 행사가 달성될 수 있다), 다만 예외적으로 그 증거수집 절차의 "위법사유가 너무나 중대하여", 영장주의의 정신과 취지를 몰각하는 정도일 때에만 그 증거능력이 부정되어야 한다고 주장한다.

요약하건대, 전체 의견과 별개 의견의 근본적인 상이점은 첫째로 "적법절차의 '실질적' 내용의 침해" 또는 "영장주의 정신과 취지를 '중대하게' 위배"한 것인지의 표현상의 차이와 둘째로, 원칙과 예외의 위치설정, 즉 "원칙적으로 증거능력 배제, 예외적으로 허용하느냐", "원칙적으로 증거능력 허용, 예외적으로 배제하느냐"에 놓여 있다고 볼 수 있다.

파기환송 법원의 판결

대법원이 앞에서 본 바와 같이 위법수집 증거라고 하여도 무조건 증거능력이 있다는 입장을 버리고, 그 위법의 정도 등 모든 사정을 고려하여, 위법의 정도가 중대하느냐의 여부에 따라 증거로 사용할 수 있는지를 결정하여야 된다고 판결하자, 이 사건을 환송받은 법원은 이 기준에 따라 위법성의 정도를 판단해야 하게 되었다.

환송받은 광주고등법원은 이러한 점들을 심리하여 자세하게 장문의 판결이유를 작성하였는데, 이를 좀더 알기 쉽게 적절히 분류하여 살펴보면 다음과 같다.

—객관적 기준

이는 "압수행위 자체"에 관한 여러 요인들인데, 이 역시 몇 가지로 나누어 볼 수 있다.

대인적 위법 : 이 사건 서류는 영장에 기재된 피내사자 3인의 공무원이 아닌 "공소의 제3자"로부터 압수된 것이었다. 즉 압수의 대상자에도 해당되지 않은 자에 대해서 이루어졌다.

대물적 위법 : 역시 이 사건에 압수된 서류는 압수물의 목록에도 포함되지 않는 것으로서 압수영장의 대상물도 아니었다.

대장소적 위법 : 이 사건 서류를 압수할 당시, 그 서류는 영장집행의 장소에 원래부터 "보관된" 상태가 아니었고, 그 인접한 장소에 있던 서류를 제3자가 우연히 일시적으로 압수장소에 들고 감으로써, 압

수장소에 "현존하던" 서류였다. 따라서 그 압수집행이 장소적으로 적법하지 않은 곳에서 이루어졌다.

절차적 위법 : 이 사건 문제된 서류를 제3자로부터 압수함에 있어서는, 미리 그 사실을 "통지하지도 않았고" 그리고 "영장을 제시하지도 않았다." 나아가 압수 당시 제대로 된 압수목록을 작성하지도 않았으며, 압수목록 작성 후에도 현저히 늦게, 즉 5개월 후에 압수목록이 교부되었는데, 그 교부된 압수목록에는 사실과 달리 "임의제출"을 받은 것으로 기재되었고, 또한 그 작성일자가 "공란"으로 되어 있었다.

―주관적 기준

위법한 압수의 중대성 여부를 판단함에 있어서는 앞에서 본 객관적인 기준 이외에도, 그 위법이 수사기관의 "고의 또는 중대한 과실"에 의해서 이루어진 것인지의 주관적 사정도 크게 고려되어야 한다. 즉 수사기관이 압수영장을 집행할 때에 영장주의 등 헌법이나 형사소송법에 규정된 원칙들을 "무시하는 정도"에 이르렀을 때에는, 그 위반이 고의나 중과실에 의한 것으로서 판단되어야 할 것이다.

그런데 이 사건에서 보면, 위의 문제된 서류를 압수함에 있어서 이를 거부하는 제3자에 대해서 "나는 아무개 검사다. 검찰에 가서 조사를 받고서야 서류를 내주겠느냐"고 말하는 식으로 영장주의를 무시하는 듯한 위압적인 방법으로 위법집행을 하였다고 인정되었다.

―결론

이러한 사실인정 과정을 거쳐 환송법원은 이 사건 영장집행의 위법성이 "적법절차의 실질적 내용을 침해하였다"고 판단하여 증거의 증거능력을 부정하고, 피고인들에게 무죄의 선고를 하였다. 이 위법성의 정도는, 앞에서 본 별개 의견의 이론에 따른다면, "위법사유가 영장주의의 취지를 몰각하여 증거능력을 부정해야 할 만큼 중대한" 것으로도 인정될 수 있다는 의미로 해석될 수 있다.

7. 칭송받아 마땅한 판결인가?

"선진화된 법치주의"에 합류하다.

비진술증거, 즉 물체의 성상이나 그 내용이 증거로 사용되는 물적 증거는 그 수집절차가 비록 위법하다고 하더라도 그 형상에 변경을 가져오는 것은 아니다. 따라서 이를 그대로 유죄인정의 증거로 사용하더라도, 무고한 피고인을 유죄의 구렁텅이로 몰아넣는 것이 아니다. 오히려 유죄임이 분명해 보이는 피고인을 그 증거수집 절차가 위법하였다는 "사소한 이유"로 무죄라고 선언하는 것은 형사사법 정의에 맞지 않는 것 같고, 일반국민의 법감정에도 부합하지 않으며, 자칫 사법기관 불신의 원인이 될 수도 있는 것 같다.

그러나 위와 같은 불합리성이나 위험성에도 불구하고, 인류역사의 발전과정, 특히 현대의 형사사법 및 법치주의의 발전과정을 보면, 실체적 진실의 발견에서 절차적 적법성의 보장으로 그 무게의 중심이 옮겨가고 있음은 틀림없다. 그렇기 때문에 우리의 헌법 및 형사소송법은 일정한 경우 자백조차도 유죄인정의 자료에서 배제하고, 접견교통권의 침해나 진술거부권의 불고지 등 절차적인 잘못을 들어 증거능력을 인정하지 않는 규정을 두게 된 것이다.

이와 같은 역사적 추세, 법치주의의 발전 방향에 비추어보면, 이 사건에 대한 대법원판결은 그 추세에 가담하고 동승한 것으로서, 칭송받아 마땅한 변화라고 할 수 있다.

아쉬운 점들

이와 같이 변화의 필연성에도 불구하고 3가지 흡족하지 못한 아쉬움이 있다.

첫째는, 상대적으로 젊은 세대인 하급심 판사들의 비진취적인 사고방식이다. 바람직하기로는, 원심법원에서부터 종전 대법원 판례의 변경 필요성을 주장하고 그것이 대법원에서 받아들여졌다면, 더 좋은 모습이었을 것이다. 앞에서 본 바와 같이 원심법원은, 현상불변론에서 한참 앞서나가, "진범인이 방면됨으로 인한 사법불신론" 그리고 "피고인의 인권보장은 다른 방법으로도 충분히 달성될 수 있다"는 과도하게 보수적인 사고방식을 드러내었다.

둘째는, 대법원이 제시하고 있는 이 사건 판결이유의 논리구성에도 아쉬움이 남는다. 즉, 위법수집 증거의 증거능력 배제라는 문제가 어차피 실체적 진실관계를 어느 정도까지 희생시키고, 절차적 적법성을 고양시키려는 데에 있다면, 그 허용성 판단의 기준이 되는 위법성의 정도 판단에 절차적 측면만을 따져봄으로써 그 가부를 결정했어야 할 것이었다. 다시 말하여 판결이유에 언급되어 있는 바와 같이 "실체적 진실 규명과의 조화를 도모하고, 이를 통하여 형사사법 정의를 실현하려 한 취지"와 같은 판단기준은 배제되었어야 옳을 것이다. 이러한 논리구조를 확대시켜 나간다면, 자칫, 중대범죄, 예를 들면, 마약사범, 조직범죄, 테러 범죄, 공안사범 등에 관해서는 예외적으로 위법수집 증거를 허용해도 좋다는 일관성 없는 이론이 나타날 수 있다.

끝으로, 가장 아쉬운 점은 이 대법원 판결이 타이밍, 곧 시의성(時宜性)을 놓쳤다는 데에 있다. 대법원은 이미 2007년 11월 15일 이 판결이 내려지기 불과 1년여 전인 2006년 7월 27일에 선고한 판결(2006도3194 판결)에서도 종래의 입장을 굳건하게 견지하고 있었다. 그러나 갑자기 1년여 만에 태도를 크게 바꾸어 전원일치의 의견으로 이 사건 판결을 하게 되기에 이르렀다. 그 이유는 무엇일까?

이 점에 대해서는, 아무리 대법원에 "우호적으로" 접근하려고 하더라도, 아래의 사실을 지적하지 않을 수 없다. 즉 정부는 이 판결이 있기 불과 5개월쯤 전인 2007년 6월 1일 이미 형사 소송법을 개정하고 제308조의 2를 신설하여, "적법한 절차에 따르지 아니하고, 수집한 증거는 증거로 사용할 수 없다"는 규정을 통과시켰으며 이는 2008년 1월 1일부터 시행되기로 예정되어 있던 상황이었다. 즉 법개정 이후 시행 전의 시점에 서둘러 판례변경의 판결을 하기에 이른 것이다.

"시기에 늦은 정의는 이미 정의가 아니다(Justice delayed, Justice denied)"라는 격언이 새로 가슴에 아프게 와 닿는다. "우리의 대법원(사법부)은 왜 법치주의의 선진화를 스스로 선도하지 못하는가?" 혹시라도, "위의 1년여 전 2006년 7월 27일에 종전의 태도를 유지하는 판결을 하면서, 그 이면에서의 타협으로, '이번만 종전 판례를 유지해준다면, 바로, 법무부 스스로가 위와 같은 입법과정을 진행하겠다는 밀약'을 받아들여서, 정부(법무부)의 체면을 살려주고, 따라서 형사사법 방향 설정의 주도권을 법무부에 넘겨주기로 약속한 것(그 결과 사법부는 또다시 법조선진화의 주도권을 포기하는 것)" 이라고 추리한다면, 필자의 지나친 억측일까?

대단히 조심스럽지만, 이와 같은 암묵적 거래는 과거에 가끔 있었던 것 같다. 여기에서 한 걸음 더 나아가면, 사법부가 직면해야 할 본질적인 문제를 언급할 수밖에 없게 되는데, 이에 관해서는, 제3부 및 제4부의 제10장에서 더 상세히 다루기로 한다.

비슷한 사례

미국의 경우 : 미란다 대 아리조나, 1966년

여기에서 살펴보고자 하는 미란다 사건은 현대 형사사법의 큰 물줄기를 바꾸어놓았고, 그 영향이 전 세계적으로 크게 미친 기념비적인 판결이다. 물론, 앞에서 본 우리의 대법원 판결은 비진술증거(물질증거)에 관한 것이었고, 이 미란다 사건은 진술증거에 관한 것이기 때문에 근본적인 법률문제가 서로 다를 수 있다.

그럼에도 불구하고, 이 두 사건을 대비시켜보는 것은, 두 사건이 모두 실체적 진실관계(범죄의 진상)를 중시할 것이냐 아니면 절차적 적법성(형식적인 사정)을 중시할 것이냐의 문제점을 가지고 있기 때문이다.

이제 우리는 경찰관이 피의자를 신문하기에 앞서 미리 알려주어야 하는 3가지 사항 즉, 당신은 묵비권을 행사할 권리가 있으며, 당신의 (현재의) 진술이 (나중에) 법정에서 (당신에게) "불리한 증거"로 사용될 수 있고, 그리고 당신은 "변호인을 선임할" 권리가 있다는 소위 미란다 규칙에 익숙해 있다.

그런데, 여기에서 우리가 유념해야 할 부분은, 경찰관이 "친절하게" 이 3가지 사항을 피의자에게 "미리" 알려주기를 "권유하는" 정도의 문제가 아니라는 점이다. 즉, 이 3가지를 미리 알려주지 않으면, 설사 나중에 피의자의 범죄사실이 유죄로 입증되더라도, "처벌하지 못하고, 석방해야 하는" 엄청난 결과로 이어진다는 데에 있다.

어찌 보면, 이 3가지 "사소한" 사항들, 구태여 경찰관이 이야기해주지 않아도 일반적으로 알고 있는 사항들을 "미리" 이야기해주지 않았다고 하여, 명백한 범인을, 더구나 흉악범을 그대로 무죄라고 석방하는 그래서 선의의 다른 피해자가 생길 수 있는 위험을 만드는 것이 옳은가, 정의인가 하는 의문이 당연히 생길 수 있다.

어떤 사건이었는가?

사안은 간단명료하였다.

미란다는 훌륭한 법조인이나 인권운동가의 이름이 아닌 흉악범의 이름이었다. 멕시코계 미국인인 에르네스토 미란다(Ernesto Miranda)는 1963년 미국 애리조나 주의 도시 피닉스에서 18세의 소녀를 납치하여 강간한 혐의로 경찰에 체포되었다.

2시간 동안의 경찰심문에서 그는 범행일체를 자백하고, 그 진술내용이 적힌 진술서에 서명하였다. 심문 도중 전혀 강압적인 조치는 없었고, 자백은 자발적인 것이었다.

미란다는 극빈자였으므로, 법원은 그를 위하여 국선변호인을 선임해주었다. 선임된 국선변호인 앨빈 무어(Alvin Moore)는 70세가 넘어 거의 은퇴한 상태였다. 이 변호인은 피고인의 유무죄에 대해서는 딱히 할 말이 없었으므로, 오직 절차적인 면에 집중하여 새로운 논리를 개발했다. 피의자인 미란다가 미국 수정헌법 제5조의 내용을 알 턱이 없었음에도 불구하고, 변호인은 수사관이 사전에, 불리한 진술 거부권 및 변호인 선임권을 고지하지 않았으므로, 미란다의 자백은 유죄

인정의 증거로 사용될 수 없다는 것이었다.

어떻게 진행되었는가?

1심인 애리조나 주 법원은 미란다의 자백이 강압에 의해서 이루어진 것이 아니기 때문에, "당연히" 유죄를 인정하고 30년의 형을 선고하였다. 그후 이 사건은 "피의자의 인권"과 "사회의 안전" 가운데 무엇이 더 중요한가의 문제로 사회적인 이슈가 되어 연방대법원에까지 이르게 되었다.

다수의견

연방대법원은 이 사건과 쟁점을 같이 하는 다른 세 개의 사건과 묶어 함께 심리하여, 1966년 2월 28일부터 3월 1일까지의 구두변론을 거쳐 1966년 6월 13일 5대 4의 다수의견으로 미란다의 무죄를 선고하였다. 미란다 사건이 이 네 사건의 대표 사건이 되었다.(Miranda vs Arizona 384 U.S. 436 [1966])

9명의 대법관 중 다수인 5명의 무죄의견은 다음과 같다. 결론은, 피의자는 구류신문(custodial interrogation)*을 "시작하기에 앞서", 3가지 사항(묵비권, 진술의 법정에서 불리한 증거로 사용가능성 및 변호인선임권)을 분명히 "명시적으로"** 고지받아야 하며, 이에 어긋난 진술은 유죄증거로 사용할 수 없다는 것이다.

다수의견의 논거는 크게 2가지이다.

---

* 이는 개인이 구속이나 기타 행동의 자유를 심각하게 박탈당한 상태에서 수사관들이 하는 질문행위를 말한다.

** 이미 알고 있는 것이 분명하다고 하여도 생략될 수 없다.

첫째는, 현행의 구류신문의 방식이나 그 분위기에 대한 대법원의 확고한 인식에 기초한다. 현재의 구류신문의 상황은 분명히 개인의 저항의지를 억압하고, 자백을 강요하는 강압적 분위기가 존재하고 있다고 단정짓는다.

둘째는, 고문이나 폭력 등 물리적 위협이 없더라도 수사기관이 피의자에게 구사, 사용할 수 있는 수법은 다양하게 많다. 따라서 이러한 수많은 숨은 술수로부터 피의자를 확실히 방어해주기 위해서는 이와 같은 특단의 조치, 즉 "사전에", "명확히" 알려주는 것이 필요하다. 나아가, 뒤에서 살펴볼 반대의견의 논거에 대해서는 다음과 같은 반박을 한다.

힘주어 강조하는 것은, 다수의견이 이 판결로, 범죄를 척결하여 사회를 보호하고자 하는 수사기관의 전통적이고 신성한 직무기능을 방해할 의도가 없다는 것이다. 다만, 헌법이 정한 기본적 인권의 핵심은 피의자가 변호사의 도움 없이 자유롭게 수사기관과 의사소통을 할 수 있는 "능력이 있느냐가 아니라"(자유로운 능력이 있다는 것만으로는 불충분하다) 위와 같은 사전적인 방어장치가 없이는, "신문 자체가 이루어져서는 안 된다"는 것이다. 그리고 더욱이, 다수의견이 요구하는 이러한 사전적인 조치는, 너무나 간단하여 수사기관의 의지만 있으면, "큰 비용이나 수고가 없이도" 이루어질 수 있는 것들이다.

결론적으로, 불법의 위험성이 내포되어 있는 신문을 방지하는 가장 좋은 방법은, 이로 인해 얻은 신문의 효력을 부정하는 것이다.

소수의견

소수의견의 핵심은, 미국 수정헌법 제5조가 규정하고자 하는 내용은, "오직 '강요를 받아' 스스로에게 불리한 진술을 하는 상황만을 금지하는" 데에 있다는 것이다. 따라서 본인이 자유의지로 한, 스스로에게 불리한 사실의 인정 그 자체가 금지된 증거는 아니다. 형사법의 기능에 있어서, 피의자의 인격적 존엄성만이 전부는 아니다. 사회의 모든 구성원들의 인격 따라서 공동체의 안전에 대한 이해 역시 똑같이 중요하다.

다수의견에 따르면, 유죄판결을 받아 마땅한 범죄자들이 증거불충분으로 무죄방면되는 불상사가 계속 일어나리라고 걱정하지 않을 수 없다. 다수의견이 만들어낸 새로운 법칙은, 사회에 대한 부정적인 영향이 너무 커서 "위험한 실험(hazardous experimentation)"이라고 할 수밖에 없다고 단정하였다.

역사적인 평가

이 미란다 판결이 내려지자 예상한 대로 경찰로부터 강력한 반발이 제기되었다. 심지어는 "세상물정 모르는 대법원의 늙은이들이 미국사회를 범죄의 구렁텅이로 몰아넣게 되었다"고 비난하였다. 그러나 이 판결 이후 1970년대 및 1980년대에 이루어진 여러 가지 실증적인 연구 결과에 의하면, 미란다의 원칙이 실제로 피의자의 자백에 미치는 영향은 5퍼센트 미만으로 심각한 정도는 아닌 것으로 나타났다.

한편, 미란다 판결 이후 30여 년 동안 미국 대법원은 후속판결에서 제한적인 예외사유를 인정하는 등 흔들리는 모습을 보여왔다. 그러나 2000년대에 들어서 다시 미란다 원칙을 강조하는 방향으로 선회하여, 미국문화의 한 부분으로 정착되었다.

나아가 이 원칙은 세계적인 영향력을 발휘하여 급기야는 글로벌 스탠더드로 받아들여지게 되었다.

이 대법원 판결로 무죄석방된 미란다에 대해서 검찰측은 (자백에 근거하지 않은) 다른 증거들을 찾아내어, 이듬해인 1967년 다시 기소하여 유죄판결을 받아내어 30년형을 살게 되었다.*

그후 1972년에 가석방되었으나, 3년 후 1975년 술집에서 말싸움을 벌이다가 칼에 찔려 살해되는 운명을 맞았다. 삶의 밑바닥을 살다 간, 미란다에 대해서 미국 대법원이 베풀어준 은총의 의미는 무엇일까?

"가장 저속하고 비열한 용의자에 대해서조차, 존엄과 존중으로 다루겠다는 법제도(사법부)의 결단"을 나타내는 것이라고 생각된다.

---

* 한번 무죄판결을 받은 피고인이 다른 증거로 다시 기소될 수 있는 것은 우리 법제와 달라 이해하기에 생소하다.

제5장

변호사의 법정변론이 법정모욕이 될 수 있는가?

—강신옥 변호사의 민청학련 변론 사건

1. 변호사가 법정에서 한 변론도 죄가 되는가?

강신옥(姜信玉) 변호사는 1974년 법정에서 그가 맡은 전국민주청년학생총연맹(이하 민청학련) 사건에 대하여 다음과 같은 최종 변론을 하였다.

"이러한 사건에 관계할 때마다 법률공부를 한 것을 후회하게 된다. 그 이유는 본 변호인이 학교에 다닐 때, 법이 권력의 시녀, 정치의 시녀라는 이야기를 들었을 때, 그럴 리가 없다고 생각하였다.

그러나 이번 학생들 사건의 변호를 받으면서, 법은 정치의 시녀, 권력의 시녀라고 단정하게 되었다.

지금 검찰관들은 나랏일을 걱정하는 애국학생들을 내란죄니, 국가보안법 위반, 반공법 위반, 대통령긴급조치 위반 등을 걸어, 빨갱이로 몰아치고, 사형이니 무기징역이니 하는 형을 구형하고 있으니 이는 법을 악용하여 저지르는 사법살인(司法殺人) 행위라 아니할 수 없다.

본 변호인은 기성세대이기 때문에, 그리고 직업상, 이 자리에서 변호를 하고 있으나, 그렇지 않다면 차라리 피고인들과 같이 피고인석에 앉아 있겠다.

악법은 지키지 않아도 좋으며, 악법과 정당하지 못한 법에 대해서는 저항할 수도 있고 투쟁할 수도 있는 것이므로, 학생들은 악법에 저항하여 일어난 것이며, 이러한 애국학생들인 피고인들에게 그 악법을 적용하여 다루는 것은 역사적으로 후일 문제가 될 것이다.

예를 들면, 나치스 정권 하에 한 부부가 있었는데, 처가 남편과 이혼할 목적으로 남편이 나치스에게 저항하는 욕을 했다고 해서 나치스 당국에 고발하여 형을 살게 되었다. (그런데), 나치스 정권이 무너진 후, 남편이 풀려나와 악법 하에서 자기를 고발했던 처를 고발하여 처에게 처벌받게 한 사실이 있다.

또한 러시아인이 당시 러시아는 후진국이라고 말 한마디 한 관계로 러시아 황제로부터 엄중한 처벌을 받은 바 있다."

2. 사실관계

이 사건은 그 사건이 법정에서 발생한 것인 만큼, 그 사실관계는 너무나 명백하다. 즉, 이 사건 피고인은 현직의 변호사 강신옥 변호사이다.

그는 변호사로서, 대통령긴급조치 위반 등으로 구속되어 재판을 받게 된 피고인들 11명의 변호인으로 선임되어 재판에 관여하였다. 재판이 진행되어, 1974년 7월 9일 17시 20분경에는 마침내 그가 변호하는 피고인들을 위한 최종변론을 하게 되었다. 그 변론과정에서 앞에서 본 바와 같은, 변호인으로서의 견해를 밝히는 변론을 하게 된 것이었다.

그런데, 참으로 공교롭게도, 현직의 변호사가, 그가 수임한 사건의 피고인을 위하여, 법정에서 한, 변론내용이, 대통령긴급조치 위반 및 나아가 "법정모욕"이 되었다고 하여, 이를 따로 기소한 것이 바로 이 사건이다.

3. 무엇이 문제였고 어떻게 진행되었나?

이 사건에서 문제로 등장하는 법률은 2가지이다. 하나는 이 변론내용이 당시 긴급조치 내지는 헌법에 대한 비방을 금하는 "대통령긴급명령"에 위반했다는 것이고, 다른 하나는 이 변론이 법정모욕죄를 규정한 형법 제138조를 위반하였다는 것이다.

그런데 형법 제138조의 규정내용은 "법원의 '재판을 방해 또는 위협할 목적으로', 법정에서 '모욕 또는 소동'한 자는 3년 이하의 징역에 처한다"고 규정하고 있었다. 따라서 변호인인 피고인의 법정에서의 변론활동이 과연 재판을 방해 또는 위협할 목적으로 이루어진 것인가가 핵심쟁점이 될 것이었다.

이에 더하여, 변론내용이 긴급조치를 위반했는지도 다른 하나의 쟁점이 되겠지만, 이는 형식적으로는 여기에 해당됨에 틀림없고, 또한 이 사건에서는 부수적 쟁점에 불과하다. 따라서 둘째 쟁점을 중심으로 살펴본다.

이 사건의 진행과정은 다음과 같은데, 그 과정에서 각 단계의 발생일자를 유념하여 살피는 것이 의미가 있다.

이 사건의 범죄사실인 법정에서의 변론은 1974년 7월 9일에 행해졌다. 그리고 6일 후인 7월 15일에 피고인인 변호인이 구속되었고, 그 무렵 위와 같은 2가지 죄명으로 기소되었다.

기소된 지 약 1개월 반이 지나 1974년 9월 4일 보통 군법회의는, 피고인을 유죄로 인정하고 징역 10년의 형을 선고하였다.

피고인은 즉각 항소하였고, 수일 이내에 본인이 직접 작성한 약 3만자(원고지 150매)분량의 항소이유서를 제출하였다. 그 항소이유서의 맨 끝에서 "본인은 문제된 변론을 오직 피고인을 위해 하였을 뿐이고, 이것이 본건과 같이 문제가 된다면, 이 재판은 변호인의 자랑스러운 전통과 사법권의 독립이 심판받는 것이며, 궁극적으로는 자유민주주의의 기본질서가 위협받을지도 모르는 중대한 결과가 될 판례가 될지도 모릅니다. 양심과 법률 및 헌법 만에 의한 용기 있는 판결을 바랍니다"라고 호소하였다.

그러나, 아무런 보람도 없이 고등 군법회의는 1심판결 후 1개월 7일 후인 1974년 10월 11일 항소를 기각하였다. 피고인은 다시 대법원에 상고하였고, 85명의 쟁쟁한 변호사들로 구성된 변호인단이 1974년 12월 21일 장문의 상고이유서를 작성, 제출하였다.

그런데 이 사건이 대법원에 계속 중이던 1975년 2월에 대법원은 구속집행 정지로 피고인을 석방했다.* 그후 사건의 처리는 미루어졌다.

세월이 흘러, 대법원으로 사건이 넘어간 날로부터 정확히 10년 3개월이 지난 1985년 1월 29일에, 대법원은 이 사건에 대한 판결을 선고하였다. 결론은 원심판결을 파기하고, 고등법원에서 다시 재판하도록 하는 것이었다. 그런데, 그 판결이유가, 변호인들이 상고이유서에서 힘들여 주장한 것, 특히 "변호인의 정당한 변론권의 주장"과는 전혀 상관이 없는 엉뚱한 내용이었다.

---

* 구속할 수 있는 기간의 만료를 이유로 삼았던 것 같다.

대법원은 판결문의 첫머리에서 "이 사건 피고인 및 피고인의 변호사들의 상고이유를 보기에 앞서 직권으로 살펴본다"고 전제한 다음, 장문에 걸쳐 다음과 같은 논리를 개발하여 전개하였다. 요지는 다음과 같다. 피고인을 유죄로 인정하여 10년의 형을 선고한 법적 근거는 한쪽은 긴급조치 위반이고, 다른 한쪽은 형법(법정모욕죄) 위반이다. 그런데, 처벌의 한쪽 축이 된 긴급조치의 근거가 되는 구 헌법(제53조)이 1980년 10월 27일 제5공화국 헌법의 제정, 공포로 폐지되었기 때문에 자동적으로 이를 근거로 한 그 긴급조치가 실효되었다. 따라서 그 긴급조치의 유효를 전제로 한 원심판결은, 나머지 쟁점을 더 살펴볼 필요도 없이, 파기되어야 한다.*

여기에서 잠시 언급하고 넘어갈 점은 이 판결이 내려진 1985년의 정치상황이다. 잘 알다시피 그 2년 뒤인 1987년에는 소위 6-29 민주화 선언이 이루어질 정도로 민주화의 기운이 서서히 익어갈 무렵이었으므로, 10년 전에 2심판결이 있었던 때와는 주변여건이 많이 자유로워졌음을 감안할 필요가 있다.

4. 파기환송심 판결의 논리 : 법정모욕죄 무죄

이러한 과정을 거쳐 사건의 파기환송을 받은 서울고등법원은 문제의 변론이 있은 지 무려 14년 후이고, 대법원의 파기환송판결이 있은 지 3년 이상이나 지났으며, 1987년의 6월항쟁 이후 9개월이 지난 1988년 3월 4일 피고인의 법정모욕죄에 대해서 상세하고 친절한 법

---

* 실제 대법원 판결은 다수, 보충의견을 포함하여 복잡한 논거를 제시하고 있으나, 여기에서는 위와 같이 결론만을 압축하였다.

리 설명과 함께 무죄의 판결을 선고하였다. 장장 17,000자(원고지 85매) 분량의 판결문은 다음과 같은 구조로 되어 있다.

서론 부분

판결문의 처음 3분의 1 정도는 서론 부분으로서, 1)원심판결이유의 요지 2)변호인들의 항소이유의 요지 3)대법원의 원심판결 파기사유, 즉 대통령긴급조치가 실효되게 된 이유 4)검사의 공소사실의 요지 등을 요약, 설명하는 데에 할애되었다.

총론 부분

이어지는 5)항 부분이 이 판결의 핵심인 본론에 해당하는데, 이는 다시 총론 부분과 각론 부분으로 나눌 수 있다.

먼저 판결문 전체의 3분의 1정도를 차지하는 총론 부분에서는, "법정모욕죄의 구성요건과 변호권의 한계"라는 소제목 아래에서, 다소 학술논문과 같은 현학적 설명을 하고 있다. 우선, 법정모욕에 관한 외국의 입법례를 섭렵하면서, 영미법, 프랑스 법, 독일법, 일본법의 경우를 살펴보고, 나아가 우리 형법에 있어서의 입법 연혁까지 검토하였다.

그러고 나서, "형사변호인의 변론권의 성격과 한계"라는 소제목하에서, 본격적으로, 헌법상의 기본원칙을 전제로 하여 "자유로운 변호권"이 보장되어야 할 헌법적인 원리를 살펴나가고 있다. 즉 "변호인의 자유로운 변호권"의 확립은, 검찰에 대한 "정치적 중립권" 및 "독립된 법관에 의한 공정한 재판"을 할 수 있는 사법권독립과 함께, 자유민주주의 헌법의 기본원리이다. 또한 피고인의 무죄추정의 원칙, 무기평등의 원칙 및 당사자주의 소송구조는 인권보장을 기본으로 하는 우리 형사소송법의 기본골격이다. 따라서 헌법이 "절대적으로 보장하는", 즉 헌법 자체에도 이를 제한할 수 있는 예외적인 규정을 두고 있지 않는 "변호인의 조력을 받을 권리"로부터 당연히, "변호인의 자유로운 변호활동에 기한 변호권"이 생기는 것이라고, 추론하고 있다.

각론 부분

이와 같은 기본구조 아래에서 형법 제 138조가 규정하는 이 사건의 구성요건을 구체적으로 살펴보면, 핵심은 다음의 한 가지 점으로 귀결된다.

피고인이 "재판을 방해 또는 위협할 '목적'으로" 이 사건 법정에서 모욕 또는 소동을 하였는가이다. 그리하여 재판부는 집중적으로 피고인의 각 변론행위가 "재판을 방해 또는 위협할 목적"으로 이루어진 것인지를, 검토하고 있다. 공소사실을 세밀하게 분석해보면 이는 다음의 4가지의 변론 내용 및 한 가지의 행동으로 나누어질 수 있는데, 그 각각에 대해서 따져보고 있다.

첫째, "법이 정치의 시녀, 권력의 시녀"라고 한 부분에 대해서 : 법철학사에 있어서 법개념에 관하여는 자연법사상과 법실증주의의 2가지 이념이 대립, 발전해왔다. 전자는, 기본적인 권리 또는 사물의 본성 등을 상정하여, 보편적인 참된 법만이 법이라고 한다. 후자는, 자연법의 존재를 부인하고, 실정법질서를 떠난 인간의 자유나 권리는 있을 수 없으며, 따라서 "악법도 법"이라고 주장한다. 이러한 전제 아래에서 "법이 정치의 시녀, 권력의 시녀"라는 표현은 현대의 신자연법론에서 주장되는 표현으로서, 자연법사상에 기초한 법률관에 서서 피고인들에게 직접 적용되는 법률의 정당성을 논한 것이다. 따라서 이는 변호권의 행사로서 당연히 정당한 범위 내의 변론에 해당된다.

둘째, 검찰관이 "애국학생들을……빨갱이로 몰아치고, 사형이니 무기징역이니 하는 형을 구형하고 있으니 이는 법을 악용하여 저지르는 사법살인행위라 아니할 수 없다"라고 한 부분에 대해서: 역사를 돌이켜보면, 불완전한 인간세계에서 무고한 사람이 극형으로 처벌되는 오판이 수없이 되풀이되어왔다. 따라서 이러한 오판의 위험성을 환기시키고, 양심에 기초한 정당한 판결을 촉구, 호소하는 취지에서 이와 같은 변론을 한 것이라고 보인다. 이러한 변론은 그 표현이 다소 지나치다고 할 수는 있더라도, 결코 재판을 "위협하거나 방해할" 정도의 모욕행위라고는 도저히 볼 수 없다.

셋째, "악법은 지키지 않아도 좋으며 악법과 정당하지 못한 법에 대해서는 저항할 수도 있고, 투쟁할 수도 있다는 것이므로"라는 부분에 대해서: "악법에 대해서는 저항할 수도 있고, 투쟁할 수 있다"고 하는 내용은, 이른바, "저항권"을 인정할 수 있는가의 문제와 관련된다. 재판의 근거가 되는 규범은 현재의 실정법이다. 그렇지만 이러한 실정법에 의하여 자유민주주의가 본질적으로 부정되는 경우에, 기본권보호의 최후수단으로서 저항권이론이 인정될 것인가 하는 문제는 다툼의 여지가 있기는 하다. 그러나 이러한 저항권이론이 반드시 폭력의 행사인 것으로 볼 수 없는 이상, 변호인의 입장에서는 "자연법론적인 법철학견해"에서 저항권행사의 주장을 할 수도 있을 것이다. 따라서 이러한 주장이 "재판을 방해, 위협할 목적"으로 행해졌다고 단정할 수는 없다.

넷째, "본 변호인은 기성세대이기 때문에, 그리고 직업상, 이 자리에서 변호를 하고 있으나, 그러지 않다면 차라리 피고인들과 뜻을 같이하여,

피고인석에 앉아 있겠다"라고 한 부분에 대해서 : 먼저, 변호인은 피고인의 정당한 이익을 보호할 의무가 있으며, 피고인에게 불리한 소송활동을 할 수 없다. 또한, 변호인도 피고인들과 사상이나 신념을 같이 할 수 있는 것은 당연하다.

따라서 위 2가지를 아울러 보면 변호인이 피고인들의 주장에 동조하는 변론을 하였다고 하여, 이를 "재판을 방해, 위협할 목적으로" 한 것이라고는 볼 수 없다.

그리고 "재판부로부터 수차례 경고와 제지를 받았음에도 불구하고, 계속 변론을 하였다"는 부분(행동)에 대해서 : 이 점에 대해서는 더 이상 다른 설명을 덧붙일 것도 없이 "그것만으로는" 재판을 위협할 목적이 있었다고 할 수 없다고 한마디로 배척하였다.

결론 부분

위에서 본 바와 같은 상세한 분석과정을 거친 다음, 결론으로서 판결문은 다음과 같은 헌법적, 법철학적 사상을 피력하고 있다.

자유민주주의 사회에서 법의 지배와 절차의 공정이라는 이념은, 진실발견을 희생해서라도 관철시켜야 할 근본이념이다.

변호사의 존재이유도 자유민주사회의 실현에 있다. 따라서 변호사는 형사피고인의 보호자로서 헌법이 보장하는 양심과 사상의 자유에 따라 자유로운 변론을 할 수 있어야 한다. 자유로운 변호권의 보장이 없는 형식적인 형사변호는, 사법권 독립의 근본을 파괴하는 것이다.

개인의 존엄과 가치를 근본이념으로 하는 우리 헌법 아래에서 애매한 형벌법규는 헌법정신에 합치되도록 엄격하게 해석되어야 한다. 결국, 공정한 재판을 구하는 변호인의 변론행위는, "명백하게" 재판을 위협, 방해하기 위한 것임이 "뚜렷하지" 않은 이상, 법정모욕죄를 구성하기는 어렵다.

결론적으로, 피고인이 "이 사건 변론을 할 당시의 구체적 상황에 비추어보면", 재판을 위협, 방해할 목적이 있었다고 볼 수 없다. 그러므로 이 사건 공소사실 중 법정모욕에 관한 부분은 범죄의 증명이 없으므로 무죄가 되었다. 검사는 이 공소사실에 대해서 대통령 긴급조치 제1.4호를 위반한 것으로도 기소하였지만, 이 긴급조치는 대법원의 판시와 같이 실효된 것이 명백하므로, 면소판결을 할 것이지만, 앞에서 본 바와 같이 이보다 유리한 무죄를 선고하였으므로 따로 면소를 선고하지 않았다.

이 판결에 대해서는 검찰이 재상고기간 내에 재상고를 하지 않았기 때문에 상고기간 만료일인 1988년 3월 12일 확정되었다.

5. 판결문에 쓰여 있지 않은 이야기들

결론 부분의 타당성

형사사건의 변호인이 그의 피고인을 위하여 법정에서 변론하였는데, 그것이 법정모욕이 될 수 있는가의 문제에 대한 대답은 보통 너무나 명백하다. 법치주의가 어느 정도라도 자리잡은 나라에서라면, 즉 법치주의를 거의 포기하는 수준의 나라가 아니라면, 이러한 법정변론을 법정모욕으로 문제삼지는 않을 것이다. 더욱이, 이 법정변론이 그 자체로서 "폭력행위"를 수반하거나 "폭력사태의 빌미"를 제공한 것도 아닌 마당에는, 이로써 공중질서가 훼손되었다고도 할 수 없을 것이기 때문이다.

이 점에서, 뒤에서 보는 바와 같은 미국 국기를 불사르는 행위가 표현의 자유에 해당되느냐의 문제를 다루는 미국 법정에서의 논란보다는, 그 대답이 훨씬 쉬운 경우에 해당된다. 따라서 변호사의 법정변론이 법정모독에 해당된다고 기소하고, 그 기소된 사건을 14년 동안이나 결론을 내리지 않고—못한 것이 아니라—법원에서 가지고 있었다는 사실 자체가 비정상일 것이다. 무죄의 결론을 내린 고등법원의 판결은 너무나 당연하다.

추론의 타당성

사실 변호인의 법정변론이 법정모욕에 해당될 수 있을까의 문제는 법률적으로 2가지의 측면에서 접근할 수 있다.

하나는 형사피고인의 변호인의 조력을 받을 권리, 또는 변호인은 피고인의 대리인으로서뿐만 아니라, 당사자주의 소송구조를 취하는 우리 형사소송법의 목적과 구조에서 비롯하는 사법제도의 담당자의 한 축으로서, 공공적인 입장, 그리고 형사사법의 대원칙인 무죄추정의 원칙을 구현하기 위한 가장 효과적인 수단으로서의 변호권 인정 등, 헌법이 보장하는 형사사법에 있어서 적법절차보장의 측면에서 접근하는 방식이다.

다른 하나는 역시 헌법이 자유민주주의의 근간으로서 강조하여 보장하는, 양심의 자유, 표현의 자유, 언론의 자유의 측면에서 법정변론의 허용성을 살펴보는 방식이다.

따지고 보면, 변호사의 법정변론이라는 것은, 그 표현의 장소가 법정이라는 특수한 공간이고 또한 그 표현을 하는 주체가 피고인의 변호인이라는 특수한 신분이라는 점에서 결국 "표현의 자유의 특별한 경우"라고 볼 수 있기 때문이다.

그런데, 앞에서 보아온 바와 같이 우리의 이 사건에 대한 판결은 이 문제를 오로지 형사사법절차에 있어서의 변호인의 지위와 권한의 측면에서만 고찰하고 있다. 물론, 그 고찰의 결과 변호인에게 무죄의 선고를 하였기 때문에, 재판을 받은 피고인으로서는 어떠한 불이익을 받았거나, 억울함이 남아 있을 수는 없을 것이었다.

그러나 한 가지 아쉬운 점은 이 사안을 표현의 자유, 언론의 자유라는 측면에서도 함께 고려해보았다면, 이 판결의 설득력을 더욱 높이고, 더욱이 국민에 대한 사법부 판결의 호소력과 교화력을 높일 수 있지 않았을까 생각한다.

이와 같은 측면에서, 이 사건에 대한 고등법원의 판결을 보완한다면, 그 핵심적인 판결이유로서 다음과 같은 문구가 추가되었어야 할 것 같다. 즉 "법정에서의 변호인의 변론이 국가에 대항하는 불온한 메시지를 전달하는 것이거나, 또는 사회적으로 불쾌하거나 무례하다고 판단된다고 해서, 이를 이유로 법정이 그러한 사상의 표현을 금지할 수는 없다."

시기의 타당성

사실 이 사건 판결을 되짚어볼 때, 가장 중요한 것은, 변호인의 지위라든가 표현의 자유 등 법리적인 문제가 아니었다는 것이다. 오히려 관심의 핵심은 이러한 판결이 내려지게 된 시대적 상황에 있다.

판결 전후의 우리나라 정치적 상황은 급박하고 급변하는 소용돌이 속에 있었다. 우선 이 사건 범행, 곧 변호인의 구두변론이 있은 1974년 7월 9일의 2년쯤 전인 1972년 10월 17일에는 소위 10월유신을 위한 비상사태가 선포되었고, 이어서 유신헌법안의 공고(10월 27일), 유신헌법안의 국민투표 가결(11월 21일), 유신헌법에 의한 국회의원 선거(1973년 2월 27일), 그후 긴급조치 1, 2호 발표(1974년 1월 8일), 긴급조치 4호 발표(1974년 4월 3일)등 일련의 숨막히는 정치과정 내지는 정치투쟁이 진행되고 있었다. 이러한 격동의 한가운데에서 1974년 7월 9일 긴급조치의 부당함을 주장하고, 정권의 정통성을 정면으로 부정하는 논리를 작심하고 토로하였으니, 정권의 입장에서는 도저히 묵과할 수 없는 상황이었을 것이었다. 따라서 정권차원에서는 자기가 살아남기 위해서라도, 저항세력을 무리한 수단을 동원해서 처단하려고 했을 터였다.

그 결과 범행이 있은 직후 속전속결로 변호인을 구속하고(7월 15일), 기소하여 1심의 유죄판결을 하고(9월 4일), 그후 곧바로 항소기각의 판결을 한 후(10월 11일), 사건은 피고인의 상고로 대법원에 가게 되었다.

여기까지는 사건이 일사천리로 진행되었으나, 법관의 양심 속에는 위와 같은 판결의 부당함이 당연히 내밀하게 자리하고 있었기 때문에, 구속기간의 만기일(6개월)이 다가오자 이를 이유로 구속집행정지 결정을 하고 우선 피고인의 신병을 석방하는 타협적인 조치를 취하였다.(1975년 2월)

그후에는 "양심은 있으나 용기는 없는" 사법부가 은밀하게 사용하는 방법인, 사건처리를 미루어두고 세월이 변하기를 기다리는 소극적인 조치를 취하였다. 그 동안 과연 세월은 바뀌고 있었다. 즉 사건이 있은 지 5년이 지나 1979년 12월 8일에 긴급조치 9호가 폐지되었고, 이어서 1980년 10월 27일에는, 민주화의 길을 열어주는 제5공화국 헌법이 제정, 공포되었다.

그러나 신중한 사법부(대법원)는 5년을 더 기다린 끝에, 분위기가 성숙되었음을 확실히 인지한 후에 1985년 1월 29일, 기소된 지 10년이 지나서 이 사건을 끄집어내어 원심판결을 파기하고 환송하는 판결을 하였다. 그러나 그 판결에서도, 사건의 핵심쟁점인 "변호인의 법정에서의 변호권"에 대해서는 한마디 언급도 하지 않고, 오로지, 형식적인 이유만을 들어, 즉 처벌의 근거법령인 긴급조치 9호가, 헌법의 개정으로 무효가 되었다는 이유로 파기, 환송 판결을 한 것이었다.

이 대법원 판결이 있은 당시는 이미 우리사회에 민주화의 분위기가 상당히 무르익어 있었고, 과연 그 2년 후인 1987년 6월 29일에는 소위 6-29 민주화선언이 이루어졌다.

이와 같이 사회분위기가 확실히 민주화되었음이 확인된 연후인 1988년 3월 4일에야 파기환송을 받은 서울고등법원은, 현란하고 현학적인 법적 논리를 전개하여 장문의 판결이유를 설명한 후, 앞에서 본 바와 같은 "너무나도 명백하였던" 무죄의 판결을 선고하였다.

세월이 바뀌자 과거에는 추상같은 법논리를 앞세워 엄벌을 주장하였던, 기소권자인 검찰도 슬그머니 재상고기간을 도과시킴으로서 드디어 1988년 3월 12일 이 사건은 최종적으로 무죄 확정되었다.

물론 1985년 1월 29일에 내려진 대법원의 파기환송 판결은 그 당시로서는 용기 있는 판결로 칭송받아 마땅하였다고 평가받을 수 있다. 또한 1988년 3월 4일의 고등법원의 무죄판결 역시 법리전개를 확실히 함으로써, 앞으로 유사사건이 재발하지 못하도록 쐐기를 박은 공로도 부정할 수 없다.

그러나 서양의 법언 "시기에 늦은 정의는 정의가 아니다"가 자꾸

머릿속에 떠도는 것은 피할 수 없는, 양심의 가책이라고 느껴진다.

사법통치의 한계는?

여기에서 우리는 또다시 "사법부와 통치권력과의 관계"라는 궁극의 문제에 부딪치지 않을 수 없게 된다. 한 나라의 통치권력이 절체절명의 위기에 처하여 그 존립을 위하여 초헌법적인 수단까지를 동원하고 있을 때, 역시 통치권력의 한 축이라고 할 수 있는 사법부는 어떠한 자세를 취하여야 하는가 아니면 어떠한 자세를 취하는 것이 가장 바람직한가의 문제이다.

이 점에 관한 보다 철저한 검토는 앞의 제1부에서 이미 "법과 정치의 관계"라는 항목으로 따로 살펴보았지만, 여기에 필요한 범위 내에서 결론만을 다시 정리하자면 다음과 같이 마무리 될 수 있을 것이다. 우선 여기에서의 사법통치란 사법부에 의한 정책결정, 즉 무엇이 우리 국가공동체를 위해서 바람직한가에 대한 판단이다.

그런데 판사는 전통적으로 선출되는 것이 아니라, 임명되는 자리인 만큼 정책의 결정자가 아니라, 권리의 수호자로서의 역할, 소수자보호가 근본직책이다. 따라서 어떠한 공공정책이나 국가의 기본방향이 "정치부분에 의해서 민주적으로 이루어진 것"이라면, 이는 사법부가 나서서 이를 번복하는 것은 정당화될 수 없다.

그러나 다음의 2가지 영역에서는 사법부의 역할이 기대될 수 있다. 하나는 "정치부분이 매듭짓지 않은 나머지 문제"에 대해서는 법원이 "조정"기능을 발휘하여 마무리 지어야 할 것이다. 다른 하나는, 국민들의 가치판단이 일치하고 있기 때문에 더 이상 조정이 필요 없는 분야, 즉 보편적 가치의 문제에 대해서는, 바로 사법부가 그 권위를 내세울 수 있는 주된 영역이다.

따라서 이 부분에서는 사법부가 법의 지배라는 이념에 의해서, 주저 없이 그리고 단호하게 무엇이 법인지, 무엇이 정의인지를 선언하여야 할 것이다.*

그러면, 다시 이 문제로 돌아와 살펴보자. 생각건대, 법정에서의 변호인의 변론의 문제는 앞에서 본 개념들 중에서 "정책결정의 문제"는 아니라고 할 수 있다. 오히려 이는 이미 우리헌법이 보편적 가치로 천명하고 있는 사법절차에 있어서의 변호인의 조력을 받을 권리 내지는 적법절차의 문제이고, 보다 일반적으로는 표현의 자유에 해당되는 것이라고 보는 것이 옳을 것이다.

다만, 그 적용의 결과에 있어서 정치 권력자에게 정치적 부담 내지는 불안감을 안겨줄 위험이 있다는 점에서, 법관에게 부담감을 느끼게 하고, 용기의 발동을 주저하게 하는 상황이 있었을 따름인 것이다. 따라서 중간적인 결론으로서 이 문제는 법과 정치의 관계에 접하는 진정한 문제라기보다는, 정의를 말해야 할 때에 말할 수 있는 법관의 용기에 관련되는 문제라고 파악되어야 한다.

비슷한 사례

미국의 경우 : 텍사스 대 존슨 사건, 1989년

변호사의 법정에서의 변론내용이 법정모욕으로 처벌되거나 문제된 사례를 미국의 판결례에서 찾기는 어렵다. 어찌 보면, 이러한 반(反)

* 조홍식, 앞의 책, pp.45-46

법치국가적 행태는 법조선진국이라는 미국과는 전혀 어울리지 않기 때문이다.

그러나 헌법상 "표현의 자유"(수정헌법 제 1조)의 문제로서 다루어졌지만, 그 중요성으로 말미암아, 미국 연방대법원의 역사에서 의미 있는 판결로 다루어지고 있는 사례는 있다. 즉 1989년의 텍사스 대 존슨(Texas vs Johnson) 사건이었다.

어떤 사건이었는가?

미국인들의 성조기에 대한 사랑 내지 자부심은 대단하다.

"델라웨어 강을 건너는 조지 워싱턴"이라는 유화 작품 속의 성조기, 태평양 전쟁 끝 무렵(1945년 2월) 일본군과의 혈전 끝에 승리를 거두고 "이오지마 섬의 정상에 꽂은 성조기" 그리고 "달 표면을 걷는 우주인의 우주복에 선명하게 새겨진 성조기" 등은 모두 미국의 상징물이며 아이콘이다.

그런데 이러한 성조기를 공개된 장소에서 불태우는 사건이 일어났다. 1984년 텍사스 주 댈러스에서 공화당 전당대회가 열렸을 때, 레이건을 대통령후보로 재신임하려는 데에 반대하는 의사표시로, 공산주의자인 존슨이 항의 행진 도중에 성조기를 불태우는 세리머니를 벌린 것이다. 당시 텍사스 주 법률은 국기를 포함한 국가 상징물에 대한 모독행위를 금지하고 있었기 때문에 존슨을 기소하였다.

1심 법원은 유죄판결을 하였으나, 2심 법원은 무죄를 선고하였으며, 텍사스 주가 다시 상고하여 연방대법원에 이르렀다. 1989년 미국 연방대법원은 5 대 4의 가장 근소한 차이로 존슨을 지지하여 무죄를 확정지었다.

다수의견 : 국기소각도 "사상"의 표현

다수의견은 본론을 이야기하기 전에 먼저 2가지 점을 분명히 하였다.

하나는, 이 사건 국기 소각행위 도중이나 그 이후에도 치안방해 행위는 없었고 폭력사태의 빌미를 제공한 것도 아니었다고 사실관계를 확정하였다.

다른 하나는, 미국 수정헌법 제1조가 규정하는 "표현의 자유(freedom of speech)"에는 "말이나 글"에만 국한되지 않고, 경우에 따라서는 "행위"도 역시 "상징적 발언(symbolic speech)"에 해당되어 위 조항의 보호를 받을 수 있으며, 이 사건 국기 소각행위도 이 범위에 들어간다고 단정하였다.

그리고 나아가 핵심적인 본론으로서 다음의 2가지를 강조하고 있다.

첫째는, 반대의견의 핵심논거는 "국기 소각행위는, 국가에 대항하는 불온한 메시지를 전달하는 것이므로 금지되어야 한다"는 데에 있다. 그러나, 수정헌법 제1조가 규정하고자 하는 가장 근본적인 생각은, "어떤 사상이 사회적으로 불쾌하거나 무례하다고 판단된다는 이유로 정부가 그러한 사상의 표현을 금지할 수는 없다"는 것이다. 그리고 그러한 혐오스러운 사상이 국기와 관련되었다고 해서 예외를 인정할 수 없다. 오히려, "정부가 원하는 한정된 메시지만을 전달하도록 표현의 자유를 제한하는 것이야말로 수정헌법 제1조가 금지하는 행위"인 것이다.

둘째는, 국기 소각행위를 허용하는 이 판결로 인해서 성조기가 차지하는 특별한 지위가 약화되기보다는 강화되리라고 믿었다. 성조기가 상징하는 자유와 포용의 원칙 및 비판행위에 대한 관용이야말로 미국이 강건할 수 있는 원천이다. 성조기가 상징하는 미국의 힘은 "경직성이 아니라 융통성에 있다"고 판시하고 있다.

반대의견 : 국기소각은 "감정"의 표출

4명의 지지를 받은 반대의견은 역시 쉽게 거부해버릴 수 없는 2가지의 탄탄한 논리를 전개하고 있다.

우선, 미국 국기는 독립전쟁, 남북전쟁, 두 차례의 세계대전, 베트남 전쟁 등 200년이 넘는 미국 역사를 거치면서 미국의 상징으로서 "특별한 지위"를 누려왔으며, 성조기처럼 "보편적으로 존경받는" 미국의 상징물은 없다.

다른 한편, 표현의 자유라는 것은 절대적인 것은 아니고, 제한적, 한정적이기는 하지만, 타인에게 "심적 고통을 유발하거나", "치안의 분란을 야기할" 경우에는 제한될 수 있다.

더욱이 이 성조기 소각행위는 특정한 "생각의 표현"이라기보다는 거친 "감정의 표출"에 불과하다고 보아야 한다. 존슨은 얼마든지 국기에 대해서 "말로서 공개 비난할" 수 있었던 것이다. 이제 정부는 "미국의 젊은이들에게 성조기를 지키기 위해서 목숨 바쳐 싸우라고 명령할" 수는 있겠지만, 아이러니하게도, "바로 그 성조기가 공개장소에서 불태워지는 것을 막을 수는 없게 되었다"고 개탄하였다.

이 판결이 던지는 메시지

자유의 물결이 넘쳐흐른다는 미국에서도 이 판결이 사회에 미친 파장은 적지 않았다. 우선, 상하 양원은 판결에 대한 비난결의를 채택하였고, 또한 조지 부시 대통령은 "헌법 자체에" 국기 모독을 금지하는 조항을 넣는 개헌을 공개 지지하고, 나아가 이러한 움직임도 있었으나 개헌정족수 3분의 2를 확보하지 못하였다. 그러나 의회는 초당적으로 "국기 보호법"을 새로 제정하였는데, 이 법률마저도, 위의 다수의견과 같은 논리로 연방대법원의 위헌판결을 받았다.

다수와 반대의견이 팽팽하게 갈리는 이 판결의 가장 중요한 분수령은 개인의 권리, 표현의 자유의 한계선을 어디에 그을 것인가 하는 것이었다. 이에 관하여 홈즈 대법관은, 개인의 권리를 "주먹을 마음껏 휘두르되, 다른 사람의 코앞에서 딱 멈춰야 한다(The right to swing my fist ends where the other man's nose begins)"라고 비유적으로 정의하였다. 즉 "나의 주먹을 휘두를 권리는, 남의 코가 시작되는 곳에서 끝난다"고 하였다. 문제는, 국기 소각행위가 "다른 사람의 코앞에서 딱 멈춘 것인가" 아니면 그 한계를 넘어 "다른 사람의 코를 세게 쳐버린 경우인가"의 판단에 달려 있었다.

헌법적 기본권의 수호에 크게 이바지하였다고 평가받고, 이로써 미국국민의 신뢰를 두껍게 받고 있는 연방대법원은 "정부가 싫어하는 사상이라고 해서 그 표현을 금지해서는 안 된다"는 단호한 의견을 고수하고 있다. 그 결과, "미국의 자존심인 성조기가 상징하는 것에는 바로 그 성조기를 태워버릴 수 있는 자유도 포함된다"고 천명하였다.

우리와의 비교 : 우리는 "왜" 작아지는가?

법정변론에 관한 우리의 판결(환송 전)과 국기소각에 관한 미국의 판결을 비교해본다.

1) 행위의 주체가 미국에서는 자유민주주의를 부정하는 공산주의자였고, 우리는 피고인의 변호를 직업으로 하는 변호사였다.
2) 행위의 장소가 미국에서는 일반에 노출된 공공장소였고, 우리는 재판이 행해지는 법정 안에서였다.
3) 행위의 방식도 미국에서는 "상징적인" 표현이라는 수식어가 붙어야 할 국기 소각행위였고, 우리는 표현의 원래 의미 그대로인 연설(변론)이었다.
4) 행위의 내용 역시 미국에서는 미국 헌법과 국민이 받아들이지 않는 공산주의 사상의 표현이었고, 우리는, 우리 헌법이 기본원칙으로 규정한 자유민주주의를 수호하겠다는 변론이었다.
5) 행위의 폭력성과 관련해서도, 미국에서는 도로에서의 소각행위가 보기에 따라서는 폭력성 내지는 치안방해라고 볼 소지도 있었으나, 우리는 순전히 법정 안에서 이루어진 연설(변론)로서 전혀 폭력성을 문제삼을 여지도 없었다.

이러한 여러 가지 점들에 비추어 보면, 우리나라의 경우는 미국의 경우보다 훨씬 더 "쉽게", 아니면 논란의 여지도 없이 "당연히" 무죄의 판결이 나왔어야 했다. 하지만, 결과는 반대로 나타났다. 훨씬 어려운 여건 속에서도 미국의 대법원은 격렬한 논의를 거쳐 표현의 자유를 보장해야 한다는 결론을 내렸다.

미국과 우리나라는 많은 면에서 다르다. 달라도 크게 다르다. 우선 국토면적이 남한의 100배이고, 인구가 남한의 6배가 되며, 자연자원도 많고, 과학과 산업도 세계 첨단으로 발전하고 있으며, 그 결과 세계의 흐름을 주도하고, 세계역사를 만들어가고 있다.

그러나 다른 것은 위와 같은 물질적, 외형적, 금전적인 것에만 그치지 않는다. 막대한 자원이나 거대한 자본이나 엄청난 물적, 금전적 지원이 필요가 없는, "정신만 올바르면 할 수 있는" 분야, 예컨대 바로 사법부의 영역, 법관의 영역, 법치의 영역에서까지도 커다란 차이가 있는 것이 우리의 판사, 우리의 법조인을 슬프게 한다.

우리의 법조는, 우리의 사법부는, 우리의 판사는 왜 이러한 감동적이고, 국민의 심금을 울리고, 그럼으로써 국민의 신뢰를 받는 그러한 판결들을 하지 못하였는가. 물론 우리나라도 어려운 여건 속에서 법관의 용기를 보여준 분들이 있었다. 국가배상법 위헌판결에서 위헌의견을 낸 분들, 김재규 내란음모사건에서 소수의견을 낸 분들, 서슬이 퍼런 시절에 긴급조치 위반의 피고인에게 무죄 판결을 한 분들의 예가 있음은 최소한의 자존심을 지킬 수 있게 해준다.

그러나 시간이 흐르면서, 특히 최근에 이르러서, 이러한 용기가 없어져가고, 정치권력에 대한 복종이 "내면화되어가는" 모습, 정치권력의 온도에 자기 피의 온도를 맞추어가는 "냉혈동물적인 생존방식"* 에 안타까움을 느끼게 된다.**

---

* 한승헌 변호사의 표현: 2016년 5월 3일 「법률신문」 참조

** 지극히 개인적인 필자의 경험이지만, 법관경력 21년차 지방법원 부장판사로서 1995년 5월 어느 재단의 도움으로 미국 대법원을 방문, 견학하고 스캘리아 대법관을 그 집무실에서 면담하면서 느낀, "법관으로서의 한없는 사명감", "정치권력에 대한 조금의 우려나 염려조차도 부끄러워하는 자존감"을 회상하게 된다. 이 책 pp. 9-11 참조.

제6장

"공지의 사실"도 "국가기밀"이 되는가?

—국가안보는 인권에 어떤 영향을 미치는가?

1. 국가의 안전보장과 인권보호

우리 헌법의 기본원칙, 즉 국가존립의 근본목적은 자유민주적 기본질서를 지키는 데에 있다. 따라서 국가는 최대한으로 국민의 기본적 인권을 지켜주고, 최대한의 자유를 누릴 수 있도록 해야 한다.

그러나 다른 한편으로, 이러한 기본권을 보장하기 위해서는, 이를 지켜줄 힘과 능력을 국가가 갖추어야 할 것이다. 그리하여 헌법은 (질서유지 및 공공복리와 함께) 국가의 안전보장을 위하여 필요한 (최소한의) 범위 내에서는 국민의 기본권을 제한할 수 있도록 하고 있다.

그런데, 우리나라의 경우에는, 다른 나라와 달리, 특별하게도, 우리 사회의 자유민주적 기본질서를 크게 위협하고 있는 북한과 인접하여 대치하고 있다. 그리하여 우리나라는 보통의 경우보다는 좀더 강력하게 국가의 안전을 확보할 수 있는 방법을 강구할 필요가 있다. 따라서 그 범위 내에서 인권보장의 범위가 축소될 수도 있을 것이며, 이 점이 우리나라가 처한 특수한 상황이다. 바로 이와 같은 의식을 가지고, 국가기밀의 의미와 관련하여 대법원은 의미 있는 판결을 하였다.*

2. 사실관계 및 무엇이 문제인가?

이 사건의 사실관계의 핵심은 피고인이 "국가기밀"을 수집하여 북한의 지령을 받은 자에게 전달했다는 것이다. 그런데 수집, 전달된 국가기밀의 내용이라는 것이 국내의 정세, 재야운동단체의 활동 및 그들에 대한 재판과정 등이었다. 그리고 그러한 내용의 수집방법은 특별히 비밀스러운 방법이 아니고, "몇 개의 국내 일간지와 잡지 그리고 방송 등을 통하여 입수"하는 방법이었다.

따라서 피고인이 탐지, 수집, 전달하였다는 기밀의 내용이 신문, 잡지, 방송 등 대중매체를 통하여 알 수 있고, 더 이상 특별한 탐지, 수집, 확인의 필요가 없는 것인 경우에도, 과연 국가기밀이라고 보아야 하는지가 문제가 되었다. 즉 기밀이라는 말은 그 사전적 의미에서도 "외부에 드러내서는 안 될 중요한 비밀"을 가리키는 것이므로, 위와 같은 해석이 통상의 사전적 의미와 부합되는 것인지 의문이 생기는 것이다.

3. 종전의 판례 및 이번의 소수의견

우리 대법원은 종래 일관하여 국가기밀의 의미에 관하여 다음과 같은 견해를 유지하여왔고(1993. 10. 8. 선고 93도1951 판결 이래 최근에는 1995. 9. 26.선고 95도1624 판결까지), 이번 판결에서도 3인의 판사는 종전 견해를 유지해야 한다는 소수의견 (다만, 결과에 있어서

---

* 대법원 1997. 7. 16 선고 97도985 판결.

는, 다수의견과 같으므로 "별개의견"이라고 표시하였다)을 표명하였다. 즉, "(국내에서 적법한 절차를 거쳐 널리 알려진) 공지의 사항이라고 하더라도, 북한에게는 유리한 자료가 되고, 대한민국에는 불이익을 초래할 수 있는 것"이면 국가기밀에 속한다고 천명하고, 그 논거로는 다음의 2가지를 들고 있었다.

첫째는, 원래 국가보안법은 무력에 의한 적화통일의 야욕을 포기하지 않고 있는 북한과 대치하고 있는 특수한 상황 아래에서, 우리의 안전과 생존 및 자유를 확보하기 위한 것이다. 그러므로, 여기서의 국가기밀의 의미도, "대남적화 전략을 수행하기 위하여 필요로 하는 일체의 정보"라고 보는 것이 상당하다. 더욱이 우리가 처해 있는 특수한 상황은 현재도 아무런 변화가 없이 계속되고 있으므로, 아직은 종전의 견해를 변경할 때가 아니라고 본다.

둘째로, 다수의견의 핵심내용은 "기밀로 보호할 '실질가치'가 있어야 한다"는 데에 있으나, 이러한 판단기준은 종래의 견해를 유지하더라도 그 적용범위에서 별다른 차이가 없다. 즉, 종래와 같이 "북한에는 유리하고 대한민국에는 불리하다"는 판단을 할 때, 남북 대치 현황 등 상황의 변경여부에 따라 이를 신축성 있게 해석한다면, 그 결과에서는 동일하게 될 수도 있다. 더욱이 이 사건에서 다수의견의 견해에 따라 국가기밀이 아니기 때문에 무죄라고 판단되는 부분은 소수의견의 견해에 따르더라도 국가기밀이 아니기 때문에 무죄라고 인정된다. 따라서 굳이 종전 판례의 견해를 변경할 필요가 없다는 것이다.

4. 다수의견

13인의 대법관 중에서 10인의 대법관은 국가기밀에 관한 종래의 견해를 변경해야 한다고 하면서 다음과 같은 논리를 전개하였다.

우선, 대전제로서 헌법상의 대원칙인 죄형법정주의를 내세우고, 그 기본정신으로부터 유추해석이나 확대해석은 엄격히 제한되어야 한다고 천명한다. 나아가 국가보안법의 목적과 기본정신을 규정하는 제1조 제2항의 명문규정을 인용하여, 국가의 안전이라는 목적달성을 위하여 필요한 최소한의 범위 내에서 이 법을 해석, 적용하여야 하고 이를 확대해석하여 기본적 인권이 부당하게 제한되는 일이 있어서는 안 된다고 못 박고 있다.

이와 같은 기본정신으로부터 추리하여, 국가기밀로 인정되기 위해서는 첫째, 반국가단체에 대해서 비밀로 하는 것이 "대한민국의 이익"이 되는 모든 사실들 중에서, 둘째, 그러한 사실들이 국내에서 적법한 절차 등을 거쳐 이미 일반인에게 널리 알려진 공지의 사실이 되지 않아야 하고, 셋째, 그 내용이 누설되는 경우 국가의 안전에 위험을 초래할 우려가 있어서, 이를 기밀로 보호할 실질가치를 갖춘 것이어야 한다고 정리하였다.

그리고 이런 요건들을 좀더 부연하여 상세히 설명하고 있다. 우선, 어떤 사실이 공지된 것인지의 여부는 "신문, 방송 등 대중매체의 발달 정도, 독자 및 청취의 범위, 공표의 주체 등을 고려하여", "더 이상 탐지, 수집이나 확인의 필요가 없는 것"이라고 정의한다. 누설할 경우 "실질적 위험성이 있는지" 여부는 당시의 대한민국과 북한 등과의 대치현황 및 안보사항 등을 고려하여 "건전한 상식과 사회통념"에 따라서 판단하여야 할 것이라고 정리하였다.*

따라서 원심법원의 판결은 이 점에 대한 심리, 판단을 잘못하였으므로 파기되어야 한다고 판결하였다. 그후 파기환송을 받은 고등법원은 대법원 판결의 판시취지에 따라 심리한 후, 앞에서 본 사실들을 위의 기준에 따라 공지의 사실에 해당하여 국가기밀로 볼 수 없다고 판결하였다.

5. 반성적 고찰

조롱거리가 된 과거의 판례 이론

일반인에게 널리 알려진 공지의 사실이라도, "이것이 북한에 알려짐으로써 북한에게는 이롭고 우리에게는 불리한 것이라면, 국가기밀에 해당된다"는 논리는 기밀이라는 용어가 가지는 사전적 의미에도 부합하지 않을 뿐만 아니라, 너무나도 넓게 해석될 수 있는 위험이 있었다. 예를 들면, 신문, 방송에 널리 보도된 각 부처 장관들의 성명이나 신상자료 또는 공개된 지도에 나와 있는 중요 국가기관의 위치 등도 국가기밀에 해당된다고 하였다. 심지어는, 어느 지역에 가뭄이나 장마가 들어 농작물의 수확이 어렵게 됨으로써 그 지역 주민의 민심이 흉흉해졌다는 등의 언론보도도 북한에 알려지면, 우리에게 유리할 것이 없다는 궤변으로 국가기밀로 인정되기도 하였다.

이러한 억지논리는 반정부활동을 벌이는 인사들에 의하여 조롱의 대상이 되었고, 억압통치의 사례로 자주 인용되기도 한 것이 과거의

---

* 대법원 1997. 7. 16. 선고, 97도985 전원합의체 판결.

현실이었다.

만시지탄이었으나 당연한 결론

국가기밀의 개념에 관한 대법원의 이와 같은 상식을 벗어난 입장은 1974년의 판결(74도1477) 이래 이 사건의 판결이 내려진 1997년까지 무려 23년 동안이나 유지되어왔다. 특히 이번 판결이 내려지기 직전인 1993년 10월 8일부터 (93도1951 판결) 1995년 9월 26일까지(95도1624판결)에는 4건의 같은 취지의 판결이 연속하여 내려졌다.

특히 변경 전 마지막 판결과 이번 판결 사이에는 약 1년 10개월 정도의 시차가 있는데, 그 동안 어떠한 상황변동이 있었기에, 갑자기 이러한 판례변경이 이루어졌는지 궁금하기도 했다. 물론 이 판결이 내려진 1997년의 정치상황은 노태우 정부에서 이미 김영삼 정부로 바뀐지 상당한 시간이 지나 민주화의 기운이 정착된 시기이기도 하다. 그리고 이 시점은 새로운 대법원이 구성되고 수년이 지났기 때문에 대법원으로서도 안정적인 단계에 들어서서, 좀더 진취적인 판결을 할 사안을 찾아볼 여유가 생겼을 법도 하다.

이러한 시각에서 돌이켜보면, 이미 1994년 5월 24일에 선고한 피고인 황석영에 대한 판결(94도930판결) 및 1993년 10월 8일에 선고한 피고인 김낙중에 대한 판결(93도1951 판결)에서도 역시 같은 쟁점이 있었으나, 그 당시에는 아직 대법원이 판례변경을 감행할 여력이 부족했다고 생각할 수도 있다. 이 두 사건의 1심법원에서는, 이미 이 판결과 같은 이론을 적용하여, 국가기밀이 아니라고 판단하였으나, 상급심에서 번복되었다.

아무튼, 시기가 늦었다는 느낌이 깊게 남는 것은 어떻게 할 수 없으나, 늦게라도 이와 같은 결단을 내린 것은 긍정적으로 평가되어야 할 것이다.

옥의 티에 해당되는 부분들

이와 같은 긍정적인 평가에도 불구하고 사법부에 대한 평판과 관련하여 몇 가지 아쉬운 점이 남는다.

첫째는, 23년이라는 긴 세월 동안 대법원의 이러한 고루한 논리로 인하여 고통을 받아왔을 피고인들이 품고 있을지도 모르는 서운한 마음을 어떻게 달랠 수 있을 것인지 의문이다.

둘째는, 대법원이 구태여 이 사건을 판례변경의 사안으로 삼은 이유가 특별히 두드러지지 않는 상황에서, 기왕이면, 앞에서 본 1993년과 1994년의 사건에서 판례변경을 하였으면 어떠했을까 상상해본다. 왜냐하면 그 사건의 피고인들은 어떤 의미에서든 사회적으로 널리 알려진 인물이었기 때문에, 이를 대상으로 삼았더라면, 전략적으로 대법원의 신선한 이미지와 위상을 높이는 데에 도움이 되었을 것이다.

때로는 대법원도 역시 전략적, 정무적 판단—물론 사건 자체에 관해서가 아니라, 행정적인 차원에서 그렇다—을 할 필요가 있다고 생각된다. 어쩌면, 반대로 바로 이 점 때문에 수사기관이나 정부기관에서 위와 같은 두드러지는 사건을 피하고, 이 사건과 같은 "보통의 사건"을 판례변경의 대상으로 삼기를 원했을 수도 있겠다. 그러나 만에 하나라도, 대법원이 정부기관의 이러한 희망사항을 수용해준 것이라면, 이는 정당성 없는 다른 기관의 작은 이익 때문에, 정의를 말해야 할 최후의 보루인 사법부의 위상을 바닥에서부터 송두리째 뒤엎어버리는 최악의 조치였다고 말해도 지나치지 않을 것이다.

이 점은 사법부와 정치권력 나아가서는 수사기관과의 관계가 어떻게 정립되어야 하는가에 관한 중요한 문제인데, 이 점에 관한 보다 상세한 검토는 이미 제1부 "법과 정치의 관계"에서 살펴보았다.

국가안보와 인권의 상관관계 : 국가안보는 인권을 어디까지 제한할 수 있는가?

국가의 안보를 이유로 국민의 인권을 제한할 수 있는가? 있다면 그 범위는 어디까지인가?

먼저 앞의 질문에 대한 대답은 분명하다. "예"이다.

결론적으로 재판도 하나의 정치이다. 재판도 국가통치권의 작용의 하나인 이상, "국민을 위하여" 이루어져야 할 것이고, 동시에 "국가를 위하여" 이루어져야 할 것이다. 따라서 사회현실을 똑바로 파악하고 현실에 알맞은 재판을 하여야 한다. 현실에 초연한 재판이란 있을 수 없다. 따라서 국가의 안위가 문제될 경우에는, 이를 위하여 국민의 기본권이 일정 범위에서 제한될 수 있다. 그 결과 국가기밀을 탐지, 전달하는 행위는 이를 범죄로 보아 처벌할 수 있어야 당연하다.

안보를 이유로 한 인권의 제한범위 : 어려움에 봉착하는 문제는, 어느 범위까지 인권을 제한하는 것이 타당한가이다. 해답이 간단한 문제가 아니기 때문에 한마디로 정리할 수는 없겠으나, 적어도 국가기밀에 관한 한에서는 이 사건의 대법원 판결이 용의주도하게 잘 정리하고 있다고 생각할 수 있다.

두 가지 기준이 적용되었다. 하나는 "공지사실"은 안 되고, 둘째는 기밀보호의 "실질가치"가 있어야 한다는 것이다. 특히 강조하여 설명하고 있는 부분은 "실질적 위험성"을 판단하는 데에서는 "대치현황, 안보상황 등 모든 주변상황"을 종합적으로 고려하여, "건전한 상식과 사회통념에 따라 판단하여야" 한다고 요약하였다. 일반론으로서는 흠잡을 데 없는 훌륭한 정리라고 할 수 있다. 그러나 구체적 적용에서는, 항상 국가의 소수기관측과 방어하는 피고인 측 사이에 극복하기 어려운 간극이 있어왔다.

흔히 국가소추기관의 입장에서는 안보의 위험을 과장해서 부각시키려는 경향이 있었다. 남북의 대치상황이나 국제정세를 정확히 판단, 평가하는 것이 불분명할 수밖에 없는 숙명적인 것이기 때문에 상대방을 납득시키기에는 항상 부족하다. 문제를 더욱 어렵게 만드는 것은 국내의 정치상황, 특히 통치권력을 장악한 집권자의 입장에서 그 정통성을 의심받는다는가 또는 통치권력의 약화를 우려하고 있는 경우이다. 이때에는 흔히 특히 법치후진국의 경우에서는, 통치권자 측에서 나아가 통치권력에 협조하는 국가의 소추기관 측에서 국가안보의 위험성을 과장하여 부각시킴으로써, 통치권력의 안정화를 도모하려고 하기 때문이다.

유감스럽게도 우리나라의 경우 특히 과거의 권위주의 시절의 군사정권 아래에서 사법부가 이러한 힘든 처지에 놓여 있었음을 부정하기 어려울 것이다.

사법부에 남겨진 과제

결론은 다음과 같다. 국가안보를 위하여 국민의 기본권을 제한할 수 있다. 그 범위는 모든 사정을 고려하여 사법부가 건전한 상식과 사회통념에 따라 결정하여야 한다. 그리하여 모든 권한과 책임은 사법부에 돌아가게 되었다. 사법부는, 국제정세, 북한의 상황, 국내의 방어태세 등을 심층적으로, 또한 미래지향적으로 신중하고도 현명하게 판단하여야 한다. 혹시라도 정권차원에서 정권안보를 위하여 악용되지 않도록 각별히 유념하여야 한다.

6. 유병진 판사의 고뇌

국가안보와 국민의 인권과 관련하여 이미 1952년 6-25 사변의 와중에서 이 점을 깊이 고민한 선배 법관이 있었다. 그는 유병진(柳秉震) 판사이다.*

그는 1958년 4월 3일 서울지방법원 형사3부 부장판사로 근무할 당시, 국가보안법 위반죄로 기소된 유근일(柳根一)** 피고인에 대해서 징역 5년의 형을 선고하면서, 국가보안법 위반죄에 대해서는 무죄를 선고하였다. 서울대학교 교내 신문에 그가 쓴 "모색—무산대중을 위한 체제로의 지향"이라는 글이 국가를 변란케 하였다는 혐의로 기소된 사건이었다.***

그는 또한 1958년 7월 2일 조봉암 피고인에 대한 간첩 및 국가보안법위반 사건에서 징역 5년을 선고하였으나, 국가보안법 위반 부분에 대해서는 무죄를 선고하였다. 기소된 내용은 피고인은 진보당의 당수

---

* 1914년 함경남도 함주에서 태어나서 1943년 일본의 명치대학 법과를 졸업하고 1946년 사법요원양성소를 거쳐, 1949년 서울지법판사로 임관되어 1959년 법관 재임용 과정에서 연임 거부를 당함으로써 퇴임하기까지 서울지법 부장판사로 재직하였다. 그후 변호사로 8년간 활동하다가 1966년에 별세하였다.

** 당시 서울대학교 문리과대학 정치학과 학생이었고 후에 조선일보 주필이 되었다.

*** 그러나 이 판결은 항소심과 대법원에서 파기되어 유죄로 인정되었다.

로서 「중앙정치」라는 잡지에 평화통일론에 관한 논문을 게재하였는데, 이 글이 북한과 동조하는 통일 방안을 주장하였다는 것이었다.*

그러나 이 2개의 판결은 모두 2007년 진실-화해를 위한 과거사정리위원회가 재심을 권고하여 그후 법원에서 재심을 거쳐 무죄의 판결을 받게 되었다.

여기에서 돌아보고자 하는 내용은 이 2개의 용기 있는 무죄판결이 아니라 6-25 전쟁이 한참 진행 중이던 1952년에 유병진 판사가, 부역자처단에 관하여 고뇌의 과정을 회고하여 기록한 「재판관의 고민」이라는 책의 내용이다. 1952년 3월에 발간된 이 책은 1950년 6-25 전쟁의 발발과 9-28 서울 수복을 거쳐, 중공군의 개입에 이은 1-4 후퇴 직후까지의 시간을 집필의 배경으로 하고 있다. 그는 전쟁이 발발하고 서울이 함락되자 천신만고 끝에 부산으로 무사히 피난을 가서 판사로서 계속 근무하였다. 그후 9월 28일 서울이 탈환된 후 10월 초순경에 3개월 만에 서울에 돌아왔다. 돌아와 보니 세 살짜리 아들은 이미 세상을 떠나고 없었다.

이와 같은 절망적인 상황에서 10월 말경 그는 문제의 "부역자 (附逆者) 재판"을 시작하지 않을 수 없게 되었다.

1950년 6-25 전쟁이 발발하자 바로 그날로 대통령 긴급명령 제1호로서 "비상사태하의 범죄처벌에 관한 특별 조치령"이 발효되었다. 그런데 이 조치령에는 다른 조항들과 함께 "적에게 정보제공 또는 안내한 행위" 및 "……하여 적을 자진방조한 행위"를 사형, 무기 또는 10

* 그러나 이 판결은 항소심과 대법원에서 파기되어 사형이 확정되었고, 재심이 청구되었으나, 대법원에서 재심청구가 기각되고, 바로 그 다음날인 1959년 7월 31일 사형이 집행되었다.

년 이상의 형에 처하도록" 규정되어 있었다. 더욱이 이러한 죄의 심판은 단심으로 하고 지방법원 단독 판사가 재판하도록 되어 있었다.

물론 전시이기는 하였지만, 유병진 판사는 부역범(附逆犯)에 대한 법령을 어떻게 운용하여야 할 것인지에 대해서 근본적인 고민을 하게 되었다. 부역이 이루어진 과정을 심리해보면 그 상황이 천차만별이었다. 자진하여 부역한 경우도 있겠지만, 목숨을 부지하기 위하여 마지못해 부역의 흉내를 낸 경우도 적지 않았을 것이다. 심지어 유 판사 본인은 운이 좋아—아니면, 판사라는 신분의 혜택으로—부산으로 피난이라도 갔으나, 상황이 여의치 못하여 서울에 잔류할 수밖에 없었던 탓에 부역에 내몰리게 된 사람들을 그렇게 엄히 처벌해야 마땅한 것인가 하는 자괴감도 들었다.

그는 "법의 준수는 현실을 무시케 하고, 현실에의 추종은 법을 유린케 한다. 그러면 법과 현실과의 모순, 아니 간격을 어떻게 해결하여야 할 것인가"*라고 갈등, 고민하게 되었다. 그는 "법과 현실과의 암투" 속에서 "결과가 부당한 것이야 나도 잘 알지만, 나를 원망하기보다는 법을 원망하시오. 나는 모르겠소"**라고 변명하면서 재판관의 책임을 면하여 볼까도 생각하였다.

처절한 고민 끝에 유판사는 "기대가능론"을 활용하기로 결심하였다. 즉 "사회실정을 무시한 규범은 정의일 수 없으며, 이러한 의미에서 그것은 하나의 악인 것이다"***라고 결론지었다. 그리고 그는 "재판

---

* 유병진, 「재판관의 고민—일명 부역자처벌을 마치고」, 신한문화사, 1952; 신동운 편저, 「재판관의 고민」, 법문사, 2008

** 유병진, 앞의 책, p.106

*** 유병진, 앞의 책, p.112

과정은 사색으로부터 용기와 결단의 단계에로 전이되며, 이로써 종말을 맺는다"*고 정리하였다. 이러한 고뇌를 하면서 그는 역시 "그러한 궁지에서 헤맬 때, 나의 가슴은 법에 대한 분노로써 꽉 찼다."**고 토로하고 있다. "이러한 사색에서 깨어난 나의 머리는 나도 모르게 강하였고 날카로웠다."*** "기어코 나는 과도기적 결단을 하였다." "그것은, 처벌이 부당하다고 여겨지는 사건에서는, 무죄로 하여야 한다는 것이다. 그것은, 과도기에 있어서의 불가피한 철칙이다."****

그는 깊은 사색의 결론을 다음과 같이 정리하고 있다.

"……우리는 사회적 부정의에 대해서 의분(義憤)의 눈물을 흘려야 할 것이요, 사회악에 대해서 광정(匡正)의 정열을 기울여야 할 것이다.……거기에는 오직 결단과 용기로써 진리의 옹호에로의 과감한 돌진이 있을 따름이다."*****

비슷한 사례

미국의 경우 : 코레마츠 대 미국, 1944년

태평양전쟁과 일본계 미국인

프레드 코레마츠(Fred Korematsu)는 이민자 부모 사이에 1919년 미국에서 태어난 일본계 미국인 2세이다. 그는 로스앤젤레스의 조선소

* 유병진, 앞의 책, p.4
** 유병진, 앞의 책, p.118
*** 유병진, 앞의 책, p.119
**** 유병진, 앞의 책, p.120
***** 유병진, 앞의 책, p.vi

에서 용접공으로 일하고 있었으나, 1941년 12월 7일 일본군이 하와이의 진주만에 위치한 미해군기지를 공격하자, 고용주는 그가 일본인이라는 이유로 해고하였다. 그후 그는 미국을 위해서 참전하려고 육군에 지원하였으나, 신체적인 이유—위궤양을 앓은 전력—로 거부되었다.

진주만 공격이 있은 후 1942년 3월 24일 서북지역 방위사령부는 적국인, 곧 독일인, 이태리인 및 일본인과 "일본계 미국인"에 대한 오후 8시부터 오전 6시 30분까지의 야간 통행금지를 실시하였다. 그러나 미국 군대는, 일본이 미국 본토를 공격할 위험성이 있고 또한 그 과정에서 일본계 미국인이 적국을 도울 가능성이 있다고 생각하였다. 그리하여 1942년 5월에는 약 11만 명에 달하는 일본계 미국인을 거주지로부터 강제퇴거시킨 뒤 미네소타 주에 급조한 집단거주지역에 강제이주시키는 조치를 단행하였다.

대부분의 일본계 미국인은 정부명령에 협조적이었으나, 코레마츠는 생각이 달랐다. 그는 이탈리아 태생의 애인과 함께 출두를 거부하고 잠적해버렸다. 잠적한 동안 그는 미국적인 이름인 클라이드 사라(Clyde Sarah)로 개명하고 성형수술까지 하여 일본인의 모습에서 벗어나려고 시도하였으나, 완전히 성공하지는 못하였다.

잠시 동안의 잠적 후 그는 생각을 바꾸어 정식으로 퇴거령의 위법성을 다투기로 결심하고 1942년 5월 20일 자수하였다. 1심인 캘리포니아 지방법원에서 5년 집행유예 그리고 보호관찰의 유죄판결을 받았고, 항소하였으나 1942년 12월 2일 기각되자 미국자유인권연합회(CACLU)의 지원을 받아 연방대법원까지 사건을 가져갔다.

그의 주된 논거는 대통령이나 군당국이 그를 강제수용소에 보낼 권한이 없고, 또한 이러한 조치는 인종에 기초한 차별조치라는 것이었다. 1944년 10월 연방대법원은 이례적으로 이틀에 걸쳐 구두변론을 거친 후 1944년 12월 18일 판결을 통하여 6 대 3으로 강제이주를 명령한 정부의 손을 들어주면서, “국가를 보호할 필요성은 일본계 미국인의 인권을 보호할 필요성보다도 더 크다”고 판결하였다.

다수의견의 논리

6명이 가담하고 휴고 블랙(Hugo Black) 대법관이 대표 집필한 다수의견의 논리는 현실론에 입각한 것으로 보인다. 특정 인종집단의 인권을 제한하는 법적 조치는 일단 의심받아 마땅하다. 그러나 그렇다고 해서 그 조치가 모두 위헌인 것은 아니다.

이 경우 법원은 이러한 조치들은 “매우 엄격한 검증”을 거쳐 심사해야 하며, “급박한 공공의 필요성”이 있는 경우에는 이러한 제한들을 정당화할 수 있다. 강제이주 명령 때문에 일부 시민들이 겪을 고난을 모르는 바는 아니지만, 원래 전쟁이라는 것은 고난의 연속인 법이다. 전시에는 특권보다 의무가 더 중하게 다루어진다.

군당국은 일본계 미국인 사회에서 미국에 충성스러운 시민과 그렇지 않은 시민을 즉각적으로 구별하는 것이 불가능할 것이다. 코레마츠가 강제이주 명령을 받은 것은 “인종에 대한 적대감”으로 볼 것이 아니라, 군대가 “짧은 시간 내에 단호하게 행동할 필요성”을 느꼈기 때문이라고 보는 것이 옳다. “취해진 방어조치”는 “가해진 위협”과 비교하여 상당한 범위 내(commensurate)의 것이다.

소수의견의 논리

3명이 가담한 소수의견의 논리는 다분히 논리적이면서 이상주의적이다. 그것은 2가지의 핵심적 주장에 기초하고 있다.

첫째는, 근본적인 전제로서 "죄는 개인의 책임일 뿐이고, 결코 대물림되는 것은 아니다"라는 생각이다. 즉 연좌제는 허용될 수 없으며, 자기가 임의로 탈퇴할 수도 없는 집단에 속해 있다는 이유로 범죄자로 낙인찍히는 것은 극단적인 인종주의, 인종차별의 심연으로 빠져드는 행위이다.

둘째는, 소수의견도 역시, 공공의 안전에 대한 위협이 "직접적, 즉각적, 급박한(immediate, imminent and impending)" 때에는 그리고 정상적인 헌법적 절차를 밟을 여유가 없을 때에는, 이러한 예외적 조치가 가능함을 인정한다. 또한 이러한 판단을 할 때 "전시의 경우에는, 군당국이 국가의 안전을 보호하는 판단을 함에 있어서 가장 많은 정보와 능력을 갖추고 있음"도 인정한다.

그럼에도 불구하고, 군사적인 결정도 역시 사법부에 의한 감독을 받아야 한다고 주장한다. 그런데 이 강제이주 명령을 내릴 때에는, 일본계 미국인에 대한 인종적 편견에 기초한, "잘못된 정보(misinformation), 일부만의 진실(half-truths), 막연한 추측(insinuations)"에 기초하고 있을 따름이다. 이 조치는 군사전문가적 판단이 아니라, 인종학적, 사회학적 억측에 지나지 않는다.

미국이라는 나라에 거주하고 있는 사람들이라면 누구나 어떤 형태로든지 외국의 혈통 및 문화와 관계를 맺고 있으며, 이는 미국의 핵심적이고 불가결한 구성요소이다.

그럼에도 불구하고 수많은 독일계나 이탈리아계의 후손들에게는 유사한 조치를 취한 적도 없다.

판결 이후 역사의 흐름

우선 코레마츠 본인은 이 유죄판결로 인해 불행한 일생을 지내게 되었다. 그는 정부기관이나 대기업에 취업할 수 없었고, 부동산중개업 허가도 얻을 수 없었다. 단순 기능공으로 생활할 수밖에 없었으며, 종전 후 부인과도 이혼하게 되었다.

다른 한편 미국사회는 반성적인 방향으로 변화해갔다. 1983년에는 샌프란시스코 항소법원이 그의 죄를 말소시키고 공식적으로 사면하기에 이르렀다. 이에 대해서 그는 "누가 누구를 사면한다는 것인가"라고 반발하였다.

1988년에는 미국정부가 부당한 행위를 저질렀음을 인정하고, 사건의 생존자들에게 금전적 보상을 지급하는 법령을 통과시켰다.

1996년에는 진주만 사태 이후 미국정부가 취한 불법적 행위에 대한 비판을 그치지 않은 불굴의 노력을 인정받아 코레마츠는 대통령 자유 메달을 수상하였다.

2001년 이슬람 근본주의자들이 일으킨 9-11 테러 공격 직후 정부 일각에서는 이슬람교 출신 이민자들에 대한 별도의 관리조치를 취해야 한다는 주장이 있기도 하였으나, 코레마츠 사건 판결이 반면교사가 되어, 곧 흐지부지되고 말았다.

코레마츠, 그는 2005년에 생을 마쳤지만, 그에 대한 이 판결은 동양인에 대해서 주류 백인 미국인이 가지는 편견 그리고 인종차별의 증거로서 오랫동안 남게 될 것이다.

제7장

시대의 어려움을 딛고 정의를 말하다

—이영구 부장판사의 긴급조치위반 무죄 판결

1. "정의를 말하는 용기"의 시대적 배경

1976년 11월 8일 서울지방법원 영등포지원에서 근무하던 이영구 부장판사는 소위 긴급조치 9호 위반 사건으로 기소된 여자고등학교 교사에게 무죄의 판결을 선고하였다.*

1976년의 경우 1년 동안 긴급조치 9호 위반사건으로 판결을 선고받은 피고인은 모두 221명이었는데, 그중 무죄가 선고된 사건은 이 피고인 단 한 명이었다.

이 판결을 내리는 데에 얼마나 큰 용기가 필요하였는지를 좀더 잘 이해하기 위해서는 그 당시의 시대적 상황을 살펴볼 필요가 있다.

1961년 5월 16일 군사 쿠데타로 정권을 잡은 박정희는 정치와 경제의 두 방면에서 개혁을 이루겠다는 생각으로, 보통의 법치국가에서는 허용될 수 없는 여러 가지 혁명적인 조치들을 단행하였다. 그 결과 경제적인 측면에서는 어느 정도의 성과를 올렸으나, 정치적인 측면에

* 서울지방법원 영등포지원 1976. 11. 8. 선고, 76고합186 판결.

서는 "정권창출의 정당성"에 발목을 잡혀 한시도 평온한 날이 없었다. 후대에 이르러서는 이 시점에 대한 평가를 "공7과3(功七過三)"으로 후하게 점수 매기는 사람들도 있다.

어쨌든 정권의 정통성에 대한 비난과 저항이 점점 격렬해지자, 5·16 쿠데타 이후 11년이 지난 1972년 10월 17일에 비상계엄을 선포하면서 이른바 "대통령 특별선언"을 발표하였다. 이 선언을 통해 대통령 박정희는 국회를 해산하고, 헌법 일부 조항의 효력을 정지시키고, 곧바로 새로운 헌법개정안을 공표하겠다고 밝혔다. 소위 10월 유신을 단행한 것이었다.

이에 따라 10일 뒤인 10월 27일에는 사전에 일부 현직 검사도 참여하여 내밀하게 마련되어왔던 헌법개정안을 공고하고, 11월 21일에는 국민투표를 실시하여 91.5퍼센트의 찬성으로 유신헌법이 통과되었다.*

이 헌법에 따라 사법부에도 대대적인 물갈이가 시작되었다. 1973년 3월 14일에는 법무부장관을 지냈으며 대표적 친여인사인 민복기를 제6대 대법원장으로 임명하였다. 이어서 1973년 3월말에는 법관 재임명이라는, 법치국가에서는 있을 수 없는 치욕적인 조치를 통하여, 대법원 판사 중 9명**과 일반법관 41명(당시 법관총수는 397명이었다)이 재임명을 받지 못하였다.

---

* 어떤 사람들은 유신헌법을 "헝가리 헌법"이라고 불렀는데, 이는 그 제정에 깊이 관여한 3사람의 성(한태연, 갈봉근, 이후락)을 딴 "한갈이"를 변형시켜 부른 것이었다.

** 이들은 바로 1971년 국가배상법 위헌판결에서 위헌의견을 낸 9명이었으며 형식은 "의원면직" 이었다.

유신헌법이라는 특단적인 처방에도 불구하고 정치적인 혼란은 계속되었다. 1973년 8월 8일 유력 대통령후보로서 강력한 정적인 김대중이 일본 도쿄에서 납치되어 서울에 오게 되는 사건이 있었고, 그후 여러 재야인사들이 개헌청원 서명운동을 하는 등 정국은 혼란 속으로 빠져들어갔다.

이러한 혼란을 잠재우기 위해서 대통령은 1974년 1월 8일 긴급조치 1호를 발표하였다. 그 내용은 1)유신헌법을 부정, 반대, 왜곡, 비방하는 일체의 행위를 금지하고, 이를 어길 때에는, 2)법관의 영장 없이 체포, 구속 가능하며, 3)군법회의에서 재판하고, 4)15년 이하의 징역에 처한다는 것이었다.

이러한 조치에도 반유신운동의 기세가 꺾이지 않자, 1974년 4월 3일에는 이를 한층 강화한 긴급조치 4호를 공표하였다. 이는 1)민청학련 관련 행위를 금지하고 2)교내외의 집회, 시위, 농성 등도 금지하며, 이를 어길 때에는 3)5년 이상의 징역에 처한다는 것이었다. 법관의 영장이 필요 없는 것과 군법회의에서의 재판은 당연히 그대로 유지되었다.

그후로도 저항의 물결은 멈추지 않고 울릉도 간첩단 사건(1974년 7월), 국가모독죄 신설(1975년 3월), 인혁당재건위원회 사건의 피고인 8명의 사형집행(1975년 4월 9일) 등 큼직한 사건들이 일어났다.

위기의식에 휩싸인 박정희 대통령은 그동안 선포된 긴급조치들(1호, 4호, 7호)의 종합판으로 긴급조치 9호를 1975년 5월 13일에 공포하였다. 그 내용은 1)유신헌법에 대한 부정, 반대, 비방, 개정 요구 등이 모두 금지되고 2)영장 없이 체포, 구금되는 것은 마찬가지였으나, 다만 한 가지 바뀐 것은 3)그 재판을 군법회의가 아닌 일반법원에서 한다는 것이었다.

대통령으로서는 일반법원에 재판을 맡김으로써 어느 정도는 반대자의 예봉을 피해보려는 계산이었겠지만, 재판을 맡게 된 판사로서는 커다란 부담을 떠안게 되었다. 이와 같이 일반법원의 부담이 커진 상황에서, 재일교포유학생 간첩단 사건(1975년 11월), 원주 원동성당에서의 반유신선언 발표(1976년 1월), 명동성당에서의 3-1 민주구국선언문 낭독(1976년 3월) 등의 큼직한 정치적 사건들이 일어났다.

당시 이러한 대형사건들을 담당했던 법관들은 판결선고의 내용뿐만 아니라 재판진행의 과정에서도 엄청난 어려움을 겪었으나, 당시 주변의 정황상, 그리고 "사법부는 법을 만들 권한은 없고, 만들어진 법을 적용할 수밖에 없다"는 자기합리화를 하면서, 예외 없이 유죄, 중형의 판결을 할 수밖에 없었다.

이영구 부장판사가 긴급조치 9호 위반의 죄에 대해서 선고한 이 사건 판결은 이와 같이 험악한 상황에서 내려진 놀라운 것이었다.

2. 사실관계

검사가 이 사건 피고인에 대해서 기소한 공소사실의 내용은 다음과 같다.

피고인은 서문여자고등학교 교사로서, 1976년 4월 (일자 미상) 13시 30분경, 이 학교 9반 교실에서 학생들에게 후진국일수록 일인정권이 오래간다, 그 사람이 아니면 나라를 이끌어갈 사람이 없다는 식으로 국민에게 압박감을 갖게 한다, 우리나라 정권은 동해물과 백두산이 마르고 닳도록 해먹는다라고 말하는 등, 사실을 왜곡하여 전파했다. 그리고 이와 같은 사실을 피고인이 경찰 조사 과정에서부터 이 법정에 이르기까지 모두 시인하고 있다. 다만, 그는 현재의 대한민국 정부를 비방하는 의사는 없었다고 변소한다.

3. 무죄판결의 이유

이영구 판사는 이 3가지 공소사실에 대한 무죄이유를 판결문 7페이지에 걸쳐 간단, 명료하게 직설적으로 솔직하게 압축, 정리했다.

여기에서는 그 판결이유를 살펴봄에 있어서, 틀림없이 판사직을 걸고 심사숙고하여 작성하였을 판결내용을, 혹시라도 잘못 옮길 수도 있을 위험성을 고려하여, 판결문 내용을 그대로 인용한다. 다만 당시 판결문 작성의 관례상, 문장이 길게 이어져서 일반인이 읽고 이해하는 데에 다소의 어려움이 있으리라고 생각되어 이를 단락을 나누어 정리하는 수정만을 하였다.

먼저, 처음 2가지 공소사실, 즉, "후진국일수록 일인정권이 오래간다"는 부분과, "그 사람이 아니면 나라를 이끌어갈 사람이 없다는 식으로 국민에게 압박감을 갖게 한다"라는 부분에 대한 판단내용은 다음과 같다.

"이는 우리 대한민국이 8-15 해방 후 자유당 집권 하에서 경험한 바 있는 역사적 사실이다." 또한, "선, 후진국을 막론하고 집권자나 집권을 향한 자의 정치활동 전개과정에 있어서 반복되어 왔고 또 향후 반복 가능한, 과거 내지는 장래의 역사적, 경험적 사실이다." 따라서 "이는 어떤 날조된 사실이거나 사실을 왜곡한 것이라고 볼 수 없다."

다음, 마지막 공소사실, 즉, "우리나라 정권은 동해물과 백두산이 마르고 닳도록 해먹는다"라는 부분에 대해서는 2단계로 나누어 판단하고 있다.

첫째로, 그 표현의 형식에 관하여 판단하면서, "동해물과 백두산이 마르고 닳도록"이라는 표현은 "장기적"이라는 뜻의 "비유적 표현"임이 명백하다고 했다. 그 결과 "장기적이라는 직접적, 단순한 표현 대신, 위와 같은 비유적 표현을 사용하였다 해서 이로 인하여 사실이 왜곡되었다거나, 날조되었다고는 볼 수 없다."

둘째로, 그렇다면 남는 문제는 피고인의 이러한 말이, "대한민국이 과거 내지는 현재에 있어서 한 사람의 단기집권밖에는 경험한 바 없음에도, 장기집권으로 허위의 역사적 사실을 말했다거나(즉, 사실의 날조), 또는 단기집권에 불과한 것을 장기집권으로 역사적 사실을 과장해서 말했는가(즉, 사실의 왜곡)의 문제에 돌아간다고 할 것이다"라고 쟁점을 정리하였다.

이러한 논리의 토대 위에서, 판결이유의 핵심부분은 다음과 같이 전개되었다.

"이에, 8-15 해방 후 우리 대한민국 정부의 발자취를 돌아보건대, '초대 이승만 대통령은 1948. 8. 15에 집권하여 1960. 4. 26, 4-19 학생의거로 하야할 때까지 약 12년간, 때로는 계엄령을 선포하고, 정치테러단을 동원, 소위 발췌개헌안을 통과시키고, 또는 대통령 종신제 조항까지도 포함된 사사오입의 불법 개헌, 드디어는 3-15 부정선거 등을 자행하면서 가지가지의 부정, 부패, 불법을 수단으로 장기집권하여왔음은 우리 국민 모두가 경험한 불행한 역사의 한편임에 틀림이 없다."

"4-19 학생의거로서 이승만 대통령의 부정, 부패, 불법에 의한 장기집권은 그 막을 내렸으나, 4-19 학생의거의 민주정신을 받들어 새로 성립한 민주당 정권은, 집권당의 분열로 인한 권력투쟁으로 시종하여, 무능과 부패의 표상으로 변화하였다."

"5-16 혁명은 1962년도 개정헌법의 전문에서 4-19 학생의거의 이념을 이어 받았음을 천명함으로써 부정, 부패, 불법, 무능의 반 민주적 장기집권을 거부하고, 대한민국의 건전한 민주적 정치제도의 발전과 공고화 및 민족중흥을 다짐한 것이다."

"1969년도의 헌법개정을 거쳐서 1972년도의 유신헌법 제정에 이르기까지 위 이념은 그대로 승계, 발전되어 있음은 위 헌법전문이 천명하고 있는 바이다."

"그러나, 5-16 혁명을 주도하여 현재에 이르기까지 집권하고 있는 박정희 대통령은 5-16 혁명공약, 민정복구 선서 및 그 후에 있어서도 1971년도 대통령 선거유세, 1974년도 국민투표 등을 통하여 대통령직 내지 정권담당에 대한 개인적 미련이나 사욕이 조금도 없음을 누차 천명한 바이다."

"다만, 우리 민족과 국가가 대내, 대외적으로 처하고 있는 험난한 현 시점과 정세 하에서 역사적, 민족적 소명을 부득이 거부하지 못하고 있음을 누차 천명한 바 있고, 그 선의를 극소수의 정권야욕에 가려진 정치인, 북한 공산주의 동조자 등을 제외하고는 모든 국민이 그대로 받아들이고 있음은 의심치 아니하는 바이다."

"그럼에도 불구하고 박정희 대통령의 재위기간이 15년을 넘는 장기임은 이를 부인할 수는 없는 것이다."

"박정희 대통령은 일찍이 장기집권 내지 정권의 안정에서 오는 가장 경계해야 할 폐단은 무사안일주의의 폐단이라고 적절히 지적한 바 있다."

"이는 한편에 있어서 지루한 안정과 그 속에서 싹트기 쉬운 부조리, 부패에 대한 불안보다 그 무엇인가 개선을 위한 변화를 갈망하는 국민들의 심정을 정확히 파악하여 지적한 것이라 할 것이다."

"따라서, 피고인의 위 말은 일면 장기집권에서 오는 지루한 안정에 대한, 자유국민이라면 누구나 흔히 느낄 수 있는 일종의 단순하고도 가벼운 염증감상을 표현한 것으로 볼 수 있을 것이다."

"그렇다면, 피고인의 위 말 그 자체로서는 어떤 역사적 사실을 날조했거나 왜곡한 것이라고 보기는 어렵다 할 것이다. 결국 위 사실은 범죄의 증명이 없음에 돌아가, 피고인에게 무죄를 선고하는 것이다."

요컨대, 피고인은 비유적 표현을 사용하여, "우리나라의 정권은 장기집권을 해왔다"고 이야기하였다. 그런데, 우리의 역사를 살펴보면 이 말이 거짓이 아님이 분명하다. 이승만 대통령은 1958년 8월 15일에 집권하여 4-19 학생의거로 하야 당한 1960년 4월 26일까지 12년간 집권하였다.(그 과정에서 여러 가지 "정당치 못한"수단들을 동원하였다.) 그후 민주당정권이 들어섰으나 무능으로 바로 물러나고, 1961년 5-16 군사혁명으로 박정희 정권이 집권하여 현재(1976년)에 이르게 되었다. 그리하여 결국은 이 정권 역시도 15년째 장기적으로 집권하고 있음은 부인할 수 없다.(그 과정에서 역시 여러 가지의 대의명분을 내세우기는 하였지만, 그 역시 완전히 민주적이고 법치주의적이라고는 보기 어려운 방법들이었다.) 따라서 피고인이 한 위 말—장기집권—은 사실과 어긋나는 말이 아니다. 즉 "사실을 왜곡"한 것이 아니다. 따라서 무죄이다.

다만, "피고인은 장기집권에서 오는 '단순하고도 가벼운 염증감정'을 표현"한 것에 불과하다."고 이영구 판사는 솔직하고도 용기 있게 사안의 핵심을 정리하였다.

어려운 시절에, 어려운 상황 속에서, 이영구 판사는 "진실을 말해야 할 때에 말하는" 책무를 진 법관으로서의 할 일을 다한 것이었다.

4. 판결에 쓰여 있지 않은 이야기들

먼저 이 사건 피고인이 어떻게 법정에까지 서게 되었는지 살펴보자. 앞에서 본 대로 피고인은 여자고등학교의 평범한 교사였다. 일상적인 수업의 도중에 교실에서 "북한에는 우리보다 1년 먼저 지하철이 생겼다. 너희들 이런 말 처음 듣지"라고 말하고, 이어서 이 사건 공소사실과 같은 이야기를 하였다.

이 말을 들은 학생의 한 사람이 집에 가서 부모와 대화 도중 우연히 그 내용을 옮겼는데, 공교롭게도 그 아버지가 정보기관에 근무하는 공무원이었다. 그리하여 그 교사가 한 말들을 문제삼은 것이 이 사건이 형사문제로 번지게 된 것이었다. 나치나 공산당 치하의 끔찍한 상황을 생각나게 한다.

이 판결 이후 이영구 판사의 장래는 어떻게 전개되었을까.

1976년 당시의 시대상황 하에서 그가 아무 탈 없이 판사생활을 해나갔으리라고 기대할 수는 없었다. 물론 그 역시 후폭풍을 각오하였을 것임은 능히 상상할 수 있다. 예상했던 대로, 그는 판결 후 2개월이 채 안 된 1977년 1월 4일 관례를 깨고 전주지방법원 부장판사로 전보되었다. 훗날 그는 다음과 같이 회고하였다.

전보 소식을 듣고 바로 사표를 제출하려고 하였으나, 그래서는 인사권자인 대법원장에게 정면으로 대항하는 좋지 않은 모습을 보이게 되어, 일단 그대로 부임하기로 결심하였다. 그후 한 달 동안 근신하다가 2월 5일자로 사직하고 법복을 벗었다.

헌법에 의하여 신분이 보장된 판사가 다른 사유도 아니고, 그가 한 판결의 내용을 문제 삼아 사직 등 불이익을 당하는 것은 사법권독립을 규정한 헌법이 가장 혐오해 마지않는 사태이다. 이와 같은 최하위급의 법치수준을 나타내는 사태들이 군사정권 및 그 이후의 상당 기간까지 일어나고 있었다.

그러나 그 시대의, 그리고 어느 시대든지, 사법부의 구성원들 나아가서는 사법행정의 책임자들 역시, "마음속으로는 이 서글픈 현실을 너무도 잘 알고 있었으나", 차마 용기가 없어 받아들이는 척하고 있을 따름이었다.

이영구 판사의 친밀한 지인들이 전하는 에피소드가 이를 증명하고 있다. 이영구 판사는 전주로 전보된 후, 한 달 가까이 지나, 생각했던 대로 사직서를 제출하기 위해서 당시의 대법원장 민복기 씨 집무실로 방문하였다. 위로의 말과 함께 차 한잔을 대접받은 이영구 판사는 귀를 의심할 수밖에 없는 뜻밖의 말을 듣게 된다. 대표적인 친정부의 법조인이었으며, 법무부장관을 지낸 대법원장의 입으로부터, "당신 같은 판사가 사법부에 세 사람만 있었으면, 내가 대법원장 하기에 좋았을 텐데" 하는 말이 나온 것이었다. 그 말을 들은 이영구 판사는, 일시에, 모든 서운한 마음과 서글픈 감정이 사라져버렸다고 회상하였다고 한다. 사람의 마음은, 더욱이, 법관의 마음은, 용기의 부족으로 드러내 표현하지 않을 따름이지, "마음속으로는 알 것을 다 알고 있음"에 틀림이 없다.

하기야, 박정희 대통령 자신도, 철석같이 믿는 측근에게는 "내가 봐도 유신헌법의 대통령 선출방법은 엉터리야. 그러고서야 어떻게 국민들의 지지를 얻을 수 있겠어?"라고 말했다고 하지 않는가.*

비슷한 사례

미국의 경우 : 드레드 스콧 대 샌드포드, 1853년

미국의 대법원이라고 해서 항상 시대에 부끄러움이 없는 훌륭한 판결만을 해온 것은 아니었다. 1987년 미국 헌법 제정 200주년을 맞아 조엘 조지프(Joel D. Joseph)는 미국 대법원이 남긴 최악의 판결들 23개를 모아 「블랙 먼데이스: 연방대법원의 최악의 선택들(*Black Mondays: Worst Decisions of the Supreme Court*)」"을 출판했는데, 그중에서도 "최악 중의 최악" 2개 중의 하나로 선정된 것이 바로 이 드레드 스콧 대 샌드포드(Dred Scott vs Sandford) 사건의 판결이었다.

이 책에서 조지프는 사법부가 가끔 잘못된 판결을 하게 되는 이유로서 2가지를 들고 있다. 하나는 전시와 같은 국가적 위기 때에 내려진 판결이고, 둘째는 법원이 판결을 내리면서 지나치게 역사나 관행에 의존하는 경우이다. 즉 시대의 변화를 감지하지 못하고, 아니면, 시대의 변화에 억지로 눈감아버리면서 이전의 사회적 관행이나 이전 판례를 무비판적, 맹목적으로 따름으로써 총명함과 현명함을 잃게 되는 경우이다. 그는 바로 이 판결이 시대의 흐름을 잘못 읽고, 무심하

---

* 남덕우, 「경제개발의 길목에서」, 삼성경제연구소, 2009, pp.181-182

게 과거의 관행을 따름으로써 두고두고 부끄러움을 남긴 경우에 해당 된다고 생각했다.

시대적 배경

미국의 노예제도는 영국의 식민지시대부터 뜨거운 논란의 대상이 된 골치 아픈 문제였다. 당시 상공업과 금융업이 발달하여 상대적으로 노예의 역할이 크지 않았던 북부의 주들은 노예제도에 부정적이었다. 그러나 담배, 목화 등 대규모 플랜테이션 중심의 경제구조를 가져 노예의 역할이 컸던 남부의 주들은 노예제도를 지지하였다. 영국과의 독립전쟁 기간 동안에는 내부의 단결을 위하여 이 문제를 덮어두었으나, 독립을 이룬 후에는 본격적으로 정치문제화되었다.

더욱이, 미합중국이 처음 시작될 당시의 13개 주(state) 이외에, 유럽 열강의 식민지였던 미국 서부의 여러 지역들이 연방에 준주(準州, territory)로 편입되면서부터 어떠한 해결책을 마련하지 않을 수 없었다. 그리하여 노예제도 지지파와 반대파는 협상을 벌여 1820년 미주리 타협(Missouri Compromise)을 체결하였다. "미주리 주를 제외하고는, 북위 36도 30분 위쪽의 모든 지역에서 노예제도를 금지"하기로 한 것이다. 따라서 미주리 주에서는 노예제도를 허용한 결과가 되었다.

사건의 경과 및 개요

군의관인 에머슨 박사는 노예 허용 주인 미주리 주에서 노예인 드레드 스콧을 "구입하여" 데리고 있던 중, 1834년 그 노예와 함께 노예를 허용하지 않는 자유 주(free state)인 일리노이 주로 이주하였다. 그

후 1836년에는 자유 주인 미네소타 주로 다시 이주하였다가 퇴직한 후 결국 미주리 주에 돌아와 정착하여 살던 중 1843년 사망하였다. 따라서 스콧의 소유권은 사망한 에머슨의 부인에게 귀속되었다.

스콧은 대가를 지급하고 자유인이 되기를 원하였으나, 에머슨 부인이 이를 거절하자 1846년 미주리 순회 법원에 소송을 제기하였다. 1850년 법원은 스콧의 손을 들어주었으나, 부인이 상고하였고 미주리 주 최고법원은 1852년 1심 법원의 판결을 뒤집었다.

스콧은 1853년 연방대법원에 제소하였는데, 그동안 에머슨 부인은 스콧에 대한 관리권을 그 오빠인 샌포드(Sanford)에게 넘겨주었다. 그리하여 이 유명한 사건은 드레드 스콧 대 샌드포드(Dred Scott vs Sandford)로 이름이 붙여지게 되었다.(사건 이름에 들어간 그의 이름이 샌포드[Sanford]가 아니라 샌드포드[Sandford]가 된 것은 법원 서기의 오타 때문이었다.)

연방대법원은 1856년 2월에 첫 번째 심리를 하였는데, 스콧이 미합중국의 "시민(citizen)"으로서 연방대법원에 제소할 자격이 있는지가 집중적으로 논의되었다. 9명의 대법관의 의견이 4 대 4로 나뉜 가운데 마지막 한표를 쥔 새뮤얼 넬슨(Samuel Nelson) 대법관이 다시 한번 심사를 거치자고 제안하여 결론이 미루어졌다.

같은 해 12월 중순 연방대법원은 4일간의 구두변론을 마치고 1857년 2월까지 휴정하였다. 그 동안에 존 캐트런(John Catron) 대법관은 "극히 이례적으로", 그의 오랜 친구이자, 직전에 실시된 미국 대통령 선거의 당선자인 뷰캐넌에게 이 문제에 관한 자문을 구하였다.

당선자는 명확한 입장표명을 거부하면서, "대법원이 어떤 결정을 내리든 미국 국민은 이를 수긍할 것"이라는 내용을 취임 연설에 담았다. 뷰캐넌의 대통령 취임선서가 있은 지 이틀 뒤인 1857년 3월 6일 연방대법원은 7 대 2의 의견으로 스콧에게 패소판결을 내렸다.

다수의견 : 흑인노예는 "시민"이 아니다

7 대 2로 의견이 갈린 판결에서 당시 대법원장이던 로저 태니(Roger Taney) 대법관이 다수의견을 대표하여 집필하였다. 판결문은 이 사건이 소송요건을 갖추었는지의 형식판단의 문제 그리고 이 사건 청구가 정당한지의 여부에 관한 실체판단의 문제 2가지로 나누어 기술하고 있다.

먼저 형식판단의 문제는, 원고 스콧이 과연 미국 헌법에서 말하는 시민에 해당되어, 연방대법원에 소송을 제기할 자격이 있느냐의 문제로 귀결되었는데, 다수의견은 다음과 같이 판시하였다.

"흑인(African Americans)은 미국 헌법에서 말하는 '시민(citizen)'이 아니다. 따라서 연방대법원 및 하급 연방법원은 이 사건을 심리할 수 있는 관할권을 가지고 있지 않다. 연방헌법 제 3조 제2항은 서로 다른 주의 '시민들' 사이의 사건에 대해서만 연방법원에 심리할 권한을 주고 있기 때문이다." 여기에서 말하는 "시민"이라는 개념을 정의하기 위해서는 "헌법을 기초한 제정자의 의도"를 고려해야 한다. 그렇다면 "헌법을 제정할 당시에는 아프리카인의 후손들은 노예이건 자유인이건 간에 열등한 부류의 족속으로 간주되었고 그리하여 그 열등한 정도가 극심하여 백인들이 그들의 권리를 존중해줄 필요가 전혀 없었던 것이다. 당 법원은 미국 헌법을 해석할 때에 그 헌법이 원래 제정될 당시에 포함시키고자 의도했던 것보다 더 이상의 자유주의적인 해석을 해서는 안 된다고 믿는다. 따라서 아프리카인의 후손들은 여기에서 말하는 시민이 아니며, 그 결과로 미국 헌법이 미국의 시민에게만 부여하는 여러 가지 권리 및 특권을 주장할 수 없다. 그리고 이 특권 중에는 연방법원에 제소할 권리도 포함되는 것이다."

따라서 이와 같은 논리에 의한다면 스콧의 이 사건 제소는 부적법한 것으로서 각하되어야 하고, 그 결과로 더 나아가 사건의 본안에 관하여는 판단할 필요도 없다.

그러나 미국 대법원은 "친절을 베풀어서" 사건의 본안에 관하여서도 다음과 같은 2가지의 판시를 더하고 있다.

첫째 준주의 입법권에 관한 것이다. "아직 합중국의 정식 주로 되지 못한 준주에서는 그 내부 작용을 규제할 수 있는 의회의 권한이 제한되어 있다. 따라서 준주에서 시민들의 노예 소유를 금지하는, 즉 노예제도를 금지하는 의회의 입법권은 연방헌법에 의하여 보장된 것이 아니고 그 결과로 그러한 의회의 입법은 무효이다. 이상과 같은 이유로 준주들이, 정식 주가 아님에도 불구하고, 그들의 지역 내에서 노예제도가 허용되는지의 여부를 규정하는 것은 연방헌법에 위배되는 것이고 따라서 소위 미주리 타협은 위헌으로 무효이다."

둘째는 재산권의 보장과 관련되어 있다. "노예는 그가 '자유 주'에 들어갔는지 아니면 '준주'에 들어갔는지에 따라서 자유인이 되거나 안 되거나가 결정될 수는 없다. 만약 그렇게 된다고 한다면, 미국 수정헌법 제5조에 의하여 규정되고 있는 '적법절차'의 원칙에 의하지 않고는 노예의 소유자들로부터 그 재산권을 박탈해버리는 결과가 되기 때문이다. 따라서 미합중국의 시민이 그 소유물인 노예를 단지 '특정한 준주'에 데리고 갔다는 이유만으로, 그의 재산권이 박탈된다고 하는 것은 헌법에 위반된다."

결론적으로 드레드 스콧과 그의 가족들은 미국시민의 "재산"이고, 그들이 단지 자유 준주(free territory)에 들여보내졌다는 사실만으로 자유롭게 될 수는 없다는 것이다.

소수의견 : 노예는 단순한 "재산"이 아니다

매클레인 대법관이 소수의견을 집필하였다.

먼저 형식적 소송요건인 "시민"의 자격에 관하여서 논했다. "스콧은 그 조상이 흑인인 것은 틀림이 없다. 그러나 그렇다고 해서 연방법원에 제소할 권한이 있는 미주리 주의 시민이 아니라고 할 수는 없다. 즉 이러한 의미에서의 "시민"의 자격을 갖추기 위해서는 반드시 "선거권자"의 자격을 필요로 하는 것은 아니다. 여성이나 혹은 미성년자라도 연방법원에 제소할 수 있으며, 그들의 권리가 보호받고 있는 주 안에 "주소(permanent domicile)"를 가지고 있기만 하면 될 수 있다. 우리의 헌법과 법률 아래에서 태어나기만 하였으면, 설사 외국인이라고 하더라도 별도의 귀화절차 없이 시민이 될 수 있다.

이와 같은 의미에서의 "시민"이라는 개념을 가장 일반적이고 적절하게 표현하는 용어는 "자유인(freeman)"이다. "자유인"이고 또한 주 안에 "주소"를 가지고 있기만 하면, 법에서 말하는 "시민"이 되는 것이고, 연방법원에 소를 제기할 수 있다.

다음은 본안에 관한 설명이다. 먼저 각각의 주 의회가 그 재량권의 행사로서 준주 정부(Territorial Government)를 설립할 권한을 가지고 있다면, 법원이 이러한 재량권을 통제할 수 없다는 것은 너무나도 당연하다. 따라서 "미주리 타협"이 재산권의 박탈을 의도한 것이 아님에도, 다수의견이 이를 무효로 선언하는 것은 도저히 이해할 수 없다.

그리고 노예는 단순한 재산이 아니다. 노예 역시 창조주의 손길이 미친 불멸의 영혼을 가진 존재이다. 유색인종이 미국사회의 구성원이 아니고 미국시민의 자격을 갖추지 못했다고 주장하는 것은 인종차별에 동조하는 것이다. 미국의 독립은 자유의 역사 속에서 이루어졌다. 미국 정부가 특별히 유색인종만을 위해서 구성된 것은 아니었지만, 정부수립 당시 뉴잉글랜드 주의 시민 가운데는 흑인들도 다수 포함되어 있었다. 지성인이라면 흑인의 지위는 시간이 지남에 따라서 개선될 것이라고 믿어 의심치 않았다.

판결 이후 상황의 진전과 변화

연방대법원으로부터 1857년 3월 6일 패소판결을 받은 스콧은 2개월 뒤인 1857년 5월 자유를 얻었다. 에머슨 부인의 새 남편이 아내를 설득하여 스콧을 해방시키도록 했기 때문이었다.*

그러나 이 판결에 미국 대법원의 200여 년의 역사상 최악의 판결이라는 오명을 씌워준 상황은 너무나도 빨리 찾아왔다. 이 판결로 노예제를 둘러싼 남북간의 갈등은 극에 달하였다. 남부는 축제 분위기였지만, 북부는 그 동안의 여러 조치들이 모두 위헌이 될지도 모른다는 불안감에 휩싸였다.

상황의 극적인 반전은, 판결 1년 후 일리노이 주에서 혜성같이 나타난 정치 신인 에이브러햄 링컨(Abraham Lincoln)에 의하여 이루어졌다. 스콧 대 샌드포드 판결의 부당성을 비판하면서 지지층을 확보한 링컨은 1860년 선거에서 대통령으로 당선되었다. 대통령 취임식의

---

* 그는 힘들게 얻은 자유를 1년 남짓밖에 누리지 못하고 1858년 9월 17일 결핵으로 숨을 거두었다.

선서를 집전한 인물이 이 판결의 다수의견을 집필한 태니 대법원장임은 역사의 희극이었다.

링컨이 대통령 취임을 한 1861년 4월 갈등은 폭발하여 미국 역사상 최대의 비극인 남북전쟁(Civil War)이 일어났고, 쌍방간에 막대한 피해를 남긴 채 4년 후인 1865년 4월에야 끝났다.

전쟁종료 직후인 1865년 12월 18일, 그러니까 대법원 판결이 있은 지, 불과 8년여 만에 미국 헌법이 개정되어, 이 판결은 공식적으로 폐기되었다. 수정헌법 제 13조 제1항은 "노예제도는 합중국 및 합중국의 관할에 속하는 어느 지역에서도 금지된다"고 규정한 것이다. 이 헌법조항으로 노예제도는 불법화되었고, 흑인의 투표권은 승인되었다.

제8장

사법부에 의한 국가권력의 견제

—"묵인" 또는 "용기"

1. 사건의 발단

여기에서 검토의 대상으로 삼은 판결(대법원 2003. 1. 10. 선고 2002다51333 사건)은 전원합의체 판결도 아니고, 한 부에서 한 판결이며, 판결문도 3페이지에 지나지 않고, 판결이유 2페이지 중에서 검토대상이 되는 부분은 "심리미진의 위법이 없다"는 한 줄에 불과하다.

따라서 판결문 자체를 검토하는 것은 의미가 없고, 오히려, 이 사건의 심리과정이 어떠하였는지 그리고 그 과정에서 법원은 어떠한 태도를 취하였는지가 관심의 대상이다.

따라서 먼저 이 사건의 발단부터 거슬러올라갈 필요가 있다. 구태여 불교의 심오한 교리를 빌려오지 않더라도, 세상만사 그 인과의 고리를 따져보면, 전혀 엉뚱한 곳으로까지 이르게 되기도 한다. 이 사건의 씨앗은 엉뚱하게도 1997년의 외환위기에서 뿌려졌다. 1997년의 위기로 외환부족에 대한 관심이 급증하자, "어떠한 사유로"—어쩌면 앙심에 따른 고자질로—1998년 모 재벌 그룹 회장의 외화밀반출 혐의가 수사대상에 오르게 되었다.

상황이 이와 같이 급박하게 되자, 이 그룹의 회장은 사건수습을 위한 방책으로 미국에 거주하는 사업가로서 당시의 검찰총장과 가까운 사이로 알려진 이 사건 원고를 회사의 고문(또는 부회장)으로 초빙하여 대외업무를 맡게 하였다.

이러한 임무를 부여받은 이 사건 원고는 1999년 2월 하순경 사태의 수습방안을 타진하기 위하여 검찰총장실을 방문하였다. 그 자리에서 검찰총장은 원고에게 대통령 비서실 법무비서관으로부터 입수한 "검찰총장 부인 관련 비위 첩보 내사 결과"라는 보고서의 사본을 건네주면서, "자신의 부인이 관련된 소위 옷 로비 사건—외화밀반출 사건을 무마하기 위하여, 이 재벌회장의 부인이 검찰총장의 부인에게 고가의 옷을 선물하였다는 사건—이 더 이상 번져 문제가 되지 않도록 협조해줄 것"을 "은근히 강요하였다."*

그런데 이 보고서를 받은 원고는 이와 같은 검찰총장의 위선과 권위적 태도에 반감을 품고 총장실을 나오자마자, 이를 언론에 공표해 버리고 말았다. 이 행위로 말미암아 그는 검찰총장 및 검찰조직 전체로부터 단단히 미움을 받는 존재가 되어버렸다.

상황이 예기치 못한 방향으로 흘러갔고, 체면을 잃게 된 검찰은 "전가의 보도"인 정보력과 수사권 및 기소권을 발동하여 원고에게 압박을 가하기 시작하였다. 우선, 이 언론공표가 있은 지 불과 3개월이 지나지 않아, 1999년 5월 10일에 원고의 여비서로부터 고소장이 접수되었다. 내용은 원고의 비서로 일하면서 그와 부적절한 성관계를 가진 적이 있다는 것이었다. 어떠한 경위로 갑작스레 이러한 고소가 이루

---

* 검찰총장은 결국 이 서류를 넘겨주어 공무상 비밀을 누설한 죄로 구속되어 유죄판결을 받게 되었다.

어졌는지 알 수 없지만, 어쨌든 절묘한 시점에 이런 일이 일어났다. 그러나 원고 역시 신속히 대응하여, 그의 부인이 "처벌을 원치 않는다"는 의사표시를 함으로써 이 에피소드는 없는 일로 되었다.

이어서, 그 무렵(5월경) 출입국관리사무소는 원고가 관광비자로 입국하였으면서도 그동안 이 재벌기업의 고문(또는 부회장)으로 취업하여 상당한 금액의 보수를 받았으므로, 출입국관리법을 위반하였다고 조사, 기소하였다. 그리고 그 결과 그는 벌금 1,000만원을 선고받았다.

또한 미국에 거주하는 어느 여성으로부터 1999년 12월 1일자로 원고로부터 공사대금을 편취당하였으니, 조사해달라는 진정서가 청와대에 접수되어 수사기관에 이첩되었다.

이와 같이 진흙탕 싸움이 계속되는 도중, 1999년 12월 원고가 자신의 아들 관련 가족행사(약혼식)가 미국 하와이에서 있게 되어, 11월 말경 하와이로 출국하게 되었다. 그런데 원고는 출국심사대에서 뜻밖에도 본인이 출국금지 처분을 받았음을 처음으로 알게 되었고, 그 결과 하와이에서의 가족행사는 엉망이 되어버리는 모욕을 당하였다. 법규정에 의하면 "특별한 사정이 없는 한" 출국금지 결정이 있으면 이를 바로 그 대상자에게 통지하도록 되어 있으나, 그는 그러한 통지를 받지 못하였던 것이다.

참을 수 없는 모욕과 망신을 당한 원고는 마지막 수단으로 법원에 호소하여, 행정소송으로는 출국금지 처분의 취소를 구하고, 민사소송으로는 불법한 처분으로 입은 손해의 배상을 청구하는 소송을 제기하기에 이르렀다.

2. 소송의 진행경과

먼저 행정소송은 원고가 출국정지를 당한 3개월 후인 2000년 3월에 제기되었고 2000년 6월에 1심 판결선고, 2000년 9월에 2심 판결선고가 있었으나, 피고인 국가가 스스로 출국정지를 취소함으로써 그대로 마무리되었다.

이어서 원고는 2000년 10월 10일에 국가를 상대로 한 손해배상의 민사소송을 제기하였다. 청구의 원인사실은, 피고(출입국관리사무소)가 1999년 11월 27일자부터 2000년 3월 3일까지 1회부터 6회까지 모두 6차례에 걸쳐서(각 10일씩 및 10일의 연장) 출국정지 처분을 하였는데(이중 1차 출국정지 처분에 의하여 원고가 출국을 실제로 금지당하여 되돌아온 일이 있음을 앞에서 보았다), 그 출국정지 사유로 삼은 혐의들이 모두 "부적법하거나 자의적이어서 불법하다"는 것이었다.

1심재판에서 원고와 피고 쌍방간의 공방은 거의 전부가 이 6차례의 출국금지 사유로 삼은 내용들이 적법한 것이었는지 여부에 집중되었다. 그러나 그 공방내용은 여기에서 검토하고자 하는 논점과는 전혀 상관이 없으므로 이에 관한 설명은 생략하기로 한다.*

여기에서 살펴보고자 하는 핵심은, 절차의 진행—피고측 증거가 너무나 "뒤늦게" 제출되었고, 이로 인한 그 증거의 진정성에 대한 강력한 의심—에 관한 것이다. 이 점에 관련하여 피고(소송수행자)는 의심받을 만한 행위를 여러 차례 행했다. 우선 행정소송이건 민사소송

---

* 참고로 판결내용은 원고 일부 승소로 인정되어 약간의 손해배상금을 인정받았다.

이건 간에 이 사건의 핵심쟁점이 출국금지 처분의 적법성을 다투는 것인 만큼, 소송의 첫 단계에서 당연히 이 사건 "6차례의 출국정지 결정"이 증거로 제출되었어야 했을 것이다.

그러나 기이하게도 먼저 제기되어 진행된 행정소송 사건에서는 끝까지 이 결정문이 제출된 적이 없었다. 이에 대해서는 행정소송의 1심 판결문 중에 "원고에게 내려진, 종전 반복된 10일간씩의 출국정지 처분에 대해서 피고가 어떠한 내용의 수사를 이유로 출국을 정지하였는지에 대한 아무런 주장, 입증을 하지 아니하고 있고……"라고 명시하고 있기까지 하다.

다음으로, 이러한 출국금지 결정문은, 아무런 이유 설명도 없이, 민사소송이 제기된 지 한참이 지난 이후에야 법원에 제출되었다. 나아가, 더욱 의혹을 부추기는 점은, 가장 중요한 첫 번째 출국금지결정이 2심 재판의 최초이자 최종변론 기일인 2002년 7월 4일에 이르러서야 비로소 제출이 되었는데, (2심 재판은 2002년 6월 14일 최초의 준비기일이 열렸고, 이어 2002년 7월 4일에 1차례의 변론기일로 심리가 종결되었다) 왜 그렇게 늦게 제출되게 되었는지에 대한 아무런 설명이나 해명도 역시 없었다.

이러한 상황에서 건전한 상식과 합리적인 사고방식을 가진 법조인이라면, 당연히 뒤늦게 제출된 6개의 출국금지 결정문, 그중에서도 특히 "가장 늦게 제출된, 그러나 이 사건에서 가장 중요한 1차의 출국금지 결정문"이 "사후에 조작된", "뒤늦게 필요에 맞추어 만들어낸", 서류라고 의심하거나 아니면 추정하는 것이 마땅할 것이다.

실망스러운 재판부의 태도

2심 재판의 최초이자 마지막 변론이 되어버린 2002년 7월 4일의 변론기일에서 원고의 변호인은 이 점을 강력하게 부각시켜 다음의 2가지 조치를 요구하였다. 즉, 이 서류의 진정성에 강력한 의심이 가는 만큼, 첫째 이 출국정지 결정을 한 담당 공무원 본인이 누구인지를 확인하여 그를 증인으로 법정에 출석시켜줄 것, 둘째, 보다 과학적인 방법으로는 이 출국금지 처분을 작성한 컴퓨터를 개별적으로 특정하여, 이에 대한 컴퓨터 전문가의 과학적인 검증, 감정을 거쳐, 과연 그 일시에 그 문서가 작성되었는지를 조사하여줄 것을 요구하였다.

이와 같은 간곡한 요청에도 불구하고, 재판부는 "시기에 늦은 공격방법"이라고 단정하면서, 냉정하게 받아들이지 않았다. 이제는 3주일 뒤의 선고기일만이 남은 상황이었다. 변호인으로서 더 이상의 할 수 있는 일이 남아 있지 않았지만, 안타까운 심정에서 법률적으로는 아무런 의미도 효과도 없는 것이라는 점을 잘 알면서도 판결을 열흘 앞둔 시점에서 다음과 같은 "참고 준비서면"을 작성하여 제출하였다.

참고 준비서면

가. 이 사건이 발발된 후 2년 6개월이라는 오랜 시간이 흘러, 판결을 목전에 두고 이 사건을 맡아 처리하게 된 저의 변호인들의 이 사건을 보는 시각을 간략히 정리함으로서 마지막 참고서면에 갈음하고자 합니다. 저의 변호인들이 사법부로부터 인정받고자 하는 부분은 크게 다음의 2가지 이외에는 없습니다.

나. 하나는, 피고측의 여하한 변명에도 불구하고, 변호인들은 이 사건 출국정지 처분이 "사후에" 구색 맞추기로 급하게 만들어진 것으로 확신하

고 있습니다. 이와 같은 주장을 감히 하는 것은, 어찌보면 검찰권이라는 국가권력의 행사를 정면으로 불신하고 너무나 무례하게까지 보여질 수도 있다고 생각됩니다. 그러나, 그럼에도 불구하고 당 변호인들은 이러한 무례한 주장을 감히 펴지 않을 수가 없습니다. 당 변호인들의 위와 같은 주장의 타당성을 공박의 여지가 없이 철저히 입증하기 위하여는 피고측에 대해서는 가혹하게 여겨질지 모르겠지만, 1) 이 사건 "출국정지 처분을 실무적으로 내린 담당 공무원 본인의 성명을 비롯한 인적사항을 개인적으로 확정"하고, 그 담당 공무원 본인을 증인으로서 법정에 출석시켜서, 그 결정이 진정으로 적시(適時)에 있었는지의 여부를 철저히 추궁하였어야 할 것이고, 2) 보다 강력하게 퇴로를 차단하기 위하여는, 위 "출국정지처분이 작성된 컴퓨터를 개별적으로 특정"하여 그 컴퓨터에 대한 전문가에 의한 과학적 검증, 감정을 거쳐, 과연 피고가 주장하는 그 일시에 그 문서가 그 컴퓨터에 의하여 작성되었는지를, 과학적인 방법으로 확정시키는 것일 것입니다.(이는 과학적으로 가능함이 확인되어 있습니다.)

다. 다른 하나는, 이 사건 하나의 승패를 떠나서 보다 고차원적으로, 삼권분립의 원칙에 입각하여, 사법부에 의한 행정권(즉 검찰권)의 통제 및 견제를 실현시킴으로써, 국민으로부터 충분한 신뢰를 받지 못하고 있는 형사사법 특히 사법부에 대한 국민들의 신뢰를 증진시켜보고자 하는 것입니다.

주지하는 바와 같이, 최근 수십 년 간의 우리 사법부의 역사는 객관적으로 돌이켜보면 결코 영광스럽고 자랑스러운 역사라고는 자신 있게 말할 수 없는 측면이 있다고 생각되고, 그 근본적인 원인은(여러 가지 정치적인 상황에 기인한 것이기는 하였지만) 너무 지나치게 강력한 행정부 그리고 이에 따라 지나치게 위축된 사법부의 업무 행태에 있었다고 여겨

집니다. 본 변호인들의 조그맣고 하찮은 이 사건의 판결을 통하여 위와 같은 바람직한 사법부의 모습의 일단을 보고 싶은 심정입니다.

이 점은 워낙 간절한 본 변호인들의 소망이기에, 다시 한번 아래의 문구를 적음으로써 마지막의 참고 준비서면을 마무리 지으려고 합니다.

"만약 이 사건에서 피고가 주장하는 바와 같은 주장과 증거자료들을, 다른 민사사건에서 검찰이 아닌 다른 일반 당사자가 주장하고 제출하였다면, 과연 법원은 이를 받아들이고 원고의 주장의 타당성을 배척하는 것이 법원의 일반적인 민사 사건 처리 기준인지 묻고 싶습니다. 이 사건 피고가 제출하는 주장과 문서들은 형식상 모두 공문서로 작성되어 있습니다. 그리고 법원이 공문서에 대해서는 보다 우월적인 증거력을 인정하고 있는 것도 잘 알고 있습니다. 그러나 그러한 근본이유는 공문서는 사문서와 달라 작성자가 개인적인 이해관계에 따라 허위로 작성될 가능성이 훨씬 적기 때문인 것임은 우리 모두가 잘 알고 있습니다. 그렇지만 이 사건의 경우에 있어서는 상황이 전혀 다릅니다. 오히려 상황이 전혀 반대라고 생각됩니다. 여러 정황이나 사건의 성질상, 이 사건 공문서(출국정지의 서면들)는 그 신빙성이 크게 의심받고 있는 상황입니다. 그렇다면 만연히 공문서의 진정 성립의 추정이론에 가탁하여, 실체적 진실을 외면함으로써, 막강한 국가권력의 행사를 통제, 견제하고, 더 이상 기댈 곳 없는 국민의 사법부에 대한 기대를 저버려서는 아니될 것이라고 생각합니다."

흔히, 판사의 덕목으로서 성실, 정직, 용기의 세 가지를 들고 있습니다. 그러나 이중에서도 용기가 가장 중요한 덕목이라고 본 변호인들은 생각하고 있습니다. 부디 사법부의 용기 있고 단호한 판단을 기대합니다.

한 차례 선고기일을 연기한 후 2002년 8월 1일 예상했던 대로 재판부는 변호인의 위와 같은 간절한 소망을 받아들이지 않고 그대로 판결을 선고하였다. 손해배상 액수는 1심의 2,000만원보다 약간 증액하여 2,500만원이 인정되었으나, 이는 관심의 대상이 아니었다.

숙고 끝에 대법원에 상고하여 핵심쟁점—증인신청 및 컴퓨터 검증, 감정신청의 불채택—에 대한 용기 있는 최종판단을 받아보기로 하였다. 상고이유의 핵심은 위와 같은 증인신청과 컴퓨터 검증, 감정신청을 원심법원이 받아들이지 않은 것은 심리미진에 해당되어, 파기되어야 한다는 것이었다. 상고된 지 4개월 정도 지나 2003년 1월 10일 대법원의 판결이 내려졌다. 2페이지의 짧은 판결이유 중에서 변호인이 핵심사항으로 주장한 부분에 대해서는 "기록에 의하면……상고이유로 주장하는……심리미진의 위법이 없다"는 2행이 전부였다.

이로써 이 사건은 법률적으로 마무리되었다.

3. 뒷이야기들 그리고 남는 생각

이 사건 판결의 분석을 여기에서 그친다면, 이는 문제의 본질을 놓치는 것이다. 진정 중요한 점은 그 이면에 숨어 있다.

먼저, 검찰이 보여준 "적극적" 실망감이다. 이는 다음의 2가지로 집약된다. 하나는 검찰의 "비신사적인" 모습이다. 이 사건의 원고가 청와대의 내사보고서를 외부에 공표하여 검찰을 불편하게 한 일은 1999년 2월 하순경에 일어났다. 그런데 이로부터 겨우 "3달 정도"가 지나서, 원고가 그의 여비서와의 사이에 부적절한 관계가 있었다는 피해자 여성으로부터 고소가 이루어졌다.

어떻게, 왜, 이런 일이 일어났는지 궁금할 뿐이지만, 혹시라도 "비합법적인" 방법을 동원하여 그 내밀한 정보를 얻고, 전략적인 작업이 이루어진 것은 아닌지 충분히 의심받을 만하다. 더욱이 이 여성은 고소 후 2개월이 지난 7월 9일에 앞의 "고소가 진심이 아닌 것, 그리하여 원고의 용서를 구한다"는 내용의 장문의 글을 원고에게 보냈다는 사실은 이를 어떻게 받아들이는 것이 합리적일까? 나아가, 이러한 상황을 검찰수뇌부가 검찰개혁이 문제가 될 때마다 개혁방안으로 제시하는 "별건수사" 금지, "보복수사" 금지와는 어떻게 다른 것인가?

다음은 이 사건 소송의 진행과 관련하여 검찰의 소송수행자가 보여준 "석연치 않은" 태도들이다. 우선 소송수행자는 이 사건의 내용상 중요한 증거자료인 "출국금지처분" 서류(6차례 처분 중 맨 뒤의 5개 처분에 관한 것)를 1심 소장이 접수된 2000년 10월 10일에서 거의 6개월이나 지난 2001년 3월 29일에야 법원에 제출하였다. 더욱이 이 날짜는 1심재판의 "변론 종결일"이었다 어찌하여 그렇게 "늦게" 그리고, "절묘한" 시점에 제출되었는가?

더욱 의혹을 증폭시킨 것은, 원고측이 강력하게 주장한 이러한 변조 의심에 대해서 설득력이 있는 해명을 전혀 하지 않다가, 최종적으로 1심 변론이 종결되는 2001년 9월 20일에 이르러서야 "국가가, 따라서, 공무원이 직무상 작성한 것으로 보이는 서류가 '변조'되었을 리는 없다"는 식으로 궁색한 변명만을 하고 있었다.(이 답변은 소송수행자인 "검사 명의"로 작성되었다.)

가장 결정적인 따라서 "치명적인" 행위는 2심 재판과정에서 일어났다. 즉 2심법원은 재판기일을 단지 2차례 열었는데, 2002년 6월 14일의 첫회기일(준비절차 기일)에서, 검찰측은 1999년 11월 27일 이 사건

1차 출국금지 결정이 있은 지 무려 "2년 7개월"이 지난 시점에서 비로소 핵심증거 중의 핵심증거인 이 사건 최초의 출국금지결정서를 법원에 제출한 것이었다. 물론 이에 대해서는 아무런 해명도 없었다.

당연히 원고측은 강력하게 의혹을 제기하였으나, 묵묵부답이었다. 이 점에 대한 유일한 변명은 쌍방이 상고한 상고심에서, 원고측이 제출한 상고이유서에 대한 답변서의 형식으로 간략히 이루어졌다. 제출지연 사유에 대해서는 일언반구도 없이, 다만 "국가공무원이 직무상 작성한 것으로 여겨지는 서류인 만큼, 변조(곧 소급작성)되었을 리가 없다"는 취지였다.*

다음, 원고측을 진정으로 실망시킨 행태는, 사법부의 편파적, 소극적, 강압적 소송진행 태도였다. 결정적인 최초의 출국금지 결정이 이 재판에서 2002년 6월 14일 2심 준비절차 기일에서 제출되자 원고측은 그 진정성에 강력한 의문을 제기하면서, 2002년 7월 4일의 변론기일에서, 첫째, 그 서면을 작성한 공무원의 실명 제시요구와 이에 대한 법정증인 신청, 둘째, 그 서면을 작성한 컴퓨터의 특정과 이에 대한 전문가의 검증, 감정신청을 요구하였다. 전문가가 컴퓨터를 분석, 조사하면, "실제로 그 문서가 작성된 날짜"(따라서 그 문서에 "작성일자로 기재된 날짜"가 아닌 날짜)를 쉽게 알 수 있는 것은 이미 널리 알려진 지식이다.

상황이 이와 같이 막다른 골목에 이르고, 검찰측이 최악의 궁지에 몰리게 되자, 우리들을 크게 실망시키는 비상식적인 조치가 법원에

---

* 그런데, 이상하게도 이 답변서는 검사가 아닌, 가장 직급이 낮은 공무원인 "검찰서기보"의 이름으로 작성되어 있었다. 혹시라도 만에 하나 일이 잘못 진행되었을 경우의 위험성(?)에 대비한 것은 아닐까 의심한다면 지나친 억측일까?

의하여 이루어졌다. 그 서류가 뒤늦게 제출되었고, "제출되자 바로 지체 없이" 이에 대한 탄핵조치를 원고가 취하였음에도 불구하고, 법원은 이를 "시기에 늦은 공격방법"이라고 "강변"하면서(역설적이게도, 원고 주장의 타당성을 너무나도 잘 감지하고 있었으므로), 증거신청들을 받아들이지 않고 강압적으로 그 신청철회를 강요한 것이다. 예측한 대로, 2심은 이러한 원고측 주장을 받아들이지 않고 판결하게 되었다.

상고심에 이르러 원고측은 다른 모든 상고이유를 포기하고, 오직 한 가지 즉, 원고측의 증거신청(증인 및 감정)을 받아들이지 않은 조치는 "심리미진"에 해당한다는 주장만을 집중적으로 제기하고, 사법부의 결단과 용기를 촉구하였다. 그러나 상고심 역시 "심리 미진의 위법이 없다"는 단 한 줄로서 이 사건을 마무리지었다. 그렇지만, 대법원은 "내심으로" 원고측의 "억울함"을 감지하고 있었음을 나타내기에 틀림없는, "여기에서는 적을 수 없는"(따라서, "다른 곳"에서는 "구두로는" 말할 수 있는) "은밀한"(그러나 전혀 합법적인) 조치를 취해주었다. 대법원은 용기가 없었을 뿐이었지, 진상을 모르고 있지는 않았던 것이다.*

위와 같은 과정을 거치고 속사정을 감지하면서, 사법부에 대한 애정과 소망을 가진 법조인이라면, 느끼지 않을 수 없는 생각이 침전물로서 남는다. 하나는, 결과보다는 절차를 중시하는 선진법치국가의 이념에 관련된다. 이 사건 제1차 출국금지 결정일자의 변조 여부는

---

* 이와 같은 느낌은, 같은 직업을 오랫동안 해온 사람이라면 육감적으로 느낄 수 있는 내용이다."

“하느님과 그 당사자”이외에는 아무도 모른다. 어쩌면 여러 의혹에도 불구하고 진정으로 그 날 작성되었고, 어떠한 사정으로 뒤늦게 법원에 제출되었을 수도 있다. 그러나 그럼에도 불구하고 그 진위를 가리는 절차적인 요구, 즉 컴퓨터 감정은 받아들였어야 하는 것이 절차중시의 법치주의가 요구하는 바일 것이다.

우리가 잘 아는 미란다 법칙, 위법수집 증거의 증거능력 배제, 유일한 자백의 증거능력 배제, 전문증거 배제 등의 현대 선진법치국가에서 인정되는 많은 원칙들이 모두 결과보다 절차를 중시하는 사고의 결과이지 아니한가? 하지만 우리의 사법부는 이를 거부하는 법조후진국의 모습을 드러내었다. 뒤에서 보는 워터게이트 사건의 핵심은 도청 여부와 이로 인한 닉슨의 대통령 당선 여부가 아니라, 백악관이 녹음 테이프를 숨기고 제출하지 않은 것에 있지 않았던가?

둘째는 정의를 실현할 용기의 결여에 관한 것이다. 이 사건에서 만약 법원이 제1차 출국금지 결정을 타자한 컴퓨터의 검증, 감정을 실시하였더라면, 그리하여 그 서류의 작성일자 변조가 드러났다면 검찰은 엄청난 타격을 받았을 것이다. 이 점을 너무나도 잘 알고 있는 사법부는 “눈을 질끈 감고” 막강한 권력자인 검찰 편을 들어줌으로써, 커다란 혜택을 베풀었다. 그러나 그 반대급부로 사법부의 신뢰는 땅에 떨어졌다.

뒤에서 보는, 선배 법관이 서민호 사건에서 보여준, 대통령과도 대립할 수 있는 용기 또다시 워터게이트 사건에서 대통령의 잘못을 질책하는 미국 법관들의 용기가 중요한 것이다. 어느 분야나 마찬가지로 법조선진국으로 가는 길도 역시 마냥 평탄하지만은 않을 것이다. 성찰, 반성, 용기가 요구되는 장면이다.*

4. 통치권력에 대해서도 당당히 정의를 선언한 법관: 서민호 의원 사건

대통령의 절대권력에도 굴하지 않고 정의를 말해야 할 때 말한 기개를 보여준 법관들이 우리나라 사법부에도 드물지 않다. 서민호 국회의원에 대한 살인죄의 범죄혐의에 대해서 정당방위 이론을 적용하여 무죄를 선고한 사건이 그 예이다.

시대적 배경

1948년 8월 15일 제헌헌법이 제정되고 이에 따라 구성된 제헌의회에서 간선제에 의하여 이승만 씨가 대통령으로 선출되어 9월 15일 취임하였다. 그후 1950년에 국회의원 총선거가 실시되었으나, 이승만 지지세력이 대거 낙선하여 야당이 과반수를 차지하게 되자, 2년 후에 있을 대통령 선거에서 간선제로는 재선이 불가능한 상황이 되었다.

이에 이승만은 1951년 12월 자유당을 창당하고 이들을 중심으로 대통령 직선제를 주요 내용으로 하는 헌법개정 작업을 벌이기 시작했다. 이러한 뜻을 모를 리 없는 야당에서는 직선제 개헌을 강력히 반대하였고, 그 선봉에 선 인물이 바로 야당의 서민호 국회의원이었다.

사건의 발단

서민호 의원은 이러한 정치상황 속에서 1952년 4월 24일 전라남도 순천을 방문하던 중에 저녁 8시경 평화여관에서 지역 유지들과 함께

---

* 훗날을 위하여 이 사건의 기록은 처음부터 끝까지 복사되어 사본이 보관되어 있다. 진실의 증명을 위하여서이다.

만찬 회동을 하고 있었다. 그때 육군 대위 서창선이 만찬 장소를 찾아와서 서민호 의원을 향하여 권총을 발사하는 등 행패를 부리게 되었다. 생명의 위협을 느낀 서의원은 여관의 기둥 뒤로 몸을 숨기면서, 소지하고 있던 호신용 권총으로 서창선 대위를 쏘게 되었는데, 그 총탄이 서대위에게 명중하여 현장에서 사망하게 되었다.

사건발생 직후 서의원은 현장에서 피신하였다가 다음날 아침 광주지방검찰청 순천지청에 자진 출두하여 구속되었다. 곧 이어 그는 국회가 있던 부산으로 이감되어 조사를 받은 후 5월 19일 살인죄 등으로 부산지방법원에 기소되었다.

재판의 진행과정

사건의 핵심쟁점은 서의원이 행한 권총발사 행위가 "정당방위"에 해당하느냐에 있었다. 서의원이 정치적 목적으로 구속되었다는 여론도 있었지만, 한편 반대파에서는 "서의원을 죽이라"는 시위대도 있었다.

정치적, 법률적 문제가 뒤섞여 있는 상황에서 국회는 서의원에 대한 석방결의안을 가결하였다. 부산지방법원의 이 사건 담당판사 안윤출 판사는 국회 결의안을 존중하여 구속집행 정지결정을 하고 1952년 5월 19일 서의원을 석방하였는데, 이를 이유로 안판사는 큰 곤욕을 치르게 되었다.*

그후 1952년 5월 25일 이승만 대통령은 비상계엄을 선포하였고, 석방되었던 서의원도 "신변보호 명목"으로 헌병대에 다시 구속되었다. 계엄고등군법회의는 1952년 7월 서의원에게 사형을 선고했다가 곧바

---

* 그는 결국 1958년에 실시된 법관재임용에서 탈락되었다.

로 서의원의 재심청구를 받아들여 징역 8월을 선고했다. 그러나 계엄사령부는 이 판결에 불복하고 다시 재심을 지시하였으나, 고등군법회의는 사건처리를 지체하다가 1953년 5월 7일 국방부장관의 지시로 이 사건을 부산지방법원에 이송하였다.

당시 부산지방법원의 부장판사이던 양회경 판사가 이 사건을 맡아 심리하였는데, 1953년 10월 20일 살인죄 부분에 대해서 정당방위를 이유로 무죄판결을 선고하였다. 이 판결은 우리나라 형사재판에서 "정당방위를 인정한 최초의 판결"로 자리매김하게 되었다.*

판결 이후의 여진

대통령의 강력한 정적에 대해서 사법부가 유죄판결을 내리지 않자, 이승만 대통령은 대법원장에게 불만을 표시했다. 이런 불만은 1956년 2월 제22회 국회 개회식에 보낸 대통령의 치사에도 잘 나타나 있다.

"사법부에 재판관 되는 사람들은 세계에 없는 권리를 행세하고 있으니, 경찰이나 검찰에서 소상히 조사해서 상당한 것을 가지고 재판소에 넘기면 재판소에서는 이것을 막론하고 그냥 백방(白放)해서 내놓고 또 밖에 나가 있게 하며……또 재판관이 잘못된 것이 있더라도 벌을 줄 사람이 없다는 것인데……법이 시행되도록 어떤 방면으로든지 재판장의 권한에 한정이 있어야 되겠습니다"라고 하였다.

이에 대해서 당시의 대법원장 김병로는 아래와 같이 단호하게 대답

---

* 양회경 판사는 당시 상황을 다음과 같이 회고하였다. "서민호 의원 사건 때, 출퇴근을 하면 누군가가 뒤를 밟아 따라다녔고……판결 전에는 온 가족을 다 죽일 것처럼 협박하는 편지와 전화가 수없이 왔지만, 나는 소신에 따른 판결을 했다고 자부한다."

하였다. "법관은 독립하여 재판하는 것이므로 대법원장으로서도 간섭하거나 지시할 수 없고, 대법원이 밀수범을 엄벌해야 한다는 의견을 가지고 있더라도, 일선 재판에 의견을 시달하거나 간섭할 수는 없다. 사법부가 행정부와 협의하여 법을 운영하는 일 역시 있을 수 없는 일이다"라고 법관의 권위를 옹호하였다.

위와 같이 대통령을 상대하여 용감히 정의를 선언한 양회경 판사는 그후 1973년 3월 30일 대법원 판사*로 퇴임할 때까지 20년 동안 더 법관생활을 계속하였다.

물론 어려운 정치상황 아래에서 소신 있는 법관생활을 하는 것이 쉬운 일은 아니었으나, 1959년 5월 20일에 있은 법관연임 과정에서 "본인의 예상을 벗어난" 연임이 되었고**, 1960년 대법원 판사로 임명되어 재직하던 중 1971년 6월 22일 국가배상법 위헌 판결을 한 후, 그 여파로 1973년 3월 30일 법관의 직을 사임하였다.***

비슷한 사례

미국의 경우 : 미국 대 닉슨, 1973년

사건의 발단

1972년은 37대 미국대통령 선거가 있는 해였다. 당시 공화당 후보로서는 현직 대통령인 리처드 닉슨(Richard Nixon)이 재선에 도전하

---

* 당시의 공식 명칭은 대법관이 아니었다.

** 본인의 회고에 따르면, 당시의 법무부장관 홍진기 씨가 소신 있는 법관은 국가가 지켜줘야 한다는 신념으로 연임을 지지했다고 한다.

*** 그 상세한 과정에 대해서는 이 책 pp.76-77 참조.

고 있었다.

사건의 발단은 엉뚱한 곳에서 시작되었다. 5명의 괴한이 수도 워싱턴 시내의 워터게이트 호텔에 마련된 민주당 전국위원회 본부(선거대책본부)에 침입하려다가 발각되어 체포된 소위 "워터게이트 스캔들"이 터진 것이다. 민주당 선거대책본부는 주로 민주당 대선후보자를 위한 선거자금 모금과 선거전략을 짜는 일을 하는 곳이었다.

언론과 정부 수사기관 조사 결과, 침입자들은 당시 닉슨 대통령이 재직하고 있는 "백악관과 연관되어" 있음을 밝혀내었고, 나아가 어쩌면 "대통령 및 그 보좌관들이 어떤 방법으로든지 그들의 권한을 남용하였을지도" 모른다고 폭로하였다.

사건의 진전

사안의 심각성이 두드러지자, 의회는 대통령과 그 보좌관들이 비행을 저질렀는지 조사하기 위한 청문회를 열었다. 이어 법무부장관은 사건의 전모를 밝히기 위한 특별검사를 임명하기에까지 이르렀다.

의회 청문회가 진행되는 과정에서 전 백악관의 참모였던 사람이, "아무 생각 없이, 무심코" "대통령의 모든 집무실에는 녹음장치가 설치되어 있습니다. 이는 단 4명만이 들을 수 있습니다"라고 진술하였다. 그리하여 녹음 테이프에는 아마도 대통령과 그 보좌관들 사이의 대화가 녹음되어 있고, 이 녹음을 들어보면, 그들에게 불리한 결정적 내용, 즉 그들이 민주당 선대본부에 침입한 침입자들과 어떠한 관계가 있는지를 밝힐 수도 있지 않을까 판단하였다. 생각이 여기에 미친 특별검사 콕스는 백악관에게 테이프 제출을 명령하는 영장의 발부를 법원에 요청하였다.

사태가 여기에까지 이르자, 닉슨 대통령은 "국가기밀 유지를 위한 대통령의 특권"을 이유로, 테이프 제출을 거부하고, 한 걸음 더 나아가서, 법무부장관 리처드슨에게 특별검사 콕스를 해임하라고 명령하였다. 그러나 법무부장관이 이 명령에 반발하여 사임하자, 이번에는 법무부차관에게 전화하여 콕스를 해임할 것을 명령했으나, 차관 역시 사임해버렸다. 사태가 이렇게 되자 닉슨은 법무차관보 보크에게 콕스의 해임을 다시 명령하였는데, 그는 행정의 마비를 우려하여 마지못해 콕스를 해임하게 되었다.

그런데, 이와 같은 법무부장관, 차관, 특별검사의 해임이 모두 1973년 10월 23일 토요일 하루 만에 일어났기 때문에, 언론은 이를 "토요일 밤의 대학살"이라고 이름 붙였다. 사태가 이렇게 최악의 상황으로 치닫는 가운데 새로 임명된 특별검사 자워스키는 1974년 7월 24일 워싱턴 특별구 연방법원 판사로부터 "대통령에게 테이프 제출을 명령하는 영장"을 발부받았다.

판사의 명령이 내려지자 닉슨 대통령은 어쩔 수 없이 이를 제출할 수밖에 없었다. 그러나 그는 1974년 8월초 다시 편법을 동원하여 원래의 테이프가 아닌 "편집되고, 축약된" 테이프를 제출하는 꼼수를 부렸다. 여기에는 "대통령은 워터게이트 빌딩 침입이 있고 얼마 후 모든 것을 알았고, 자신의 부하직원들과 함께 이 불편한 사건을 은폐하고 수사를 방해하기로(침묵의 대가로 현금 100만 달러를 지급하기로) 모의했다"는 내용이 포함되어 있었다.

당연히 검사는 법원에 이의를 제기하여, "완전한 테이프"의 제출을 신청하였고, 판사는 이를 받아들였다. 대통령이 이 결정에 항소하게 되어 사건은 연방항소법원으로 넘겨졌는데, 특별검사는 사건의 중요성을 감안하여 바로 연방대법원이 이 사건에 개입해줄 것을 요청하였고 대법원이 이를 받아들이게 되었다.

사안의 쟁점 및 전원일치의 판결

사안의 핵심은 원래 사건이 발생한 곳인 워터게이트 호텔에서 약간 벗어난 곳인 백악관의 대통령 집무실로 옮겨지게 되었다. 즉 닉슨 대통령이 워터게이트 호텔 내의 민주당 선대본부에 침입자를 잠입시키는 데에 "어떤 형식으로든지 관여되어 있었느냐"가 원래 쟁점이었을 것이다. 그러나 사건이 진화하면서 핵심은 오히려, 이 의문점을 밝히기 위한 결정적 증거가 될 수 있는 백악관 집무실 내의 "대화녹음 장치를 판사에게 온전한 상태로 제출해야 할 의무가 대통령에게 있느냐"의 문제로 변질되었다.

닉슨 대통령의 변호인단은 제출의무가 없다고 주장하면서 2가지의 논거를 제시하였다.

하나는 헌법상의 3권 분립의 원칙이다. 즉 입법부, 행정부, 사법부는 각각 독립하여 있기 때문에, 사법부가 행정부에 대하여 어떠한 권한이나 관할권을 가지고 있지 않다는 것이다.

다른 하나는 대통령이라는 지위에서 가지는 특권, 즉 "행정기관의 장에 어울리는" 특권이다. 이 특권은 좀더 설명하자면, "대통령과 그 보좌진들과의 사이에서 일어나는 의사소통은 항상 어떤 수준의 비밀성을 가지고 있다"는 것을 의미한다. 이 특권은 헌법에 의하여 특별히 대통령에게 주어진 권리는 아니지만, 이는 헌법상의 권력의 분립이라는 원칙에 근거하고 있다는 것이다.

대통령의 이와 같은 특권은 다음과 같은 믿음을 반영한다. 즉 행정부에서 일하는 사람들은, 그들의 의견이 국가기관의 다른 부서, 예를 들면 사법부나 아니면 일반대중에게 알려질 것이라는 염려를 하지 않고, 자유롭게 그 생각을 서로 나눔으로써 대통령과 허심탄회한 의견교환을 할 수 있어야 한다는 것이다. 이러한 자유를 가지고 있을 때에만 비로소 조언자들(보좌관들)이 가능한 한 정직하고 솔직하게 말하도록 격려할 수 있으며, 그 결과로서 대통령이 "충분한 정보에 근거한" 결정을 내릴 수 있기 때문이다. 이러한 요청은 특히 국가안보와 같은 사건에서 특별히 중요하다. 결론적으로, 대통령과 그 보좌관들과의 대화내용이 어느 경우에 일반국민이나 사법부로부터 보호받아야 할지는 대통령 자신이 결정할 수 있어야 한다고 주장하였다.

미국 대법원은 1974년 7월 24일 대법관 8명의 전원일치 의견으로* 대통령의 변호인단 의견을 받아들이지 않았다.

대표 집필을 맡은 버거 대법원장이 쓴 판결요지는 다음과 같다. 권력분립의 원칙이나 높은 수준의 의견교환을 위해 비밀성이 요구된다고 해서, 어떤 경우에나 사법절차로부터 면책될 수 있는 절대적이고 무조건적인 특권이 대통령에게 부여되어 있는 것은 아니다. 대통령이 보좌관으로부터 솔직하고도 객관적인 의견을 들을 필요성이 있다는 점은 법원도 이를 인정한다. 그러나 이러한 특권은 또 다른 이념(가치)과의 충돌을 야기한다. 즉 군사상, 외교상, 또는 국가안보에 중요한 기밀을 특별히 보호할 필요가 있다는 것을 입증하지 못하는 경우에는, 대통령이 보좌진들과 나눈 대화를 비밀로 유지할 이익이 인정되기 어려울 것이다. 대통령에게 이와 같은 특권을 인정하게 되면,

---

* 렌퀴스트 대법관은 개인사정으로 평결에 참가하지 않았다.

"형사재판에 있어서 정의를 실현해야 한다"는 사법부의 기본적인 헌법적 의무를 저해하는 결과가 될 뿐이다.

결국, 사법절차를 정의롭게 이끌어야 할 정당한 필요성은 대통령의 위와 같은 특권보다 훨씬 중요하다고 할 수밖에 없다. 다시 말하여, 대통령에 이러한 특권을 부여할 것인지의 여부는 우리의 오랜 역사적 약속인 "법의 지배(rule of law)"의 원칙에 비추어 판단되어야 한다. 우리는 형사소송에서 당사자대등주의 원칙을 선택하였고, 이 원칙의 성취는, 당연히, 모든 중요한 사실을 법정에 낱낱이 다 드러내 놓는 것을 전제로 한다. 그렇지 않고서는 사법절차의 염결성(integrity)이나 이에 대한 국민의 신뢰를 얻을 수 없다.

결론적으로, 대통령의 위와 같은 특권은 기밀성에 대한 "막연히 이야기 된" 이익에 기초한 것일 뿐이지, 형사 사법절차에서의 "적법절차(due process)"라는 기본원칙을 지키기 위해서 이 증거, 곧 녹음 테이프가 반드시 필요하다는 "구체적" 필요성보다 더 우월하다고 인정할 수 없다.

대법원은 닉슨 대통령에게 치명적인 판결을 하면서도 "대통령의 기밀이 지켜져야 한다는 특권"에 대한 배려 역시 소홀히 하지 않았다. 즉 이 형사사건을 심리할 지방판사에 대하여 "이 기록물, 곧 테이프가 조심스럽게 검토되어야 할 것 그리고 조사가 완료되면 봉인된 채로 적법한 관리인에게 반환되어야 한다"고 촉구하였다. 이 대법원 판결이 내려지자 닉슨 대통령은 더 이상 버틸 수 있는 기반이 없어졌다. 더욱이 의회의 탄핵이 확실시되고 있었다. 그리하여 판결이 있은 후 15일 만인 1974년 8월 9일 12시 닉슨은 대통령직을 사임하고, 곧바로 고향인 캘리포니아로 돌아갔으며, 돌아갈 때 테이프들을 모두 가져갔다. 그럼으로써, 그는 미국 역사상 최초로 임기를 다 채우지 못하고 불명예 퇴직한 대통령이 되고 말았다.

대통령직은 당시 부통령인 제럴드 포드가 물려받았는데, 포드는 취임 직후 닉슨에게 대통령 재직 중 "저질렀을지 모를" 모든 범죄에 대해서 전면적이고 무조건적인 사면을 내렸다. 이로써 닉슨의 워터게이트 사건 및 이후 은폐조작 행위와 관련해서는 그 "진실 여부를 가리지 않고 덮어둔 채로" 면죄부를 주었다. 그러나 그의 부하직원들은 워터게이트 스캔들 혐의로 높은 형량을 선고받았다.

앞에서 설명한 바와 같이 워터게이트 사건에서 공화당이 민주당선거운동본부를 실제로 도청한 것은 아니었다. 도청기를 설치하였으나, 제대로 작동하지 않아 이를 수리하러 들어갔다가 발각된 것이다. 또한 어느 누구도 닉슨이 도청 덕택으로 당선되었다고 생각하지도 않는다. 그는 압도적 표차로 당선되었던 것이다. 그럼에도 불구하고 도청 사건의 "진실을 은폐하려고 했기 때문에" 닉슨은 사임하지 않을 수 없었다. "결과보다 절차를 중요시"하는 법의 지배 사상의 결과이다.

그러나 "절차보다 결과를 중요시"하는 것이 우리나라에서의 법치주의의 현주소이다.

제9장

과거사청산과 가해자 처벌
—전직 대통령 전두환, 노태우의 처벌

1. 있을 법하지 않았던 과거사청산이 이루어지다

"과거사청산"이란, 잘못된 과거사를 정리하고 극복하려는 시도를 말한다. 여기에서 청산대상으로 등장하는, 잘못된 과거사로는, 테러, 납치, 고문, 학살 등 독재나 전쟁 또는 식민지배 과정에서 나타난 인권유린 행위를 들 수 있다. 이러한 반인륜적 행위는 근본적으로 자유와 인권이라는 인류의 보편적 가치를 거스르는 것으로서, 보다 구체적으로 자유민주주의 헌법의 기본원칙에 어긋나는 행태들로 나타난다.

나아가 청산의 방법으로 고려해야 할 것은 다음의 2가지로 나누어진다. 하나는, 과거규명이다. 이는 은폐, 축소, 금기시되어온 과거사의 진상을 밝히고 그에 따라 적절한 조치를 시행하는 것을 말한다. 여기에는 사건의 진상을 명확히 함과 아울러 책임의 규명, 가해자의 처벌 및 피해자의 구제(보상, 복권, 명예회복 등)를 포함한다.*

다른 하나는 과거성찰이다. 이는 불행한 과거사에 대한 진상규명의

---

* 안병직 외 10인, 앞의 책, p.14

차원을 넘어 보다 긍정적으로 이에 대한 비판과 반성 및 치유의 노력을 의미한다.* 따라서 이 문제는 특정 당사자 개인이나 집단의 문제만이 아니라, 한 국가나 사회전부의 문제라고 할 수 있다.

그리하여 과거사청산작업은 우선 과거사를 다시 기억하는 작업, 즉 침묵과 망각과 은폐의 대상이었던, "억압된 기억"을 회복하는 형태로 나타난다. 하지만 이러한 기억의 회복은 자연적인 것이 아니라 인위적인 것이기 때문에, "한 사회가 지향하는 이상과 가치에 맞추어, 지나간 역사적 경험 가운데에서 중요한 의미를 가지는 것을 특별히 선택하여 기억하는" 것이다.**

그렇기 때문에 과거사청산에서 중요한 것은 과거규명, 숙청과 처벌 자체가 아니라, 과거사에 대한 반성과 이를 통해 역사의 교훈을 얻고 그 교훈을 내면화하는 것이다. 즉 역사적 진실의 규명과 함께 사회정의의 확립이야말로 과거사청산의 진정한 목표라고 보아야 한다.

일본의 어느 소설가는 작가로서 창작생활을 하던 도중, 현실세계의 변화무쌍함이 자신의 상상력보다 훨씬 더 오묘함을 깨닫고, 다큐멘터리 작가로 변신하였다고 한다.

우리나라의 최근 1979년부터 1997년까지 18년간의 역사가 그 소설가의 생각과 같은 경우였다. "단순살인"으로 보이던 대통령 살해 사건의 피고인(김재규)을, 정권창출을 목적으로 하는 "내란목적 살인"으로 몰아갔던 권력자(전두환)가 20년이 채 지나지 않아, 그 자신이 "내란목적 살인죄"로 처벌받는 역사의 반전이 일어났다.

권력자(전두환)가 최대의 정적으로 여겨 사형 판결까지 받게 하여

---

* 안병직 외 10인, 앞의 책, p.15

** 안병직 외 10인, 앞의 책, p.29

그렇게 제거하기를 원했던 피고인(김대중)이 20년이 채 지나지 않아, 대통령으로 당선되고, 그 정치적 결단으로, 가해자(전두환)가 사면을 받아 목숨을 부지하는 지독한 역설이 완성되었다.

이 모든 일들이 20년이 안 되는 기간에 일어났으며, 격동의 정치풍파를 함께 호흡할 수밖에는 없었던 사법부는 내키지 않지만 그렇다고 피해갈 수도 없었던 어려운 시절을 겪을 수밖에 없었다. 이 과정에서 대법원이 내린 판결이 1997년 4월 17일 선고 95도3376 전원합의체 판결이다.

그러나 이러한 정치상황이 그 동안 사법부가 보여준 용기 없는 모습에 대한 정당화 사유는 결코 될 수 없으며, 우리 국민들 역시 이를 관대하게 용납하지 않았다.

결국 이는 오늘날까지 두고두고 사법부의 트라우마로 남게 된다.

2. 과거사청산에 이르기까지 18년간의 진행경과

1961년 5월 16일 박정희 소장에 의한 군사 쿠데타와 그 이후 18년간의 통치는 1979년 10월 26일 김재규에 의한 박정희 대통령 살해로 마무리되었다. 이 시기에 대한 역사적 평가는 평가자의 입장에 따라 극단적으로 나누어지고 있다.*

그러나 박정희 대통령이 살해된 10-26사건 이후 전개된 권력쟁탈의 과정 및 이를 유지하기 위한 반(反)법치주의적 행태는 어느 면에서도 정당화되기 어려울 것이다. 그럼에도 불구하고 이러한 정치행태는

* 세간에서는 "공7과3"(功七過三 : "경제의 성장"과 "법치의 후퇴")으로 평가하는 사람들도 있음은 앞에서도 언급하였다.

이루어졌고, 급기야는 17년 뒤에, 그것은 역사의 심판대 위에 서게 되었다. 그 17년간의 전개과정을 큰 줄거리를 따라 간략히 살펴보면 다음과 같다.*

박정희 집권 18년 만인 1979년 10월 26일에 내부에서의 권력암투로 대통령 살해사건이 발생하자 갑작스러운 권력 공백사태가 생기게 되었다. 이러한 진공상태를 어떤 공기가 채워줄 것인지 잠시 망설이는 시기가 있었다. 대다수의 순박한 국민들은 이제 민주화의 봄이 찾아올 것이라는 기대에 들떠 있기도 하였다.

그러나 정치권력은 그렇게 순진하거나 호락호락하지 않았다. 짧은 기간이지만 강도 높은 숙고와 결단을 통하여 (여기에는 박정희 개인에 대한 평가도 포함된다) 일생일대의 승부수를 던진 쪽은 당시 박정희 살해사건 수사를 지휘하던 국군보안사령관 전두환 소장이었다. 전두환은 수사를 지휘하면서 과도기의 실세로 급부상하고 정권 접수 내지는 창출의 야심을 품게 된다. 이에 그의 직속상관인 정승화 육군참모총장이 소극적이고 비협조적인 태도를 보이자, 위기의식을 감지한 전두환은 총격전 끝에 직속상관을 체포, 연행하는 "하극상"을 벌인다. 소위 12·12사태이다.

이로써 군 내부의 실권을 장악한 다음 현역군인의 신분으로 중앙정보부장 서리를 겸임하여 수사, 정보권력을 한 손에 장악하고 통치권력창출을 위한 물밑 작업들을 진행했다.

잠시 민주화의 꿈에 들떠 있던 국민들은 예상치 못한 이러한 상황진전에 경악하면서 대규모 시위를 벌이게 된다. 시위가 격화되자 정

---

* 이 과정에 관해서는, 한승헌, 앞의 책, pp.401-411에 상세히 기술되어 있다.

권장악에 중대한 고비를 맞은 전두환은 다시 한번 승부수를 던진다. 즉 1980년 5월 17일 김대중 등 강력한 야권 정치가들을 내란음모사건으로 연행, 구속하고(5-17사태) 이어서 반대시위가 가장 극렬했던 광주에서의 "민중항쟁을 무력으로 진압하면서" 수많은 생명들이 희생되었다. 5-18 광주 민주화운동이 그것이다. 그 진압과정에서 나타난 무자비함과 그 희생규모의 방대함은 두고두고 전두환 정권의 최대 약점이면서 걸림돌로 남아 있게 된다.

정권을 잡기까지의 과정이 결코 순탄하지는 않았지만, 우여곡절 끝에 결국은 정권창출에 이르게 된 전두환은 다음 단계의 작업을 진행해나갔다. 정권의 정통성 내지는 합헌성이 가장 필요하였으므로, 이를 위하여 헌법을 개정하고(1980. 10. 22), 이에 따라 실시된 (간접)선거에 의하여 제12대 대통령으로 당선됨으로써(1981. 2. 25) 일단 형식적인 합헌성은 갖추게 되었다. 제5공화국이 출범하게 된 것이다.

대통령의 임기를 어떻게 할 것인가의 가장 민감한 문제에 대해서는 심사숙고 끝에 "7년, 단임"으로 결단하였다. 집권과정에서의 무리함을 어느 정도 희석시켜 나가기 위해서는 상당한 기간이 필요하다고 여겼을 것이고, 또한 상황 판단상 연임을 기대하는 것은 무리라고 결론을 내린 것으로 여겨진다.

어떻게 해서든지, 비교적 장기간으로 확보한 임기 7년 동안 상황의 변화를 의도하거나 기대하면서, 한편으로는 "강압적인", 다른 한편으로는 탈출구를 찾기 위한 "유화적인" 조치들을 취해 나갔다.* 전자는 박정희 정권의 유신통치에서 학습한 것들이 많이 동원되었고, 후자는

* 88올림픽 유치도 그 노력의 일환이었다.

7년 임기 이후의 신변 안전 등을 고려한 측면이 엿보였다.

정권창출의 정통성에 항상 발목이 잡혀 한시도 편안한 날이 없었던 전두환은 임기 7년의 세월이 흘러가자, 이제는 어쩔 수 없이, 자신의 안전을 도모하면서 정권을 넘겨줄 방안을 강구할 수밖에 없게 되었다. 그 해결책으로, 자신이 가장 신뢰할 수 있는 노태우에게 대통령 후보 자리를 물려주고, 그로 하여금 당시로서는 파격적으로 유화적 조치인 이른바 6-29 시국수습 방안을 발표하게 하였다. 당시의 상황에 떠밀려 어쩔 수 없이 받아들인 것이었지만, 핵심 내용은 대통령 직선제 개헌, 즉 임기 5년의 단임, 김대중의 사면과 복권, 시국 안정을 도모한 광범위한 민주화 조치 등이었다.

그러나, 쉽게 찾아올 듯한 군사정권의 종말은 정치인들의 욕심으로 다음으로 미루어졌다. 즉 민주화를 위해 애썼던 김영삼과 김대중이 양보 없이 각자 대통령 후보로 나서는 바람에 표가 분산되어, 어부지리로 노태우 후보가 당선된 것이었다. 제6공화국이 성립되었다. 이리하여 다시 5년 동안 과거 정권에서와 같은 민주화운동, 이에 대한 탄압 등이 벌어지면서, 소모적인 세월이 흘러갔다.

드디어 노태우의 임기 5년이 끝나고, 민주화 인사들끼리의 민주적 선거대결을 통하여 1993년 2월 김영삼 정권이 창출되어 오랫동안 염원해왔던 민간인정부의 시대가 열리게 되었다. 이렇게 세상이 달라지자, 과거에 억눌려 왔던, 군부의 무력에 의한 헌법파괴 행위에 대한 책임문제가 머리를 들기 시작하였다. 가장 큰 문제는 다음의 두 가지였다.

하나는 앞에서 본 12-12사태가 "군사반란"에 해당되느냐 하는 것이었고, 다른 하나는 역시 앞에서 본 5-18 광주사태를 "내란목적 살인"

으로 볼 것이냐 하는 문제였다.

먼저, 12·12사태와 관련해서는 그 피해당사자인 정승화 전 육군참모총장 등 예비역장성 22명이 전두환 등을 상대로 군형법상의 "반란죄" 혐의로 고소를 제기하였다. 이 사건은 서울지방검찰청 공안1부가 담당하였는데, 1993년 10월 29일 "기소유예"라는 불기소처분을 내렸다. 그 이유를 살펴보자. 우선 "전두환 등의 '신군부'가 저지른 당시의 행위는 군형법상의 반란죄에 해당된다. 그러나 피의자들을 기소하는 경우, 재판과정에서 과거사가 반복하여 거론되고 법적 논쟁이 계속되어 국론분열을 일으킴으로써 불필요하게 국력을 소모할 우려가 있고 또한 피의자들이 그 동안 대통령으로서의 공헌을 참작하였다"는 것을 들었다.

이에 대해서 고소인들은 "이는 검사의 독단적인 정치적 견해에 불과하다"고 주장하면서 서울고검에 항고, 다시 대검찰청에 재항고하였으나, 모두 기각되고 최종적으로 헌법재판소에 헌법소원을 제기하여 헌법재판소의 최종판단을 기다리게 되었다.

다음으로 5·18 광주 민주화운동과 관련해서는, 1994년 5월 13일 5·18 광주민중항쟁연합이 전두환, 노태우 등을 내란죄 등으로 고소하였고, 이어서 총 70건의 고소와 고발이 있었다. 이 사건은 서울지방검찰청과 국방부 검찰부가 함께 수사하여 1995년 7월 18일 "5·18 관련 수사결과"를 작성하여 발표하였는데 그 결론은 "공소권 없음"이라는 형식적인 판단을 내린 것이었다. 즉 내란죄에 해당하는지의 여부에 대해서는 판단을 하지 않은 것이다.

그 법리적인 이유로서는, "정치적 변혁과정에 있어서 그 변혁의 주도세력이 새로운 정권창출에 성공하여 새로운 헌정질서를 수립해나간 경우에는, 피의자들이 정권창출과정에서 취한 일련의 행위에 대해서는 '사법심사가 배제된다'고 보는 것이 상당하다"고 설명하고 있다. "따라서, 형식판단 우선의 법리에 따라서 내란죄 해당여부는 판단하지 않고, 공소권 없음의 결정을 한다"는 취지이었다.

위에서 보아온 바와 같이 12-12 및 5-18사태 모두에 대해서 국민들의 기대에 크게 미치지 못하는 수사당국의 결정이 내려지고, 최종적인 판단인 헌법재판소의 결정에도 뾰족한 돌파구가 보이지 않음으로써 민주화의 열망에 맥이 빠져가는 상황이 되어버렸다.

더욱이, 문민정부를 표방하며 대통령이 된 김영삼조차도, 하는 수 없다는 듯이, 역사의 심판에 맡기자는 정치적 견해를 표명하기에 이르렀다.

이러한 상황에서 뜻밖의 돌발사태가 발생하였다. 수사기관의 위와 같은 불기소처분 결정이 있은 지 3개월쯤 지난 1995년 10월 19일 민주당 소속 박계동 의원이 국회에서 노태우 전 대통령이 4,000억 원 규모의 비자금을 감추어 두고 있다는 폭로를 한 것이다. 그는 폭로와 동시에 이를 입증할 전표 등의 구체적 자료도 함께 제시함으로써 그 신빙성을 한층 높이는 데에 성공하였다.*

사태가 이렇게 급반전을 맞이하자 수사기관으로서는 어쩔 수 없이 비자금 사건의 수사에 착수해야 할 형편이 되었고, 국민의 여론이 비등하여지자 과거 12-12 및 5-18사건에 대해서도 본격적인 재수사를 하게 되기에 이르렀다.

검찰의 수사 결과, 전두환과 노태우는 크게 3가지 죄목으로 기소되

---

* 한승헌, 앞의 책, p.407

었다.

첫째는, 기업인들로부터 "비자금"(뇌물)을 받은 혐의이고(1995년 12월 5일 기소), 둘째는, 12-12 사태와 관련하여 "반란죄"의 혐의였으며(1995년 12월 21일 기소), 셋째는, 5-18 사태와 관련하여 "내란수괴" 및 "내란 중요 업무종사"의 혐의였다.(1996년 1월 3일 기소)

사건발생 16년 만에 과거사청산을 위한 한국판 "세기의 재판"이 열리게 된 것이었다. 이 3가지의 기소내용 중 비자금 부분에 대해서는 별다른 법리상 문제점이 없었다. 다만 이와 같은 비자금을 받은 것은 "대가성 뇌물"이 아니라 대선지원금 등 "정치자금"이었다는 주장이 있었으나, 당연히 받아들여지지 않았다.

한편, 전두환은 이러한 거액을 기업인으로 받게 된 연유에 관하여 "취임 초기 정치자금을 받지 않았더니, 기업인들이 불안해 잠을 이루지 못하는가 하면, 망명할 생각까지 하면서, 투자를 하지 않아, 하는 수 없이 정치자금을 받았다"라는 궤변을 늘어놓았다.*

3. 공소시효 문제의 돌파 : 절묘한 한 수

이와 같이 우여곡절을 거쳐 겨우 12-12 및 5-18 사태에 대한 형사책임, 곧 반란죄 및 내란죄를 묻기로 하였으나 뜻밖의 암초가 발견되었다. 즉 위 두 범죄는 모두 형소법상 공소시효가 15년인데, 이들 범죄가 발생한 1979년 12월 12일 및 1980년 5월 18일로부터 15년이 이미 지난 1995년 12월 31일 및 1996년 1월 3일에야 비로소 공소가 제

* 한승헌, 앞의 책, p.411

기되었기 때문이다.

형사사법(刑事司法)을 실현해나감에 있어서 법률가들이 가장 싫어하는 것, 따라서 절대로 해서는 안 되는 것이 사후입법(事後立法)에 의한 처벌이다. 즉 행위시에는 처벌받지 않은 행위가 나중에 이를 밉게 보아 처벌법규를 만들어 처벌하는 것이다.

공소시효도 마찬가지이다. 이미 범죄 후 일정기간이 지나면 처벌하지 않도록 하는 규정인데, 특정한 경우에는 이를 뒤집어 다시 처벌할 수 있도록 하는 것은 법치주의의 원칙에 반하는 것이기 때문이다. 물론 이 경우에도 불가피한 경우, 예를 들면, "헌정질서 파괴범죄"에는 예외를 인정해야 한다는 이론이 있고 이를 받아들이는 외국의 예도 없지는 않다.

여하튼 이와 같은, 당시의 국민정서에 반하는 상황이 발생하였기 때문에 정치권에서는, 이러한 공소시효의 원칙에 예외를 두는 특별법을 제정하자는 움직임이 있었고, 결국 이를 받아들여 2개의 특별법(헌정질서 파괴범죄의 공소시효에 관한 특례법과 5-18 민주화운동 등에 관한 특별법)을 제정하였다.

이 특별법들에 따라 12-12 및 5-18 사태를 저지른 자들에 대한 처벌은 법률로는 가능해졌으나, 변호인들이 그 법들은 헌법에 어긋나는 법으로서 위헌의 소지가 있다고 하여 헌법재판소에 헌법소원을 제기하기에 이르렀다. 물론 전두환 등이 5-18 광주사태와 관련하여 저지른 "내란죄"는 헌법상으로, 곧 헌법 제84조에 의해서 대통령 재임 중이라도 처벌할 수 있기 때문에 더욱더 위헌의 소지가 크다는 주장도 있었다.

이에 대한 판단을 하여야 할 헌법재판소는 진퇴양난의 어려움에 빠진 것으로 보였다. 즉 전통적인 사후입법금지의 원칙에 따라 위헌으로 판단한다면, 법치주의 원칙 수호의 명분은 얻겠지만, 전두환 등에 대한 처벌을 원하는 정치권과 국민여론이 부담이 되었고, 반대의 경우에는 법치를 수호해야 할 기관이 원칙을 저버렸다는 비판을 두고두고 받을 것이기 때문이었다. 이와 같이 어려운 상황에서 헌법재판소는 "법률규정으로부터" 돌파구를 찾아냈다. 즉 헌법재판소법상 위헌을 선고하려면 단순과반수가 아닌 "9명 중 6명"의 위헌의견이 있어야 한다는 규정을 적용한 것이다. 헌재의 평결결과는 9명의 재판관중 5대 4의 의견으로 위헌의견이 과반수였으나, 위헌정족수인 6명에는 미치지 못하여 결국에는 위헌이 아니라고 선고하였다.(헌재 1996. 2. 16, 96헌가2등 결정)

결론적으로, 다수의견은 위헌이라고 선언하여 "명분"은 살리면서, 위헌정족수를 채우지 못하여, 위헌선언을 하지 않는 "실리"를 챙기는 묘수를 찾아낸 것이었다.*

이러한 과정으로, 12-12 및 5-18 사태의 책임자를 처벌하기 위한 형식적인 걸림돌은 제거되었다.

4. 12-12사태는 "반란죄", 그리고 5-18사태는 "내란죄"에 해당된다?

그리하여 이제 이 두 사건의 실체 및 이에 대한 처벌의 문제는 사법부로 넘어오게 되었다. 이에 대한 대법원의 최종판결은 1997. 4. 17

---

* 이와 같은 돌파구는, 앞에서 살펴보았던, 미국 대법원의 위헌법률심사권을 확립한 마버리 대 매디슨 사건의 판결이유와 유사한 점이 있다.

에 내려졌다. 이 판결에서 가장 핵심적인 쟁점은 다음의 3가지로 요약된다.

첫째, "성공한 쿠데타"도 처벌되는가?

먼저, 12-12사태와 5-18사태에 공통된 법률 문제로서 성공한 쿠데타도 처벌될 수 있는가의 문제가 있다. 즉 전두환 등 피고인들의 행위가 반란과 내란에 해당한다고 하더라도, 그러한 반란, 내란 과정을 거쳐 정권을 장악하고, 그후 헌법개정 절차를 통하여 이전의 법질서를 무너뜨리고 새로운 법질서를 수립하는 데에 성공하였다면 이를 새로운 법질서 아래에서는 처벌할 수 없다는 주장이 제기되었다.

이에 대해서 대법원의 절대다수 의견(1명의 소수의견이 있었다)은 이러한 주장을 받아들이지 않았다. 그 이유로서는 다음과 같이 3단계의 논리전개를 통하여 그 부당함을 설명하였다. 우선, 우리나라는 제헌헌법의 제정 이래 일관되게, 국민주권주의, 자유민주주의, 기본권보장, 법치주의를 국가의 근본이념으로 삼아왔고, 몇 차례의 헌법개정에도 이 헌법질서는 그대로 유지되고 있다. 그리고 군사반란과 내란을 통하여 폭력으로 기존의 국가기관의 권능행사를 사실상 저지하고 정권을 장악한 후, 이를 정당화시키기 위하여 헌법을 개정하고 국가를 통치하여왔더라도, 이로써 "새로운 법질서를 수립한" 것이라고 볼 수 없다. 따라서 헌법에 정한 민주적 절차에 의하지 않고, 폭력에 의하여 정권을 장악하는 행위는 어떠한 경우에도 용인될 수 없으며, 이러한 군사반란과 내란행위는 처벌 대상이 된다는 것이다. 여기에 대해서는, "헌정질서 변혁의 기초가 된 고도의 정치적 행위는 법원이 사법적으로 심사하기에는 부적절하므로 국민의 정치적 의사형성 과정을 통하여 해결할 것으로서, 법원의 재판권의 대상이 될 수 없다"는 한 사람의 소수의견이 있었다.

둘째, 12-12사태는 "군사반란"인가?

대법원은 이를 긍정하였다. 우선 대법원은, 군형법상 "반란"이라는 개념은 "다수의 군인이 작당하여 병기를 휴대하고 '국권'에 반항하는 행위"이고, "여기의 '국권'에는 대통령이 가지는 '군의 통수권' 및 참모총장이 가지는 '군의 지휘권'도 포함된다"고 정의하였다. 그런데 전두환 등은 사전에 대통령에게 육군참모총장의 체포에 대한 재가를 요청하였다고 하더라도, "이에 대한 재가를 받음이 없이 적법한 체포절차도 밟지 아니하고 병기를 휴대하여 참모총장을 체포하였기 때문에", 이는 "대통령의 군통수권 및 참모총장의 군지휘권에 반항한 행위"로서 반란에 해당한다고 판단하였다. 여기에는 전원의 의견이 일치하였다.

셋째, 5-18 사태의 진압행위는 "내란"(국헌문란)에 해당하는가?

이 점에 관하여도 대법원은 전원일치의 의견으로 이를 긍정하였다. 그러나 그 법적 구성의 면에서는 원심, 곧 서울고등법원과 다른 견해를 밝히고 있다. 먼저, 1980년 5월 18일에 일어난 "광주시민들의 시위의 성격"에 관하여 대법원은 확실하게 개념정리를 하였다. 즉 전두환 등은 1980년 5월 17일 24시를 기하여 비상계엄을 전국으로 확대하는 등의 조치를 통하여, "헌법기관인 대통령과 국무위원들"에게 비헌법적인 조치를 취하도록 강압을 가하고 있는 상태에 있었다. 이러한 상황 아래에서, 이에 항의하기 위하여 일어난 광주시민들의 시위는 국헌을 문란하게 하는 내란행위가 아니라, 오히려 헌정질서를 수호하기 위한 정당한 행위라고 보아야 한다. 그럼에도 불구하고, 이를 난폭하게 진압함으로써, 대통령과 국무위원들에 대해서 보다 강한 위협을 가하여 그들을 외포(畏怖)하게 하였다. 따라서 이 사건 시위진압 행위는 헌법기관인 대통령과 국무위원들을 강압하여 그 권능행사를 불가능하게 한 것으로 보아야 하므로, 국헌문란에 해당하고, 결국 내란죄에 해당된다. 즉 국헌문란의 대상기관을 "헌법기관인 대통령과 국무위원들"로 파악한 것이었다. 이에 반하여, 결론에서는 마찬가지로 내란죄를 인정하면서도, 원심법원에서는 "시위국민들"을 가리켜 "헌법수호를 목적으로 집단을 이룬 '헌법에 의하여 설치된 국가기관'에 해당되고, 이를 강압하여 권능행사를 하지 못하게 하였으므로 내란죄가 성립된다"고 법리구성을 하였으나, 대법원에서 받아들여지지 않았던 것이었다.

이리하여 최종적으로, 2심의 양형대로 전두환에 대해서는 무기징역, 노태우에 대해서는 징역 17년의 형이 확정되었다.

5. 판결문에 쓰여져 있지 않은 "의문점들"
—"법과 정치의 관계"에 관한 단상

12-12 및 5-18 사태에 관한 사건의 진행과정에서 큰 변곡점만을 추려보면 다음과 같다.

1) 1993. 10. 29 : 12-12 사건에 대한 기소유예 결정이 내려짐 (정상참작)
2) 1995. 7. 18 : 5-18 사건에 대한 공소권없음 결정이 내려짐 (통치행위로서 사법심사가 배제됨)
3) 1995. 10. 19 : 박계동 의원의 비자금 폭로

4) 1995. 10. 21 : 12-12 사건 재수사 후 기소
1996. 1. 3 : 5-18 사건 재수사 후 기소
5) 1996. 8. 26 : 1심법원 판결(사형 및 징역 22년 6월)
6) 1996. 12. 16 : 2심법원 판결(무기징역 및 징역 17년)
7) 1997.4. 17 : 대법원 판결(상고기각)

전두환과 노태우에 대한 형사소추가 불기소처분(기소유예 및 공소권 없음)에서 기소로 바뀌는 결정적 계기는 박계동 의원의 비자금자료 폭로가 기폭제가 되었다. 모두들 대놓고 물어보지는 않았지만, 박의원이 어떻게 그러한 구체적인 비자금 자료를 확보할 수 있었는지 궁금해했다.

그리고 또 하나의 궁금증은 기소를 제기하면서 겪었을 "검찰의 당혹함"에 대한 것이다. 검찰은 5-18 사태에 대한 "공소권 없음" 결정을 한 지 "불과 5개월 만에", 원래의 입장을 바꾸어 전두환, 노태우를 기소하기로 한 것이었다.

어쩔 수 없는 시대의 변화에 따라, 1993년 김영삼 정권의 문민정부 이후부터는 과거의 군부독재에 대한 반성과 비판이 활발해지면서, 과도할 정도로 솔선하여 군사정권에 협조해왔던 국가기관들(국정원 등)이 기회 있는 대로, "과거를 반성하는" 의지표명을 하게 되었다.

심지어는 사법부도 오랫동안의 망설임 끝에 2008년 9월 26일 사법 60주년 기념식에서, 당시 이용훈 대법원장이 "……권위주의 체제가 장기화되면서 법관이 올곧은 자세를 온전히 지키지 못하여 국민의 기본권과 법치질서의 수호라는 본연의 역할을 충실히 수행하지 못한 경우가 있었고, 그 결과 헌법의 기본적 가치나 절차적 정의에 맞지 않는

판결이 선고되기도 하였습니다.…… 저는 과거 우리 사법부가 헌법상 책무를 충실히 완수하지 못함으로써 국민에게 실망을 드린데 대해서 죄송하다는 말씀을 드리고자 합니다"라고 사과하였다.

그러나 검찰의 태도는 그 이후에도 확고하였다. 심사숙고 끝에 내린 결론이었겠지만, 검찰은 과거의 행태에 대한 반성 같은 것은 하지 않기로, 곧 아무런 의견표명도 하지 않기로 입장을 정리한 것으로 보인다.

12-12 및 5-18 사태와 관련한 과거사청산 과정에서 사법부는 일단 태풍의 핵으로부터 벗어나 있는 행운(?)을 누렸다. 즉 전두환, 노태우의 기소에 이르기까지는, 정치권의 우여곡절과 검찰의 곤혹스러움으로 대신되었고, 법률적 핵심쟁점인 공소시효의 문제도 헌재의 판단에 맡겨짐으로써 뜨거운 감자를 피할 수 있었기 때문이었다.

그러나 그런 만큼, 소위 한국판 "세기의 재판"이라는 사건에 걸맞은 감동적이고 역사적인 판결문이 나올 수는 없었다. 대법원의 판결은 19개 항목의 쟁점에 대해서 많은 지면을 할애하여 법리적 판단을 전개하였으나, 그 논리는 공허한 것 같았다. 이미 정치적으로 정해진 결론에 따라 "법률기술자"로서 뒤처리를 하는 데에 그친 인상을 떨쳐버릴 수가 없었다.

여기에서 우리는 "사법부와 통치권은 어떤 관계에 있는가", "법은 정치의 시녀인가", "사법부는 법치의 진전에 어느 정도나 기여할 수 있는가" 좀더 구체적, 단도직입적으로는 "사법부는 대통령과 어떠한 관계를 가져야 하는가"라는 문제에 생각이 미치지 않을 수 없다.

이에 대한 총론적인 논의는 제1부에서 살펴본 바와 같다.

잔상(殘想)들

이 역사적인 사건들과 그 처리과정을 지켜보면서, 우리는 마음의 밑바닥에 침전된 몇 가지 생각들을 떠올리게 된다.

먼저 12-12 및 5-18 사태에 관한 검찰의 불기소 이유의 핵심이었던 성공한 쿠데타는 처벌받지 않는다는 논리가 뒤집힌 것인가 하는 점이다. 결과적으로는 사법부의 판결에 의하여 유죄로 단죄되었기 때문에 그렇다고도 볼 수 있겠다. 따라서 우리나라의 법치주의 실천능력이 높게 평가받을 수도 있다. 그러나 한 걸음 더 들어가 생각한다면, "12-12 및 5-18은 과연 성공한 쿠데타였는가" 하는 의심이 들 수도 있을 것이다. 진정으로 성공한 쿠데타였다면, 그리하여 새로운 정치질서가 성공적으로 확립, 정착되었다면, 17년이 지나 이 사태를 재평가하고 단죄하는 절차마저도 일어나지 않았어야 하기 때문이다.

따라서, 이는 "절반만 성공한 쿠데타", "17년 동안만 성공한 쿠데타"라고 평가하는 것이 타당할 것이다. 그 결과, 근본적인 문제는 그대로 남아 있다. 즉 "쿠데타의 처벌 문제는 법의 효력이나 이론의 문제가 아니라, 집행 및 실천의 문제이다. 법을 집행하는 사람의 힘의 문제이다"라는 주장의 당부이다. 사학자 한홍구 교수는 "내란범은 자신의 범죄를 감추기 위해 (남의) 내란을 만들어낸다"고 갈파하였다.

박정희 정권시대 이래 노태우 정권시대까지의 정치상황의 흐름을 보면 쉽게 수긍이 간다. 가끔 역사의 아이러니는 아무리 상상력이 뛰어난 소설가라도 근접할 수 없는 역설을 보여준다. 사형수가 되었던 피고인이 대통령(김대중)이 되고, 그를 내란죄로 몰아붙였던 대통령(전두환)이 사형수가 되었다. 반전의 하이라이트는, 그 김대중이 15대 대통령으로 당선된 직후인 1997년 12월 22일 김영삼 대통령의 마지막 업무집행으로—물론 신임대통령 당선자와의 협의 하에서—전두환과 노태우를 사면하였다. 그리고 1998년 2월 25일에 열린 김대중 대통령의 취임식에서, 전두환과 노태우가 나란히 단상에 자리를 함께 하게 되었다.

마지막으로 다시 떠오르는 질문.

"법은 정치의 시녀인가?" "정치가 법에 따라 이루어져야 한다는 것은 순진한 법률가의 환상일 뿐인가?"

법률가에게는 영원한 "케이프 혼"으로 남을 질문이다.

비슷한 사례

1. 뉘른베르크 재판, 1945년

전범재판의 준비

1944년 말, 제2차 세계대전에서 추축국의 패전이 확실해지자 연합국의 지도자들은 전후 전쟁 책임자들의 처리에 대한 논의를 시작했다. 처리 방식으로는 체포 즉시 즉결처분(처칠의 주장), 그리고 재판없이 무기한 유배 및 재판회부와 판결에 따른 형벌집행(루즈벨트 및 스탈린의 주장) 등이 논의되었으나 결국 재판방식이 채택되었다.

재판장소로는 중세의 고도인 뉘른베르크가 선정되었다. 유서 깊은 문화도시일 뿐만 아니라, 나치의 야망을 전 세계에 알린 1935년 대집회가 열린 장소이기도 하였고, 독일군의 핵심 군수 병참기지로서 나치 이념활동과 전쟁수행의 중심지라는 상징성이 있었기 때문이었다. 더욱이 그곳은 대규모 폭격으로 시가지가 초토화되었으나, 대법원 건물만은 폭격을 면하여 대규모 재판을 하기에 적합한 장소였다.

전범재판소는 재판관 4명과 그들의 대리판사 4명으로 구성되었다. 그 4명은 연합국인 미국, 영국, 프랑스, 러시아의 재판관이었다. 재판장은 영국인 제프리 로런스 경(Sir Geoffrey Lawrence)이 맡았다. 전쟁범죄 수사와 증거수집을 위해서 네 연합국에서 온 수석검사 4명으로 검찰위원회가 구성되었다. 그 위원장은 미국 트루먼 대통령의 특별 요청에 따라 당시 미국 연방대법관이던 로버트 잭슨(Robert Jackson)이 맡게 되었다.

전범재판의 진행

1945년 10월 18일에 총 24명이 기소되었으나, 그중 1명(로베르트 라이)은 구금 중 자살하였고, 기업가인 1명(구스타프 크루프)은 신병으로 판결이 연기되어, 결국 22명의 피고인을 대상으로 재판이 진행되었다.

그러나 세기의 재판이라는 명성과 달리 재판은 시작부터 김이 빠진 상태이었다. 즉 핵심 중의 핵심인 히틀러는 1945년. 4월 30일 소련군의 베를린 진주 직전에 자살하였고, 나치 정권 유지의 두 날개인 친위대장인 힘러와 당 선전부장 괴벨스 역시 모두 스스로 목숨을 끊었기 때문이다. 사실 국회의장 겸 제국 원수였던 괴링마저도 없었다면, 변변한 전범재판조차 꾸리지 못할 뻔하였다.

재판은 1945년 11월 20일 10시 3분에 시작되었다. 피고인들에게 적용된 범죄혐의는, 첫째, 침략 전쟁의 모의와 수행(제2차 세계대전의 발발 책임), 둘째, 전쟁에 관한 법규를 어긴 범죄행위(전쟁포로에 대한 부당한 대우 등), 셋째, 반인륜적 범죄(유태인 등 일반인의 학살

등에 대한 책임) 등이었다.

재판은 총 403차례의 심리를 하면서 검찰측 증인 33명, 변호인측 증인 109명(이외에 143명의 서면증언)이 나왔고, 피고인들을 위한 22명의 변호사가 활동하였다. 재판사상 최초로 동시통역사가 등장하였고 미국기업 IBM이 그 과정에서 협력하였다.

재판과정에서 거의 대부분의 피고인들이 무죄를 주장하였다. 이들은 자신들이 군인 혹은 독일국민으로서 조국에 대한 의무를 이행했으며, 독일의 법률과 직분을 수행했을 뿐이었다고 변소하였다. 자칫 범죄입증이 어려울 뻔했던 상황(특히 유태인 학살과 관련하여)은 재판 도중 "심경의 변화를 일으킨" 피고인 알베르트 슈페어*의 증언으로 유리한 입장을 확보하였다.

검찰의 논고와 판결

약 8개월에 걸친 심리를 마무리하면서 1946년 7월 26일, 검찰위원장 로버트 잭슨이 논고문을 낭독하였다.

그는 논고에서 다음과 같은 점을 힘주어 강조하였다. "법은 정치가 아닙니다. 법은 본래 선과 악의 구분이나, 이들의 가치에 관심을 두지 않습니다. 법은 우리가 살고 있는 이 세상이 '폭력의 습격'을 받지 않기를 원할 뿐이며, 한 나라의 정책이 '전쟁을 빌어 시행되지' 않도록 요구할 뿐입니다"라고 주장하였다.

논고가 끝나고 1946년 10월 1일 재판을 마무리하면서 재판부는 250페이지에 달하는 판결문을 낭독하였다. 피고인 22명 가운데 12명

---

* 전쟁 당시 군수상으로 천재 건축가인 기술관료였다.

에게는 사형이 선고되었고, 3명에게는 무기징역, 2명에게는 20년형, 1명에게는 15년형, 나머지 1명에게는 10년형이 선고되었다. 행동대원이었던 3명에게는 무죄가 선고되었는데, 그들은 신변보호를 위해서 국외망명 또는 잠시 동안 감옥에서의 수감을 부탁하였다.

사형이 선고되었던 괴링은, 사형집행 2시간 전에 수감생활 중 가까워진 미군 헌병의 도움으로 입수한 청산가리를 먹고 자살하였다. 나머지 11명은 10월 16일 새벽 1시 11분부터 약 2시간에 걸쳐 뉘른베르크 감옥 운동장에서 교수형이 집행되었고, 혹시라도 나중에 추모집회 등이 열릴 것을 우려하여, 비밀리에 화장한 후 그 뼈는 강에 뿌렸다. 무기징역형을 받은 헤스는 40년을 복역하다가 1987년 93세에 감옥에서 자살하였고, 만기출소한 2명은 회고록을 쓰면서 여생을 보냈다.

이 재판 이후 1946년부터 1949년까지 미국은 뉘른베르크에서 199명에 대한 후속 재판을 열었는데, 그중에서는 4명의 "법관"에 대한 재판도 있었다. 그들은 나치 집권기에 수많은 인종말살 재판을 한 장본인들이었다.

역사적 평가

이 세기의 재판에 대해서는, 승전국 출신 판사들이 패전국의 적장을 단죄하는 "정의가 아니라 복수를 위한 레시피"에 불과하며, 법률적 관점에서 보면 소급처벌로서 법률의 기본원칙을 무시했다는 지적도 있었다.

그러나 긍정적인 측면으로는 첫째는 세상에는 국가가 제정한 법(실정법) 이외에 인류가 지켜야 할 양심(자연법)이 있으며, 이는 인류의 생명존중과 함께 자기와는 다른 문화도 동등하게 인정하는 것이다.

둘째는 그런데 법률이 죄악의 도구로 전락했을 때에는, 사람은 마음속의 양심이라는 자연법칙에 따라야 한다. 따라서 상부명령에 대한 복종과 직책에 따른 임무수행을 죄행에 대한 항변으로 삼을 수 없다.

셋째는 전쟁범죄의 책임을 묻는 근거로서 반인륜적 범죄(Crimes against Humanity)라는 개념을 창조하고, 여기에는 소급처벌 금지 법리도 적용되지 않는다고 선언하는 등 국제법 발전에 획기적 공헌을 하였다.

2. 아이히만 재판, 1961년

뉘른베르크 재판에서 검찰은 유대인학살과 관련된 증인신문 도중 중요역할을 한 인물로 피고인들 사이에서 아돌프 아이히만(Adolf Eichman)이라는 이름이 종종 언급되는 것을 알게 되었다.

그러나 아돌프 아이히만은 이미 도피 중에 있었기 때문에 재판이 종료되면서 잊혀져갔다. 그는 나치 친위대 국가보안본부에서 유대인 문제를 다루는 부서의 책임자였으며 소위 "최종해결책"(유대인 1,100만 명을 강제수용한 뒤 대규모로 "처분하는" 방식)의 담당자였다.

1945년 독일 패망 이후 미군에 체포되었으나, 1946년 포로수용소에서 탈출하고 독일 북부 뤼네부르크에서 4년 동안 벌목공 일을 한 뒤, 이탈리아로 갔고, 그후 한 가톨릭 신부의 도움을 받아 클레멘트라는 가명으로 위조여권을 만들어 1958년에 아르헨티나에 정착하였다. 휴양 도시 바릴로체를 거쳐, 부에노스아이레스에서 벤츠 자동사회사에 취직하여 안정적인 생활을 영위하였다.

그러나, 그의 아내와 아이들은 여전히 아이히만이라는 이름을 사용한 것이 계기가 되어 1957년 서독의 유대인 법률가 프리츠 바우어에게 발각된 후, 모사드에 의하여 이스라엘로 강제 이송되었다. 1961년 4월 11일 예루살렘 지방법원에서 시작된 재판은 8개월 동안 114회 공판이 열렸는데, 120명이 증인으로 나왔고 이스라엘 정부가 모든 비용을 지불한 변호인단이 변호를 맡았다. 그에게 적용된 법률은 이스라엘의 "나치와 그 부역자 처벌법"이었는데, 여기에는 공소시효가 배제되고, 외국에서 이미 처벌받았더라도 이스라엘 정부가 다시 재판하고 처벌할 수 있도록 되어 있었다.

8개월 동안의 재판과정을 지켜본, 독일의 유대계 정치학자인 한나 아렌트(Hannah Arendt)는 "악의 평범성에 관한 보고서(A Report on the Banality of Evil)"를 썼는데, 아이히만의 행위를 "악의 평범성"이라는 말로 요약했다. "그는 아주 근면한 인간이었다. 그리고 이런 근면성 자체는 결코 범죄가 아니다. 그러나 그가 유죄인 명백한 이유는 "아무 생각이 없었기 때문"이다. 그는 스스로 생각하기를 포기했을 뿐이다"라고 유죄의 이유를 "순전한 무사유(Sheer Thoughtlesseneness)"로 요약하였다.

아이히만은 1961년 12월 15일 유죄, 사형판결을 받고 1962년 5월 31일 밤에 교수형으로 처형되었고, 시신은 그의 요청에 따라 화장되어 뼈는 지중해 연안에 뿌려졌다.

아이히만의 재판에 대한 다른 시각도 존재한다. 아이히만은 가스실 설치를 지시, 감독한 적도 없고, 단 한명의 유대인도 직접 살해하거나 살해를 명령한 적도 없었다. 그럼에도 불구하고 이 재판의 중요성은 세계의 보통사람들 내면에 잠재해 있는 "잠재적 악의 존재"를 상기시킨 데에 있다. 1950년대에 전후복구를 위하여 매진하면서 어두운 과거사를 망각해가는 서독 정부로 하여금, 그리고 세계인들에게 홀로코스트에 대한 기억을 상기시키는 계기를 만들어준 것이다.

어쩌면 아이히만의 재판은 "이스라엘이 국제사회에서 독특한 지위를 누리는 데에 큰 구실을 하는 '강력한 역사자본'을 만들었다"는 데에 더 큰 의미가 있지 않았을까.

3. 도쿄 전범재판, 1946년

뉘른베르크에서 나치 전범들에 대한 재판이 한참 진행 중이던 1946년 5월 3일, 일본의 수도 도쿄에서는 극동국제군사재판소에서 개정 및 공소장 낭독으로 일본의 A급 전범 28명에 대한 재판이 시작되었다.

재판부는 모두 11명의 판사로 구성 되었는데, 이는 일본의 항복문서에서 언급된 참전 9개국, 곧 미국, 영국, 중국, 소련, 캐나다, 호주, 뉴질랜드, 프랑스, 네덜란드와 나중에 독립된 인도 및 필리핀에서 각각 1명씩 파견된 판사들이었다. 재판장은 호주인 윌리엄 웨브(William Webb)가 맡았다.

검찰의 역할은 각국에서 한명씩 파견된 검사들이 맡았고, 변호인단은 28명의 일본인 변호사 및 2명의 미국인 변호사로 구성되었다.

최초 기소된 피고인들은 28명이었으나, 재판 도중 2명이 사망하고, 1명이 정신적 파탄상태(매독에 의한 증상)로 기소가 중지되어 결국 25명에 대해서만 재판이 진행되었다. 적용된 혐의는 "침략전쟁의 조직, 공모, 수행을 주도하여 평화를 무너뜨린 전쟁지도부로서의 책임"을 묻는 것이었다. 재판장소는 일본 육군성 건물 회의실이었는데, 피고인인 전범 도조 히데키(東條英機)가 사용하던 사무실이었다. 25명의 피고인들 중에서 핵심인물은 1941년부터 1944년까지 태평양전쟁 기간 중 총리대신과 육군대신을 지내고 전쟁을 지휘했던 도조 히데키였다. 그는 전범으로 체포되기 전 권총으로 심장을 쏘아 자살을 시도하였으나 심장을 맞추지 못하고 살아남아 결국 법정에 서게 되었다. 재판과정에서 그는 전쟁의 모든 책임이 자기 자신에게 있다고 주장함으로써 본인의 마지막 책무를 다 하였다.

도쿄 전범재판에서 가장 큰 논란거리는 히로히토 천황이 전범으로 기소되지 않고 증인으로도 소환되지 않은 것이다. 여기에는 다음의 3가지 이유가 있었던 것으로 이해되고 있다.

첫째는, 천황의 측근들의 천황 구제 전략이다. 천황은 전쟁에 관한 온건한 입장을 가지고 있었는데, 군부의 강경론자들이 천황을 기망하고 고립시켜 전쟁을 수행했다는 논리를 밀어붙인 것이다. 둘째는, 항복선언 직후 1945년 8월 17일에 임명된 총리와 과도내각이 즉각적인 무장해제명령을 내림으로써 연합군의 일본 접수작업을 매우 수월하게 하였고, 여기에 깊은 인상을 받은 미국이 일본의 기존 관료조직을 활용해서 일본을 통치하는 것이 유리하다는 방침을 세웠기 때문이었다. 셋째는 일본인의 천황에 대한 맹목적 충성을 활용하여, 일본을 미국의 우방으로 개조하는 것이, 당시 사회주의 혁명으로 팽창하는 소련의 진출을 막는 데에 전략적으로 유리하다는 미국의 정치적 고려 때문이었다.

2년 동안의 지리한 심리결과 1948년 4월 16일 재판은 종결되고, 다시 6개월이 지나 1948년 11월 12일 판결이 선고되었다. 선고를 받은 25명 피고인들 중 7명은 사형, 16명은 종신형, 2명은 징역형(1명은 20

년형, 1명은 7년형)을 선고받았다. 사형선고를 받은 전범들은 그해 12월 23일에 교수형으로 형이 집행되었다.

이로써 일부 역사가들이 탄식하는 바와 같이 연합국이 천황은 못잡고, 대신 도조로 만족하는 상황이 완성되었다. 더욱 놀라운 것은 도조 등의 사형집행이 있는 다음날인 12월 24일, 2차 재판을 위해서 대기 중이던 A급 전범 19명 중 17명이 석방되고, 나머지 2명마저도 12월 25일에 석방되었다는 점이다.*

이리하여 도쿄 전범재판은 해결되지 않은 많은 문제점을 남기고, 심지어 자신들이 전쟁의 피해자라는 생각까지도 하게 하면서 황급히 마무리되어버렸다.

도쿄 전범재판의 판결문에는 인도 출신의 팔(Radhabinod Pal) 판사의 소수의견이 있다. 즉, 그는 기소된 전범들이 무죄라고 주장하면서 왜 패전국 출신 판사는 판결과정에 관여하지 못했는지, 그리고 왜 원자탄을 투하한 미국에는 책임을 묻지 않았는지 의문을 제기하고, 공식화된 복수는 순간의 만족감을 가져올 수 있겠지만, 궁극적으로는 후회하기 마련이라는 주장을 펼쳤다.

* 그중에는 나중에 수상이 된 기시 노부스케(岸信介)도 포함되어 있었다.

제10장

과거사청산과 피해자 구제

—김근태 고문사건

1. 시대적 배경과 상황의 전개

새벽 동이 트기 직전이 하루 가운데 가장 어둡다고 했던가, 돌이켜보니, 1987년 6-29 민주화선언을 몇 년 앞두고, 우리나라의 정치상황은 대형사건이 연이어 터지면서, 군사독재정권의 몰락을 재촉하고 있었다.

먼저 1985년에는 김근태(金槿泰) 민청련(민주화운동청년연합) 의장이 자신에 대한 불법구금과 고문사실을 폭로하였다. 이어서 1986년에는 권인숙에 대한 소위 "부천 경찰서 성고문사건"이 발생하였고, 1987년 1월에는 서울 남영동 치안본부 대공분실에서 조사를 받던 박종철 군이 고문과 폭행으로 사망한 사건이 발생하였다. 여기에서는 이중에서 김근태에 대한 국가보안법 위반 수사사건과 그 과정에서 자행된 고문, 폭행 및 여기에 기초한 재판과정 그리고 거의 30년이 지난 시점에서 이루어진 재심과 무죄, 국가에 대한 손해배상청구 사건 등을 살펴본다.(서울고등법원 2014. 5. 29. 선고 2012재노59)

1985년 9월 4일은 민청련 의장으로 있으면서 일곱 번째 구류를 살던 김근태가 서부경찰서 유치장에서 석방되는 날이었다. 그런데 그는 석방되는 대신 당일 바로 남영동에 있는 악명 높은 치안본부 대공분실로 연행되었다. 후에 수사기관에 의하여 발표된 내용에 따르면, 연행사유는 당시 대학가의 각종 시위와 노사분규의 배후에는 좌경, 용공 학생들의 모임인 민추위가 있고, 이 단체를 뒤에서 사실상 조종하는 사람이 바로 김근태라는 것이었다.

그리하여 김근태 등을 국가보안법 위반 등의 혐의로 구금하여 수사하였는데, 9월 25일까지 22일 동안 법관이 발부한 구속영장도 없었고 또한 구금사실을 가족들에게 통지해주지도 않은 불법 행위가 저질러졌다.

경찰 및 검찰이 조사하여 기소한 장문의 범죄사실을 여기에서 자세히 언급할 필요는 없지만, 크게는 다음의 3가지로 요약될 수 있다. 첫째는, 피고인 김근태가 민청련의 지도이념으로 채택한 민족민주주의(National Democracy : ND)의 이념은 북한공산집단의 통일전선전술에 동조하는 것으로서, "민청련은 반국가단체"이다. 둘째는, 피고인은 민청련 간부들을 만나 ND 이념의 당위성을 주장함으로써 "북한공산집단의 통일전선전술에 동조하였다." 셋째는, 피고인은 모리스 돕이 쓴 「자본주의의 과거와 현재(*Capitalism Yesterday & Today*)」라는, 국외 공산계열의 활동에 동조하는 이적 표현물인 책자를 소지"하였다는 것이었다.

2. 수사과정에서의 고문과 그 폭로*

법관의 영장 없이 그리고 가족에의 통지도 없이 불법 구금상태에

---

* 김근태에 대한 수사과정에 관해서 한홍구, 앞의 책, pp.313-327에 상세히 기술되어 있다.

있던 김근태는 수사과정에서 엄청난 고문과 폭행을 당하였다. 그동안 많은 사람들이 고문을 당하였다고 법정에서 호소하였으나, 대부분의 판사들은 이를 무시하였고 언론 역시 단 한줄도 이 이야기를 보도하지 않았다.

그러나 김근태의 경우는 다른 사람과 달리 다행히도 인재근(印在謹)*이라는 동료이자 부인이 있었다. 인재근은 남편이 사라져 행방을 알 수 없게 되자, 어디서 조사받든지 간에 결국에는 검찰에 송치될 것이라는 것을 알고, 기약 없이 검찰청사에서 그를 기다렸다.

드디어 9월 26일 검찰청사 9층 승강기 앞에서 기적적으로 남편과 마주쳤다. 김근태는 1분도 안 되는 짧은 시간 동안에 자신이 당한 고문의 내용을 이야기했고 발과 팔꿈치에 시꺼멓게 남아 있는 전기고문의 흔적을 보여주었다. 이를 본 인재근은, “무릎 꿇고 사느니 서서 죽기 원한다”는 민청련 명의의 유인물을 작성하여 배포하였다. 언론은 여기에도 침묵하였지만, 일부 재야단체와 변호인들이 이를 폭로하고 이슈화하였다. 당시 은밀하게 행해져왔던 여러 고문들에 비하여 김근태에 대한 고문이 유독 사회의 관심을 끌게 된 데에는 2가지 특이점이 있었기 때문이다.**

첫째는, 고문의 폭로내용이 대단히 구체적이었다는 데 있었다. 즉 김근태는 고문을 당하면서도 고문자들의 손목시계를 보고 시간을 기억했으며, 조서에 날인할 때에도 사법경찰관 누구라고 쓰여진 이름을 기억해두었다.

둘째는 고문의 증거를 확보해두려고 노력하였고 그리하여 어느 범

---

* 2017년 현재 국회의원이다.

** 한홍구, 앞의 책, p.316

위에서는 성공을 거두었다. 밀실에서 자행된 고문에는 목격자도, 물적증거도 없어 이를 입증할 방법이 없음을 잘 알고 있었기 때문이었다. 즉 그는 전기고문을 당할 때 고통에 못 이겨 몸부림쳤고, 발뒤꿈치를 짓밟혀 야구공만한 피딱지가 남아 있었다고 하였다. 그는 이 딱지를 숨겨서 잘 보관하였다가 이돈명 변호사 등을 접견하면서 그것을 보여주고 법정에 증거로 제출해줄 것을 부탁하였다. 그러나 교도관들의 제지로 뜻은 이루지 못하였고, 감방으로 돌아온 뒤 교도관들은 그것을 강제로 빼앗아버렸다. 그러나 그러한 사실마저도 없었던 것으로 할 수는 없었다.*

이와 같은 사실이 알려지자 변호인단은 10월 2일 김근태의 상처에 대해서 "신체감정 증거보전"을 청구했다. 즉 판사로 하여금 김근태의 신체를 직접 보게 하고 나아가 전문가(의사)인 감정인으로 하여금 그 상처가 어떻게 생긴 것인지 진단, 감정하게 하려는 것이었다.

법률에 따른 적법한 신청을 막을 방법이 없었기 때문에 담당 판사는 10월 8일 "검증실시 검토"(즉, 검증을 실시하기로 결정함)를 하고, 10월 10일에는 국립의료원으로부터 "감정인(정형외과 의사) 추천 회보서"(즉, 신체감정을 할 의사를 지정해 옴)를 받았다. 이러한 진행상황으로 보아 담당판사는 그대까지는 감정을 진행시킬 계획이었던 것 같았다.

그러나 갑자기 다음날인 10월 11일 판사는 "감정절차 진행연기 결정" 및 "김근태 조사기록 검토"를 하였고, 이어서 12일에는 "증거보전 필요성 불인정, 기각결정"을 내렸다. 그 기각의 이유는 "피고인 김

---

* 한홍구, 앞의 책, p.318

근태가 검찰에서 묵비권을 행사하였기 때문에, 고문여부로 증거능력을 다툴 진술 내용이 없어서, 증거보전 절차에 실익이 없다"는 것이었다.*

쉽게 풀어 말하면, 검찰에서 "아무런 진술도 하지 않았기 때문에" (묵비권), 수사과정(진술과정)에서 "고문을 받았는지의 여부를 조사해 볼 필요조차 없다"는 취지이다. 이 논리가 설득력 있는 이론구성인지는 독자들 스스로의 판단에 맡기기로 한다. 안기부에 의한 "강력조정"과 사법부에 의한 "고뇌에 찬 결정"이라는 어구 사이에 착잡한 생각이 교차하는 장면이다.

3. 재판절차의 진행**

1심 재판은 1985년 12월 19일에 시작되었다. 법정이 협소하다는 이유로 제한된 숫자의 방청권만이 발행되었다. 피고인 김근태의 부인도 방청권을 얻지 못하였으나, 강력한 항의 끝에 겨우 법정에 들어올 수 있었다.

검사의 모두진술이 끝나자, 재판장은 피고인에게 재판진행에 대한 피고인의 의견을 진술해도 좋다고 허락하였다. 피고인은 지난 9월 한 달 동안 남영동에 있는 대공분실에서 참혹한 고문을 당했다고 이야기하였다. 또한 변호인의 접견제한 그리고 발꿈치의 딱지 탈취 사건에 대해서도 이야기했고, 전기고문을 당하면서 죽음의 그림자가 "코앞

---

* 한홍구, 앞의 책, pp.319-320

** 김근태에 대한 재판과정에 관해서는 한홍구, 앞의 책, pp.328-342에 상세히 기술되어 있다.

에" 다가왔음을 느꼈다고도 하였다.*

김근태의 모두진술이 끝난 후 변호인들은 공소사실 조사에 앞에서 고문 여부에 대한 조사가 선행되어야 한다고 주장하여, 사실심리는 일단 연기되었다.

삼엄한 경비와 제한된 수의 방청권만이 발부된 가운데 매주 1회 재판이 진행되었고, 8회 공판부터는 주 2회씩 재판이 열렸다.

1986년 2월 27일 제11회 공판에서 피고인 김근태는 최후진술을 하였다. "이제 본인은 징역을 삽니다"라는 말로 유죄판결이 내려질 것임을 당연시하였다. 이어서 "본 사건을 시대의 불행 중 하나라고 봅니다. 그러나 이것은 본인의 불행일 뿐 아니라, 이 시대, 우리 사회의 비극으로서, 우리가 같은 공감대를 갖고 통곡해야 마땅합니다"고 말하였다.**

1986년 3월 6일 선고공판에서 재판부는 피고인에게 3가지 공소사실 전부를 유죄로 인정하고 징역 7년을 선고하였다. 판결 이유는 다음과 같이 요약된다.

먼저, 변호인들은 위법행위와 가혹행위를 토대로 하여 검찰이 이 사건 공소를 제기한 것은 공소권의 남용에 해당된다고 주장하였으나, 재판부는 대법원의 판례상 공소권남용이론은 인정되지 않는다고 단정하였다.

다음으로, 수사과정에서의 고문 등 가혹행위의 문제는 법률상 증거능력의 문제일 뿐으로서, 가혹행위가 인정된다면 그러한 진술 등은 증거능력이 없게 되겠지만, 그렇지 않은 마당에서는 이는 단지 증명

---

* 한홍구, 앞의 책, p.329

** 한홍구, 앞의 책, p.334

력의 문제, 즉 자유심증주의의 문제가 될 뿐이라고 정리하였다. 그런데, 가혹행위는 이를 인정할 증거가 없고, 나아가 피고인 김근태 및 다른 피고인들의 검사 앞에서의 진술을 종합해보면(검사 작성의 조서는 법률상 증거능력이 인정된다), 법관의 자유심증상 공소장 기재의 범죄사실을 인정할 만하다는 것이었다.

끝으로, 영국의 경제학자 모리스 돕의 저서 「자본주의의 과거와 현재」는 검찰측 증인의 증언에 의하면, "공산계열의 활동에 동조하는 서적"이라고 볼 수 있다고 판단하였다.

이러한 판결에 대해서 피고인 김근태는 훗날 다음과 같이 회고하였다. 우선, 자신이 남영동에서 당한 고문을 폭로하는 동안 재판장이 이를 제지하지 않고 그대로 들어준 것은 고맙게 생각한다.* 그리고 피고인을 유죄로 인정한 결정적인 증거가 검사 앞에서 피의자 신문조서에 손도장을 찍어준 것이었는데(이렇게 되면 법률상 증거능력이 인정되게 된다), "누가 손도장을 찍으라고 했는가. 당신들이 스스로 찍어준 탓이다"라고 판사가 질책하는 것으로 느껴졌다. 결국 판사는 "고문한 자들의 죄를 묻지 않고, 고문에 굴복한 죄를 묻는 것과 같았다"고 김근태는 호소하였다.**

이 판결에 대해서 피고인은 서울고등법원에 항소하였는데, 항소심에서 피고인에 대한 형량이 7년에서 5년으로 감경되었고, 이는 1986년 9월 23일 대법원에서 그대로 확정되었다.

---

* 한홍구, 앞의 책, p.336
** 한홍구, 앞의 책, p.337

4. 재심절차의 진행 및 무죄판결

변호인들의 노력에도 불구하고, 피고인 김근태에 대해서 1986년 9월 유죄판결이 확정되었으나, 그 무렵 정치상황은 시시각각으로 변화되고 있었다.

큰 사건들만 추려보더라도, 1986년 5월 부천서 성고문사건, 1987년 1월 박종철 군 고문치사 사건, 1987년 6월의 6월항쟁과 뒤이은 6-29 민주화선언 등이 있었다.

올림픽이 열리기 몇 개월 전, 1988년 2월에는 전두환이 물러나고 노태우가 대통령이 되었으며, 5년 뒤 1993년에는 김영삼이, 다시 5년 뒤 1998년에는 김대중이 대통령에 당선됨으로써 드디어 문민정부가 완성되었다. 5년 뒤인 2003년에는 노무현이 대통령이 됨으로써 정치권력의 면에서는 10년 만에 강산은 완전히 바뀌었다.

완전히 다른 세상이 되자 그동안 민주화투쟁을 하면서 험난한 세월을 살아왔던 사람들이 하나 둘 빛을 보게 되었으며, 피고인이었던 김근태도 보사부장관까지 지내게 되었다.

그러나 “좋은” 시절은 그리 오래 지속되지 못하였다. 김근태는 고문을 당한 후유증으로 오래 전부터 지병인 파킨슨병을 앓고 있었다고 주장했는데, 2011년에 이르러 병세가 급격히 악화되어 그해 12월 30일 세상을 떠나고 말았던 것이다.

상황이 이렇게 되자 그 유가족들은 법률적인 의미에서 피고인 김근태가 명예회복을 할 수 있는 방법을 강구하게 되었고, 결국 그 부인인 인재근은 부군의 사망 다음해인 2012년 10월 1일 재심청구를 하게 되었다.

본래 재심이라는 것은 확정된 판결을 뒤집는 것이므로, 그 요건이 지극히 엄격함은 당연한 것이지만, 이 사건의 경우에는 "수사에 관여한 검사나 수사관이 고문을 한 사실"을 근거로 하여(형소법 제420조 제7호) 재심을 청구한 것이었다. 다행히, 김근태에 대해서 1985년 9월 4일부터 9월 25일까지 수사기관에서 심문받는 동안 4명의 경찰관이 고문을 한 것으로 이미 대법원의 유죄확정판결이 1983년 12월 21일에 있었기 때문에, 재심사유의 입증에는 별다른 문제점이 없어 보였다.

이와 같이 재심사유가 명백해 보임에도 불구하고 어떤 이유인지 재판부는 신청이 있은 지 1년 반이나 지난 2014년 3월 11일에야 재심을 받아들이는 재심개시결정을 하고, 곧 이어 2개월 반 만인 같은 해 5월 29일 원심판결(1986년의 서울고법 판결)을 파기하고, 피고인 김근태에게 "무죄"의 선고를 하였다.

그 무죄판결의 이유는 16면에 걸쳐 장황하게 설명하였으나, 그 요지는 2가지였다. 그런데 무죄이유를 이해하기 위하여는 약간의 법적상식과 법적 논리조작을 알고 있어야 한다. 형소법상 피고인이 "경찰에서 한 진술"(자백내용의 진술)은 나중에 법정에서 이를 부인하기만 하면 그 자체로 바로 증거능력이 없어져버리므로 증거로 사용할 수 없다. 반면에 피고인이 "검찰에서 한 진술"은 나중에 법정에서 이를 부인하더라도, 스스로 그 조서에 도장을 찍었으면, 이를 증거로 사용할 수 있고(증거능력이 있고), 다만 판사가 이를 진실인 것으로 믿느냐 마느냐는(증명력이 있는가는) 판사의 자유심증으로 결정한다는 것이다.

나머지 참고인들(증인들)의 진술은 역시 증명력의 문제로서 판사가 이를 믿어주느냐의 여부에 달려 있지만, "만약 경찰에서 조사시 고문 등을 받아 범죄를 인정한 것이 밝혀졌다면, 그 이후 검찰에서 동일하게(고문을 당하지 않고도) 범죄를 인정하였더라도, "이는 경찰에서 받았던 심리적 강박상태가 검찰에까지 계속되어 진술한 것으로 볼 수 있다"고 하여(대법원 1983. 9. 27 선고 83도1953 판결을 인용하고 있다), 이를 증거로 받아들이지 않는 것이 옳다는 논리이다.

이러한 이론을 바탕으로 하여, 피고인이 한 자백 등의 진술과 나머지 참고인, 증인 등의 진술들은, 모두 증거능력이 없거나 또는 증거능력이 있더라도, 범죄사실을 입증하기에 충분한 증명력이 없다고 판단하여 처음 2개의 범죄사실(민청련의 반국가단체성 및 그 활동이 북한의 통일전술에 동조하였다는 점)에 대해서는 무죄라고 결론지었다.

나머지 한 가지 공소사실(「자본주의의 과거와 현재」라는 책자의 성격판단 문제)에 대해서도, 그 판단의 기준시점이 이전의 재심대상 판결 당시가 아니라 이 사건 현재의 재심판결 당시를 기준으로 해야 할 것인데, 현재의 기준으로 살펴보니, "이적행위를 할 목적으로" 이를 취득, 소지하였다고 볼 수 없다고 결론지었다.

결국 김근태는 재심을 통하여 3가지 국가보안법 위반 사실에 대해서 모두 누명을 벗고 무죄판결을 받았던 것이다. 이 재심 무죄판결을 근거로 하여 김근태의 유족들은 다시 국가를 상대로 고문 등 불법행위를 이유로 민사상 손해배상 청구소송을 제기하여 2016년 7월 12일 일정 금액의 승소판결을 받아 일부나마 정신적 보상을 받게 되었다. 유족들의 나머지 소망은 김근태의 사망원인인 파킨슨병이 궁극적으로는 1985년 고문의 후유증임을 공적으로 인정받는 것이라고 했는데, "의학적 인과관계"의 입증에 고심하고 있다.

5. 뒤에 남는 생각들 및 다른 사건들의 처리

김근태에 대한 재심무죄 판결이유를 보면서 자연스럽게 몇 가지 의문에 도달하게 된다. 우선, 이 사건에서는 "다행스럽게도" 경찰 수사에 관여하였던 4명의 수사관들이 모두 고문행위를 한 것으로 인정되어 유죄 판결을 받았다. 따라서 형소법상 재심의 요건에 정확히 해당되었기 때문에 재심절차의 진행에 걸림돌이 없었다.

그런데 이와 같은 고문내용들을 피고인 김근태는 이미 1985년의 1심 재판 당시부터 강력하게 눈물로서 호소한 적이 있었는데, 왜, 그때에는 받아들여지지 않았는가 하는 아쉬움이다.

다음으로, 법원이 재심무죄의 이유로서 설명하는 논리, 결국 증명력을 배제하는 논리 및 인용하는 대법원 판례는 과연 종전에는 모르고 있었던 것을 비로소 나중에야 깨달은 것인지 의문이 든다.

나아가, 고문경찰관 4명이 기소되어 재판받은 1990년경에는 이미 강압적인 전두환 정권이 물러나고, 민주화와 문민화의 욕구가 한참 팽창하던 시기였는데, 당시 정가 내지 법조계에서는 "김근태의 고문에 대한 책임자의 범위"를 어느 정도까지로 할 것인가가 뜨겁게 논의되고 있었다. 일부는 당시 "수사를 맡은 검사"까지도 최소한 고문사실을 모르고 있지는 않았으리라고 보고 처벌범위를 넓혀야 한다고 주장하기도 하였다.

그러나 보다 진지한 논의는 "정치적 이유로" 더 이상 진행되지 못하였고, "힘없는" 4명의 수사관만이 책임을 뒤집어쓰고, 처벌되는 것으로 마무리되었다. 그들이 과연 진정으로 이 결과를 수긍하고 받아들일 것인지 의문이 아닐 수 없다.

끝으로, 권위주의 시절에 억압적인 방법으로 수사를 받고 이를 토대로 수많은 피고인들이 유죄판결을 받았던 것으로 밝혀지고 있다. 2005년 9월 취임한 이용훈 대법원장은 취임사에서 "사법부가 정치권력으로부터 독립을 제대로 지켜내지 못하고 인권보장의 소임을 다하지 못한 불행한 과거를 가지고 있다"고 반성하였다. 이러한 연장선상에서 대법원은 어떤 기준을 택하였는지는 밝히지 않았지만, 224건의 "문제판결"을 분석하였다고 밝히고 있다. 그러나 시간이 지나면서 이에 대한 진척상황 및 처리결과는 용두사미로 밝혀지지 않은 채로 있음은 이미 앞에서 본 바와 같다.

그나마 일부 명예회복의 의지가 강한 피해자들은 진실과 화해를 위한 과거사위원회를 찾아가, 재심권고 결정을 받아내고, 이를 토대로 삼아, 법원에 재심청구 및 재심무죄 판결을 받은 경우가 약간 있을 정도이다.

이러한 과정에서도, 사법부 판단의 "일관성 없음"과 "시의추종성"이 엿보이는 면이 있다. 사실, 과거사위원회의 재심권고 결정은, 엄격히 말하여 형소법이 규정하는 재심개시 사유의 어느 곳에도 정확히 해당되지 않는다. 그럼에도 불구하고 사법부는 "국가기관인" 과거사위원회가 내린 결정이기 때문에 이를 존중하여 재심을 받아들인다는 안이한 모습을 보여줌으로써, 다시 한번 시류에 영합하는 안타까운 마음이 드는 것을 막을 수 없다.

부록

세계적으로 과거사청산은 어떻게 정리되었는가?*

세계적으로 보아, 과거사청산의 문제가 국제적으로 주목을 받은 나라들이 적지 않게 있었다. 우선 유럽의 경우를 보면 독일(나치스 문제)과 프랑스(나치스 독일에의 협력), 스페인(프랑코의 독재통치), 러시아(스탈린의 독재), 남미의 경우에는 아르헨티나(군부독재)와 칠레(군부독재), 아프리카에서는 남아공(흑백 인종차별주의)의 예가 있다.

그러나 이러한 여러 나라들의 과거청산 과제는 대체로 비슷하였지만(특히 인류의 보편적 가치를 거스르는 반인륜적 행위를 다루는 면에서), 그 과거사를 청산하는 방식은 나라별로 크게 달랐다. 개별국가의 예를 간략히 살펴보면 다음과 같이 3가지 유형으로 나누어볼 수 있다.

1. 철저한 사법적 청산 : 독일, 프랑스

독일과 프랑스는 제2차 세계대전 직후 사법적 절차를 거쳐 비교적

* "과거사청산과 피해자 구제"에 관련한 외국의 처리방식은 너무나도 다양하고 복잡하여 따로 독립해서 취급하는 것이 적절하다고 생각하였기 때문에 "부록"의 형태로 정리하였다. 그리고 여기의 과거사청산에서는 "피해자 구제"뿐만이 아니라 "가해자 처벌"까지도 함께 아울러 살펴본다.

신속하게 나치 세력(독일의 경우)과 나치의 추종자 혹은 부역자(프랑스의 경우)를 처벌하고 숙청하였다.

독일의 과거사청산작업의 시작은 외부인에 의하여 이루어졌다. 즉 1945년 독일을 점령한 연합군은 뉘른베르크 재판이라는 사법적 청산을 하게 되었다. 이러한 조치는 과거사청산의 신호탄으로서, 나치가 다시 부활하지 못하도록 제도적, 인적 청산이 광범위하게 이루어졌다는 의미에서 역사적 중요성이 있다.*

그 재판과정은 이미 앞에서**상세히 살펴보았기 때문에 여기에서 다시 기술하지는 않겠지만, 역사상 처음으로 반인륜 범죄를 규정하고, 전쟁범죄의 책임을 국가가 아닌 개인에게 물음으로써 국제법 발전에 크게 공헌한 것으로 평가받고 있다.

그러나 뉘른베르크 재판이 세계의 이목을 집중시킨 국제재판이었음에도 불구하고, 유태인 학살이라는 홀로코스트의 진상을 밝히는 데에는 크게 미흡하였다는 비판을 받았다. 그러던 중, 1960년대 초에 이르러 아르헨티나에서 아이히만이 체포되어 1961년 예루살렘의 법정에 선 재판이 세계적인 반향을 불러일으켰고, 이는 현재까지 진행되고 있는 나치 청산의 시발점이 되었다.

제2차 세계대전의 과거사청산의 비교적 성공적인 경험을 토대로 하여 독일은 1990년 10월 3일, 독일 통일 완성 이후 구동독의 공산독재체제까지 무난히 청산하는 성숙함을 보였다. 독일의 과거사청산작업은 여기에 그치지 않고, 나치 정권의 또 다른 피해자였던 외국인 강제노동자에 대한 보상 문제까지도 정리하였다. 즉 2000년 독일 정

---

* 독일의 과거사청산에 관해서는 안병직 외 10인, 앞의 책, pp.42-77

** 이 책 pp.244-248 참조

부와 기업이 공동으로 기금을 출연하여 "기억, 책임, 그리고 미래"라는 이름의 재단을 설치함으로써 해결을 시도하게 되었던 것이다.

한편, 프랑스에서 과거사청산 작업*의 대상은 1940년 6월 22일 프랑스가 독일에 항복한 시점부터 1944년 8월 25일 파리 해방까지의 4년여 동안의 "암울했던 시절"에 독일의 나치에 협력했던 부역자들을 어떻게 처단할 것이냐의 문제였다. 대독협력자들에 대한 최초의 숙청은 재판소가 아니라, 거리에서 혹은 숲속에서 "약식 처형"의 형태로 이루어졌다. 즉 레지스탕스 대원의 "테러"라는 형태로 행해졌거나, "공개처형"으로 이루어졌다. 이러한 처형의 규모는 상세히는 알 수 없으나 10만 명 이상 사망설도 있을 정도이다.

당연히 이러한 상태는 오래 지속될 수는 없었고, 드골의 임시정부가 들어서자 부역자 처벌을 하루 빨리 제도화해야만 했다. 최초에는 기존의 형법 제75조 내지 86조에 규정된 "국가방위에 해로운 행위" 또는 "적과의 내통행위" 등을 처벌하는 규정에 의존하였다.

그러나 이 규정만으로는 간접적인 부역자들 또는 선전자들까지는 처벌하기 어려웠으므로 1944년 8월 26일 특별명령을 통하여 "국치죄(國恥罪)"를 신설하여, "자발적으로 독일에게 직접, 간접적인 도움을 주었거나, 프랑스인의 자유와 평등에 해를 끼친 행위"를 처벌할 수 있도록 하기에 이르렀다. 이에 따라 특별재판소인 부역자재판소가 설치되었고 여기에서 55,331명이 판결을 받았다. 이중 12.2퍼센트는 사형을(다만 실제 처형은 767명), 69.2퍼센트는 징역형을, 12.2퍼센트는 무죄를, 나머지는 공민권 박탈형을 선고받았다. 그러나 이러한 사법

---

* 프랑스의 과거사청산에 관해서는 안병직 외 10인, 앞의 책, pp.80-106

적 숙청에 대한 사후의 평가는, 전체적으로 보아 긍정적이지는 못하였다.

우선, 재판이 너무 늦게 시작되었고, 선고까지의 과정이 너무 오래 걸렸으며, 선고의 결과에 대해서도 판결의 불균등성이 지적되었다. 특히 언론계와 문단에 대해서 그렇게 느껴졌다. 또한 공무원들과 경제적 부역자들에 대한 처벌의 강도가 너무 약하였다. 그리고 판결시기에 따른 형량의 불균형도 지적되었다.

그러나 이러한 이중적이고 모순적인 성격은 애초부터 피할 수 없는 숙명이었다. 즉 부역행위를 가능한 한 철저하게 단죄함으로써 정의를 실현해야 할 필요성과, 과거 4년간의 상처를 치유하고 국민화합을 이루어야 할 필요성이 충돌할 수밖에 없었기 때문이었다. 사정이 이러했던 만큼, 부역자들에 대한 처벌은 "초법적 숙청"과 "사법적 숙청"만으로 이루어진 것은 아니었고, 이에 대해서 해임, 파면 등의 중징계처벌을 하는 "행정적 숙청" 또는 기업주들과 기업간부들을 상대로 한 "경제적 숙청"의 방법도 동원되었음은 물론이다.

2. 진상규명과 사면 : 남아공, 아르헨티나, 칠레

한 나라의 잘못된 과거사를 어떻게 청산할 것인가의 논란은 결국 그 시대의 정치적 상황을 그대로 보여주는 축소판이다. 나라에 따라서는 한 시대에 저질러진 과오나 해결되지 않은 의혹들을, 사법적으로 처리하는 것보다는 다른 방법으로 즉 "진상은 규명하되, 그 이후에는 처벌 대신 사면"으로 마무리하는 절차를 취한 경우도 있었다. 그 대표적인 예가 남아프리카공화국의 경우이다.*

남아프리카공화국이라는 나라는 원래 1488년 포르투갈의 배가 인도로 가는 길을 찾아나섰다가, 장기항해에 필요한 채소 등 물자를 공급하는 도시 케이프타운으로부터 발전되었다. 그후 1860년대에는 다이아몬드 광산이 개발되고, 1886년에는 금광이 발견되면서, 식민지로서의 비중이 커지자 원주민들을 제치고 영국인과 네덜란드인 등 백인들의 각축장이 되었다. 1910년에는 영국의 식민지에서 벗어나서 남아프리카연방(Union of South Africa)라는 독립국가가 되었다. 그 과정에서 권력을 잡은 네덜란드계 국민당은 "분리"를 뜻하는 "아파르트헤이트(Apartheid)"라는 슬로건 아래에서 흑인 원주민들을 차별, 격리하는 정책을 1948년부터 공식적으로 채택하였고, 1960년대에는 그 절정에 달하였다. 그러나 국민당의 독재체재는 1994년에 끝이 났고 1995년에 넬슨 만델라의 정부가 들어서면서 과거사를 정리해야 만 할 필요성에 직면하였다.

이 작업의 책임을 맡은 투투 대주교는 고심 끝에 "진상규명은 철저히 하되, 스스로 나서서 사실을 털어놓는 가해자에 대해서는 처벌이 아닌 사면을 제공하기로 결정했다." 이러한 작업의 수행을 위하여 진실과 화해 위원회를 설치하고 활동을 하게 하였다. 뉘른베르크 재판과 같은 깨끗한 청산을 하지 못하고, 이와 같이 중간적인 청산을 할 수밖에 없었던 이유에 대해서 진실과 화해 위원회의 보고서 서문은 다음과 같이 정리하고 있다.

"우선, 남아공에서는, 해방운동 측이 제2차 세계대전 이후 연합국처럼 '승자의 정의'를 행사할 만한 강력한 위치에 있지 못했다. 또한

---

* 남아공의 과거사청산에 관해서는 안병직 외 10인, 앞의 책, pp.148-188

전 정권 관련자들의 입장에서는, 만일 자신들이 저질렀던 일로 혹독한 재판을 받을 것이라고 예상하였다면, 협상은 깨졌을 것임이 분명하고, 그러면 평화적인 이행은 불가능했을 것이다."

그러나 이러한 청산방식은, "청산과정에서 진상규명과 국민적 화해라는 잡기 어려운 두 마리의 토끼를 동시에 잡은 이상적인 사례"라고 긍정적으로 평가받고, 세계적으로 인정받는 "모범적인" 사례로 꼽힌다. 그러나 그 내막을 보면 반드시 성공적이라고 할 수 없는 면도 보인다.

정작 아파르트헤이트 체제를 만들고 살해명령을 내렸던 지도자들인 큰 고기들은 아예 사면신청을 하지도 않았고, 사면신청을 한 흑인들 가운데 많은 수는 아파르트헤이트 정권의 하수인으로 활동했던 이들로 밝혀졌다. 또한 사면신청자 중에서 실제로 사면을 받을 수 있었던 비율은 5분의 1이 채 되지 못하였다고 한다.

한편 아르헨티나는 "추악한 전쟁(guerra sucia)" (1976-1983년)의 청산이라는 과거사청산 문제를 안고 있었다.* 1976년 3월 24일 일단의 군부세력이 쿠데타를 일으키고 "자신들이 정한 정의의 기준에 따라 수많은 사람들을 납치, 살해하거나 또는 실종자로 만들어버린 것이다."

이 추악한 전쟁은 1983년 소위 포클랜드 전쟁에서 영국에게 패배한 군부통치자들이 물러나고, 알폰신 대통령의 민선정부가 들어선 후 대통령 직속으로 설치된 실종자 진상조사 국가위원회의 활동을 통하여 청산의 대상이 되었다.

---

* 아르헨티나의 과거사청산에 관해서는 안병직 외 10인, 앞의 책, pp.192-222

이 위원회는 1984년 9월, 온갖 어려움을 겪으면서, 5만여 쪽에 달하는 최종보고서, 「다시는 안 돼(*Nunca Más*)」라는 단행본을 작성, 제출하였다. 이 보고서는 군부독재의 공포정치에 대한 고발장으로서, 무차별적인 납치와 수감, 고문과 살인의 실상을 적나라하게 폭로하고 있다.

그러나 그 서문에서 밝히고 있는 바와 같이, 가해자의 처벌과 판결은 사법부의 고유영역이었기 때문에 국가위원회는 관련자들을 처벌할 수 없었고, 오로지 탄압의 유형과 피해의 규모를 밝히고 후속 인권재판의 필요성을 권고하는 데에 그칠 수밖에 없었다.

이에 따라 군인에 대한 형사재판권을 독점하고 있던 군사법원은 일부 장군들에 징역형을 선고하는 등의 성과를 올렸으나, 일부 군 장교들의 반발, 정부방침의 일관성 결여 및 극심한 인플레이션으로 인한 경제사정의 악화로 인하여 난항에 빠졌다. 그리하여 당시 알폰신 대통령은 1989년 6월 임기종료 6개월을 앞두고 사임해버렸고, 후임 메넴 대통령은 취임 직후 1991년 1월 대대적인 사면을 통해서 "추악한 전쟁" 관련자들을 모두 석방시켜버렸다.

이로써 공식적인 청산은 정치적으로 마무리되었다. 그러나 혼란스러운 정치적, 경제적 현실에 부딪쳐 정치적 타협을 너무 서둘러버리는 바람에 특히 오월 광장 어머니회가 주도하는 실종자 문제는 현재까지 뜨거운 쟁점으로 남아 갈등의 씨앗이 되고 있다.

칠레의 경우에는 1970년 선거를 통해서 집권한 아옌데 정권을, 피노체트 장군이 1973년 쿠데타를 일으켜 무너뜨림으로서 문제가 발생하였다.* 피노체트는 선거에 의한 민주정부를 폭력적인 방법으로 전

* 칠레의 과거사청산에 관해서는 안병직 외 10인, 앞의 책, pp.226-252

복한 후 1990년 아일윈 대통령이 집권할 때까지 17년 동안 반대세력을 무자비하게 탄압하여 사망, 실종, 고문 등의 인권침해를 저질렀다. 이 문제를 청산하는 것이 민간 정부의 과제로 등장한 것이다.

그런데 "서로 대립적인 기억의 충돌"이라는 칠레만의 특수한 상황이 문제해결을 어렵게 하고 있었다. 즉 피노체트의 등장을, 한편에서는 "국가적 무질서를 극복하고 국가적 통합을 이루기 위한 불가피한 조치"로 이해하는 반면, 다른 한편에서는 "민주정부를 전복하고 반대세력을 무자비하게 탄압한 야만적인 시대"로 규정했던 것이다.

이러한 상황 때문에, 군부정부에서 민간정부로 이행된 뒤에도, 피노체트의 정치적 영향력이 그대로 행사되고 있다는 느낌을 가지게 했다. 이와 같은 여건 속에서 집권한 아일윈 정권은 곧 바로 1990년 진실과 화해를 위한 국가위원회를 설치하고 보고서를 발간하였다. 그러나 이 위원회는 "협약된 이행"이라는 한계 속에서 진실규명보다는 화해를 강조함으로써 가해자들을 구체적으로 거론하지 않았고 또한 연행실종자 사례들은 아예 다루지도 않았으며, 그 결과 피해당사자들을 설득하는 데에 실패하고 말았다.

이러한 상황에서 과거사청산을 요구하는 인권단체와 정치세력의 압박이 강해지자 정부는 1998년 8월 대화위원회를 통하여 갈등해소를 시도하였다. 그러던 중 1998년 10월 망명 중이던 피노체트가 런던에서 스페인 사법당국의 요청으로 체포되면서 변화를 겪게 된다. 우여곡절 끝에 영국정부는 건강상의 이유를 들어 피노체트의 칠레 귀국을 허용하자 칠레 대법원은 2000년 6월 피노체트의 면책권을 박탈하여 사법처리의 가능성을 열어주었다. 그러나 결국은 치매라는 건강상의 이유로 재판이 종료됨으로써, 칠레의 과거사청산은 형식적으로는 일단락되었으나, 새로운 과제를 시작해야 하는 출발점에 서있다고 할 것이다.

3. 기억과 망각 : 스페인, 러시아

지금까지 보아온 과거사청산의 방식은 어떤 형식으로든지 간에 (처벌이든지 진실규명이든지) 과거를 정리한 연후에 장래의 나아갈 길을 정한 것이었다.

그러나 세계에는, 특이하게도, 잘못된 과거사를 정리하지 않고 "그대로 내버려둠으로써 과거사를 청산"하는 방식도 있어왔다. 다음의 두 나라가 그 예이다.

스페인 내전은 "두 개의 스페인", 즉 좌파와 우파, 진보와 보수의 오랜 대결이었다.* 내전의 시작은 당시 합법적 선거를 통해 집권한 공화정부를 프랑코 등 소수 정치군인들이 1936년 쿠데타를 일으켜 전복시킴으로서 시작되었다. 1939년 내전은 프랑코의 승리로 종결되었지만, 비극은 이로써 그치지 않고 가혹한 패잔병 소탕작전으로 이어졌다. 프랑코는 더 나아가 자신의 권력을 유지하고 강화하기 위하여 1975년 그가 사망할 때까지 참혹한 탄압을 계속하였다.

1975년 11월 독재자 프랑코가 죽고 1982년 사회노동당이 정권을 장악할 때까지 민주주의로의 이행이 진행되었다. 그러나 그 과정에서 스페인 국민들은 약 40년 동안에 걸친 트라우마적인 쓰라린 경험에 기초하여, 더 이상 집단행동이나 폭력적인 행태가 있어서는 안 되며

---

* 스페인의 과거사청산에 관해서는 안병직 외 10인, 앞의 책, pp.256-288 및 p.324

평화와 질서, 공존과 사회적 안정, 그리고 경제적 번영만이 정치의 지상목표가 되어야 한다는 데에 공감대를 형성했다.

이러한 배경 속에서 스페인은 책임자 처벌이나 진상규명은 포기하고 민주화와 경제적 번영만을 목표로 하는 "청산 아닌 과거사청산"을 하기로 "힘든 결단"을 내린 것이다. 이러한 현상을 학자들은 침묵협정(망각협정, el pacto del olvido)이라고 부르고 있다.

이로써 큰 틀 속에서 스페인의 과거사청산은 마무리되었으나, 정치상황이 안정되면서, 아무래도 진상조사 없이 과거를 덮는 데에 미흡함을 느끼게 되는 것은 어쩔 수 없었다. 그리하여 2004년 3월 재집권에 성공한 사회노동당 정부는 과거사진상조사위원회를 구성하여, 과거 프랑코 독재시절의 불법행위에 관한 진상을 조사하기에 이르렀다.

러시아에서의 과거사 정리는 그 나름의 또다른 특색을 가지고 있다.* 1917년 제1차 세계대전의 와중에서 태어난 인류 최초의 공산주의국가는 레닌의 권력장악으로 시작되었다. 그는 권력유지의 수단으로 강제수용소의 설치 등 가차 없는 투쟁을 수행하였다.

그의 시대를 지나 1929년 권력을 승계한 스탈린은 그가 사망한 1953년까지, 권력투쟁 과정 및 권력유지 과정에서 온갖 강압적인 수단을 아끼지 않았다. 강제적인 공업화와 농업집단화 과정에서, 재산몰수, 체포, 총살, 강제수용소 이송, 시베리아로의 추방 등 거의 모든 계층의 사람들이 테러의 대상이 되었다. 바로 이 시기에 벌어진 각종 가혹행위들이 그 이후 시대의 변화와 함께 과거사청산의 대상으로 대두된다.

---

* 러시아의 과거사청산에 관해서는 안병직 외 10인, 앞의 책, pp.330-362.

1953년 스탈린의 사망 후 권력을 잡은 흐루시초프는 1956년 제20차 당대회에서 처음으로 스탈린 체제를 공격(개인숭배와 그 결과)하는 비밀연설을 하게 되었다. 그러나 그는 불법숙청과 소수민족 부당추방 등은 언급하였지만, 이보다 더 큰, 대기근의 희생, 지식인과 유대인에 대한 억압, 농업집단화의 참사 등은 전혀 언급하지 않았다. 그 이유는 스탈린 시대의 각종 악행을 철저하게 청산함으로써 얻는 정치적인 이점이 있음을 분명히 알고 있었지만, 다른 한편으로 이로 인한 위험성도 역시 너무나도 잘 알고 있었기 때문이었다. 즉 어느 누구도 스탈린 시대에 자행된 테러의 책임으로부터 자유스러울 수 없었고, 이를 범죄로 인정하지 않으려고 했기 때문이었다. 그리하여 흐루시초프가 선택한 것은 "글라스노스치(개방) 없는 과거사청산", 다시 말하여 "조용한 탈스탈린화"였던 것이다.

그러나 이러한 임시방편적인 상태도 그리 오래갈 수 없는 운명이었다. 역사는 계속 흘러가면서, 러시아의 정치상황도 급변하였다. 즉 "노인정치"라는 표현으로 상징되는 지도부의 정치적 화석화, 특권집단들의 부패, 비능률적, 명령적 체제의 경제정책, 소수민족의 팽배하는 불만, 다양한 문화적 취향에 반대되는 보수적인 문화정책과 같은 동맥경화증 현상이 나타나기 시작한 것이었다.

이러한 변화로 인하여 1985년 집권한 고르바초프는, 어쩔 수 없이 페레스트로이카(개혁)와 함께 글라스노스치(개방)를 구호로 내세우고 과거사청산의 가능성을 제기하였다. 그러나 역사의 흐름은 "인간의 협소한 지능"대로 움직여주지 않았다. 고르바초프의 정책은 불씨로 작용하여 자신에게 통제할 수 없는 부메랑으로 돌아왔다. 그리하여 자신이 통제할 수 없을 정도로 불어난 과거사청산 논의의 물결에 휩

쓸려 마침내 그 스스로가 역사의 뒤안길로 사라져버리게 되었다.

1991년, 아무런 역사청산작업의 필요성도 없이 소련연방 체제 자체가 스스로 무너져버렸다.

4. 미완의 현재진행형 : 한국

늦게 잡아 1910년의 한일합병에서 시작되어 문민정부가 열린 1993년까지 전개된 우리나라의 근-현대사가 결코 평탄하지 못하였던 만큼, 우리나라에서의 과거사청산작업 역시 결코 쉬운 일이 아니었다.

이 격동의 시기를 크게 구분한다면, 첫째로 일제강점기에 독립운동 및 주권수호 과정에서 나타난 친일행위자에 대한 처리문제, 둘째로 1945년 해방과 1950년의 한국전쟁 전후 민간인 집단희생사건의 정리, 그리고 셋째로 1961년 박정희 군사 쿠데타에서 시작되어 1993년 문민정부가 들어서기까지의 권위주의 통치시기의 부당한 국가공권력 행사에 따른 진상규명의 필요성 등 3단계로 나누어볼 수 있을 것이다.

그런데, 필자가 여기에서 살펴보고자 하는 대상범위가, 오늘날 우리나라 법조의 현재 모습, 그 중에서도 특히 "현재 사법부의 모습"이 과연 바람직한가의 문제와 바람직하지 않다면, 왜 그렇게 되었으며, 이를 해결하기 위한 방안은 무엇이어야 하는가에 있기 때문에, 자연스럽게 위의 3단계의 구분 중 마지막 단계, 즉 박정희의 군사 쿠데타로부터 시작된 권위주의 시절에 논의가 집중될 것이다.

고찰의 대상을 위와 같이 권위주의 통치시절, 즉 군사정권시절에 행해진 인권유린 행위와 자유민주주의 헌법의 기본원칙을 무시하고 자행된 행위로 한정해서 본다면, 이에 대한 과거사청산의 대상은 더욱 분명해진다. 즉, 우선 박정희 정권시절에 내려진 긴급조치의 합헌성 문제, 그리고 김재규에 의한 박정희 시해사건의 성격규명 및 그 처벌의 적합성 문제, 뒤이어 벌어진 전두환의 권력장악 과정과 1980년 5-18 민주화운동에 관한 진상규명 문제, 전두환의 정권장악 이후 그 유지를 위하여 취하였던 각종 반(反)헌법적인 조치들에 대한 진상규명 문제, 이로 인한 피해자들의 구제 문제 등이 그 핵심이 될 것이다.

이 점들과 관련하여 1993년 출범한 김영삼의 문민정부 및 1998년의 김대중의 국민의 정부와 2003년의 노무현의 참여정부 이래 여러 가지 차원과 방법으로 과거사청산작업이 이루어져왔다.

우선 5-18 민주화운동에 대한 진실을 밝히기 위해서 1988년 6월부터 1989년 2월까지 총 17차례의 국회청문회가 열렸다. 여기에서 그 진상이 상당 부분 밝혀졌으나, 광주 전남도청 앞 발포명령 책임자 등을 밝히는 데에는 이르지 못하였다.

이어 1993년 김영삼 정부 출범 후 1994년 전두환, 노태우 두 전직 대통령을 5-18 학살의 책임자로 고발하였으나, 검찰이 불기소처분을 하자(성공한 쿠데타 논리), 1995년 11월 5-18 특별법을 제정하여 결국 두 전직 대통령을 기소하였고, 1996년 사법부는 무기징역과 징역 17년의 중형을 선고하게 되었다.*

1998년 출범한 김대중 정부도 과거사 정리를 위한 여러 조치를 취하였으나(제주 4-3 사건 진상규명 및 의문사 사건 진상규명 등), 그후 2003년 출범한 노무현 정부는 과거사 정리를 더욱 적극적으로 추진하

---

* 그러나 1997년 대통령 선거 직후 김영삼 대통령은 이들을 사면하였다.

였다. 핵심내용은 2004년 8·15 경축사에서 밝힌 다음의 두 가지이다.

하나는, 독재정권의 시기 동안, "인권침해의 의혹을 받았던 국가기관"도 스스로 적극적으로 나서서 진실을 밝혀야 한다는 것이었고, 또 다른 하나는, "보편적 방식에 입각한 포괄적 과거사 정리의 필요성"을 강조한 것이었다.

이에 따라 구체적인 조치들이 행해졌다. 국가기관으로서 국정원, 경찰, 국방부는 각각 민간위원도 참여하는 과거사 진상규명위원회를 설치하고 자체 진상규명 작업에 착수하였다.* 그리고 각각 2년 내지 3년의 조사를 거쳐 그 결과물로서 조사결과보고서를 발표하였다.

이에 더하여, 우여곡절 끝에 국회는 2005년 5월 진실과 화해를 위한 과거사 정리기본법을 제정하여, 진실·화해를 위한 과거사 정리위원회를 설치, 발족시켰다. 이 위원회는 2005년 12월 1일부터 활동을 개시하여 2010년 6월 30일까지 활동한 후 종합보고서를 작성, 공표하고 2010년 12월 31일로 그 임무가 종료되었다. 이 위원회는 남아프리카공화국의 진실과 화해 위원회를 본받은 것으로 평가되고 있다.

위에서 살펴본 바와 같은, 문민정부 이래 우리나라에서의 과거사청산 방식은 어떻게 평가, 이해될 수 있을 것인가?

흥미롭게도, 앞에서 본 세계의 과거사청산에 관한 각종의 방식 3가지를 기준으로 해서 보면, 우리나라는 위 3가지 방식 모두를 채택하였다고 볼 수 있다. 예를 들면, 전두환, 노태우 등 전직 대통령 등에 대한 12·12 군사반란과 5·18 민주항쟁에 대한 처리방식에서는 관련자들을 구속, 사법처리하여 징역형을 부과하는 등 "사법적 청산" 방식을

---

* 검찰은 앞에서 본 바와 같이 숙고 끝에 여기에 참여하지 않기로 결단하였다. 이는 뒤에서 보는 바와 같이 커다란 문제점으로 남게 된다.

취하였다.

반면에, 노무현 정권에 의하여 시도된 진실과 화해를 위한 과거사 정리위원회를 통한 과거사청산방식(여기에서는 일제강점기, 한국전쟁 전후, 권위주의통치시기 등을 모두 망라하여 다루었다)은 전형적으로 남아프리카공화국 방식인 "진상규명과 용서"의 형식을 취한 것으로 여겨진다. 여기에 더하여 "기억과 망각"의 형태를 취한 것으로 보이는 것들도 있다. 예를 들면, 노무현 대통령이 2004년 제안하여 실시된, "인권침해 의혹을 받은 국가기관"에 대한 진상규명 방식, 즉 각기 민간위원이 다수 참여하는 각 기관의 과거사 진상규명위원회를 통한 자체 진상규명 작업은 소위 스페인 방식인 "기억과 망각"의 형태라고 보아 크게 잘못이 없을 것 같다.

특히 이 책에서 관심이 있는 국정원의 경우를 보면 민간인 10명과 국정원 직원 5명 등 15명으로 구성된 국정원 과거사 위원회가 2004년 11월 2일부터 2007년 10월 31일까지 활동하면서, 박정희 정권의 중앙정보부 및 전두환 정권의 안기부가 개입된 것으로 의심받았던 많은 사건에 대해서 비교적 상세하고 정확하게 진상규명을 하고 조사결과를 발표하는 성과를 거두었다.

이상에서 박정희 대통령 이래의 우리나라 과거사 정리에 관한 내용을 간략하게 살펴보았다. 보다 상세한 고찰은 역사학자 또는 정치학자의 몫이라고 생각한다. 필자가 이 책에서 관심 있는 부분은 이 기간 동안 우리의 법조역사 특히 사법부와 관련된 역사탐구임은 이미 밝힌 바와 같다.

이 부분은 위에 언급한 국정원 과거사 위원회에서 민간위원으로 참여한 한홍구 교수의 노력으로 상당부분 밝혀져 있어 크게 도움이 된다. 그러나 이는 어디까지나 역사학자의 입장에서 서술된 것이기 때문에 법조인의 생각으로는 약간 미흡한 부분도 없지 않다.

더욱이 지금까지의 법조계 과거사 정리에서 가장 미흡한 부분은 "검찰에 대한 진상조사 및 해명"이 전부 빠져 있다는 점이다. 이는 앞에서 본 노무현 대통령의 "인권침해 의혹의 국가기관"에 대한 자체 진상규명 촉구에도 불구하고, "숙고 끝에" 이를 "하지 아니하기로 결단한" 검찰의 태도에 근본적인 원인이 있다.

그러나 이 부분은 결코 "망각"의 방식으로 처리될 사항이 아니다. 처벌의 문제는 별론으로 하더라도 최소한 진상규명은 반드시 이루어져야 하고 그리고 그 작업은 이제는 "법조인 스스로에 의해서" 이루어져야 할 작업이다.

제3부

“자유로부터의 도피”는 “자살”이다

"자유로부터의 도피"는 "자살"이다

1. 부조리에 대처하는 유일한 방법—"반항"

부조리의 경험

인간은 원천적으로 불완전한 존재이다. 탐욕적이고 이기적이며 근시안적이다. 그리고 자연현상에서와 마찬가지로, 인간사회에도 엔트로피의 법칙이 적용되는 것을 피할 수 없다. 따라서 인간이 "특별한 노력을 경주하지 않는 한", 인간사회는 부조리(不條理, absurdité)하고, 불합리(不合理, irrationalité)한 상황으로 가득차 있기 마련이다. 부조리와 불합리는 인간의 숙명이다.

이와 같은 엔트로피의 상황은 제1차 세계대전과 제2차 세계대전을 겪으면서 더욱 분명하게 되었고, 심각한 고통과 갈등을 경험한 인간은 삶이 무엇인지, 어떠한 삶을 살아야 하는지에 대한 고민을 하게 되었다. 실존주의 철학자들이 그러한 사람들이었다. 그 중에서, 알베르 카뮈는 깊은 사색을 거쳐 그 결과를 다음과 같이 정리하였다.*

두 차례의 세계대전을 겪으면서, 인간은 평탄한 삶 속에서 "왜" 이와 같은 심각한 부조리를 겪게 되었는가 하는 의문을 품게 되었다. 그리고 그 부조리가 나타나는 순간에 이 세계는 지금까지와는 전혀

* 사색의 과정은 「이방인(*L'Étranger*)」나 「페스트(*La Peste*)」 같은 소설 속에 담겨져 있다.

다른 낯선 모습을 보여준다. 즉 인간은 낯선 세계 앞에서 막막함을 느끼고, "말도 안돼"라는 좌절감을 느끼고, 인간의 사유는 비틀거린다.

사법부 분야에서의 부조리와 불합리

이제 앞에서 본 사회일반에서의 부조리를, 그 사회의 일부 구성단위인 "사법부 안에서의" "참기 어려운 모습"으로 범위를 좁혀 생각해 본다. 그리고 설명의 편의를 위하여, 이 "참기 어려운 모습" 10개를 골라, 이를 2가지 부류, 즉, "말도 안돼"에 해당하는 "5개의 큰 부조리"와 그 정도는 아니지만, "그래서는 안 되지"에 해당하는 "5개의 큰 불합리"로 나누어 살펴보기로 한다.

먼저 우리 사법부 안에서 꼽을 수 있는, 역대의 "말도 안 되는" 부조리로는 다음의 5가지를 들 수 있다.

첫째는, 1971년 대법원에서 국가배상법 위헌판결이 있었고 16명의 대법관 중에서 위헌 의견을 낸 9명의 대법관이 꼭 집어서 퇴임당하였다. 사법권의 독립, 법관의 신분보장이라는 헌법규정은 어찌되었고 왜, 사법부 구성원들은 결사적인 반항 없이 그대로 복종하는가?

둘째는, 1980년 대법원에서 김재규에 대한 내란목적 살인판결이 있었고, 소수의견을 낸 5명의 대법관이 강제퇴임당하였다. 마찬가지로 법관의 재판상 독립 규정은 어찌되었으며, 더욱이 그들 소수의견 대법관들까지도 보복을 당한 그 엄청난 부조리는 왜 그대로 수긍되고 말았는가?

셋째는, 형사소송법상 검사 구형이 10년 이상이면, 판사가 무죄 또는 집행유예의 판결을 선고하여도 피고인이 석방되지 못하게 되어 있는데, 왜 아무도(어떤 판사도) 여기에 반항하지 않고, 그대로 적용되어왔는가.

넷째로, 대법원에 왜 검찰출신 인사가 한명씩은 꼭 들어와야 하는가? 대법원에서는 민사법에 관한 지식이나 경험이 필요가 없는가? 그 합리적 이유는 도대체 무엇이며, 그의 역할은 무엇인가? 그리고 사법부 구성원은 그 엄청난 부조리와 자긍심 파괴 조치를 왜 감수하고 있는가?

다섯째로, 법원 청사와 검찰청사는 왜 기하학적으로 대칭을 이루고 있어야 하는가? 나란히 있는 것이 국민들에게 편리한가? 아니라면 그 합리적인 이유는 무엇인가? 사법부 행정책임자는 왜 이 점을 거론하지도 않는가?

다음으로 "그래서는 안 되는" 5대 불합리를 들어본다.

첫째는, 상고법원 설치가 거부되었다. 법관에 대한 대통령의 인사권 침해를 명분으로 내세우고, 대법원의 권한강화에 부정적 인식이 속마음이라 판단되는데, 그렇다면 대법원의 업무폭주는 어떻게 해결하라는 것인지, 왜, 대답이 없는가?

둘째는, 법원에서 주요사건에 판결(영장기각 등)을 하고 나면, 검찰이 꼭 사후에 언론을 상대로 자기변명을 한다. 그렇다면, 법정에서 장기간 재판은 왜 했는가?

셋째는, 대통령 비서실의 책임자와 그 밑의 실무책임자로 왜 꼭 검찰출신 인사를 써야 하는가? 그들은 그 권한을 국가 전체의 입장에서 행사하였다고 장담할 수 있는가? 혹시라도 소속기관 이기주의가 작용한 것은 아니었는가?

넷째는, 사법부에 수많은 각종 연구회 모임이 있는데, 왜 그 주제가 하부적이고 기능적인 데에만 한정되어 있는가? 좀더 근본적이고 원초적인 문제를 다루는 연구회는 왜 하나도 없는가?

다섯째는 1971년, 1988년, 1993년에 세 차례의 사법파동이 있었고, 사법권독립의 보장 및 개혁을 요구하였다. 그런데 매번 화려한 말잔치와 함께 시작되어 결국은 실질적인 개혁의 성과도 없이 용두사미로 끝나고 말았다. 사법부 구성원들의 "전략적 사고의 부재"가 그 원인이라고 평가되고 있는데, 적어도 일부 법관들은 이러한 전략적, 정치적, 행정적 사고와 행동능력을 갖추어야 하지 않을까?

요컨대, 우리의 사법사를 돌이켜 보면 사물의 본질적 법칙(Natur der Sache), 많은 사람들이 승인하는 공동생활의 원리에 반하는 부조리가 있어왔고, 또한 이론이나 이치에 합당하지 않은 불합리가 있어왔다고 인정하지 않을 수 없다.

부조리에 대처하는 태도

이 세계에 이러한 부조리가 만연하게 되면 인간이 여기에 대해서 취할 수 있는 태도는 다음의 3가지 중에서 하나라고 카뮈는 주장한다.

첫째는 자살이다.

인간이 부조리를 경험한 후 선택할 수 있는 첫 번째 카드는 자살이다. 이는 부조리에 반항하거나 극복하려고 노력하지 않고 그대로 받아들임으로써, 자기의 실존이나 자기정체성을 포기하는 것이다. 부조리에 대응하는 가장 바람직하지 못한 태도이지만, 현실적으로는 가장 많은 사람들이 취하는 태도이기도 하다. 이러한 자살에 해당하는 태도는 명시적으로 이를 표명하는 경우도 있지만, 아니면, 자존심에 가해질 상처를 염려하여, 묵시적으로 (어쩌면 이는 자기기만일 수도 있다) 나타나는 경우도 적지 않다.

그러나 이러한 자살을 통해서는 부조리가 극복될 수 없음은 너무나 분명하다. 왜냐하면, 자살을 하게 되면 부조리를 극복할 수 있는 주체가 아예 없어져버리기 때문이다.

둘째는 종교를 선택하는 것이다.

이 방법은, 자살을 선택하는 것은 인간의 자존심으로 도저히 용납될 수 없게 느끼지만, 그렇다고 해서 부조리에 정면으로 도전할 용기나 의지도 갖추지 못했기 때문에 현실도피적인 방안으로, 내세에서의 행복을 구실로 삼아 현실세계를 부정하는 것이다.

그러나 이 방법도 역시 진정한 선택이 될 수는 없다. 왜냐하면, 초월적 존재에 의하여 보장되는 "미래의 행복"에 기대어 "현재의 부조리"를 극복할 수는 없기 때문이다.

셋째는 반항(révolte)이다.

이는 세상의 부조리, 지금까지 익숙해왔던 삶이 무너져 내린 것을 경험한 후에 오히려 역설적으로 이 세계를 더 강하게 껴안고 치열하게 살아가려는 결심을 하는 것이다. 그리고 이와 같이 어려운 운명을 감내하면서 자유와 행복을 느끼는 것이다.

이것이 어떻게 가능한지에 대한 카뮈의 설명은 다음과 같다. 세상에 만연해 있는 부조리 그리고 이를 극복하고 치열하게 살아가려는 결심(노력, 반항) 사이에는 뜨거운 긴장관계가 발생하는데, 이러한 긴장관계를 즐기고 내면화하는 역할을 하는 것이 열정이다. 그리고 바로 여기에 삶에 대한 사랑과 행복이 자리잡고 있다는 것이다. 그러므로 결국은 "부조리를 극복하려는 열정 속에 삶에 대한 사랑과 행복이 있다"는 논리적 결론에 다다르게 된다.

이러한 사고과정을 거치게 되면 자연스럽게, "반항은 삶에 가치를 부여한다. 한 생애에 걸쳐 펼쳐져 있는 반항은 그 삶의 위대함을 회복시킨다"는 명제로 흘러들어간다. 이러한 명제를 압축적으로 표현한 문장이, 바로, "나는 반항한다. 그러므로 나는 존재한다(Je me révolte, donc je suis)"이다. 실존주의의 유명한 이 명제는, 우리가 잘 아는 데카르트의 "나는 생각한다. 그러므로 나는 존재한다(Je pense, donc je suis)"라는 명제를 한 단계 진화시킨 것이라고 할 수 있다.

여기에서 마지막으로 한 가지 더 설명해두어야 할 부분이 있다. 여기까지 말한 카뮈의 성찰(반항)은 결코 "개인적 반항"에 그치는 것을 의미하지는 않는다는 점이다. 오히려 그는 "개인적 반항"을 넘어, "집단적 반항"을 추구해야 한다고 주장한다. 그래야만, 부조리의 극복이 일회적, 일시적으로 그치지 않고, 장기적, 지속적으로 이루어 질 수 있다는 것이다. 여기에서 그는 또 한 단계 진화한 새로운 명제를 제시한다. "나는 반항한다, 그러므로 '우리'는 존재한다(Je me révolte, donc nous monnes)"라는 것이다.

사법부 분야에서의 부조리에 대처하는 태도

이제 앞에서 보아온 카뮈의 생각을, 우리가 여기에서 고찰의 대상으로 삼고 있는 사법부 분야로 옮겨 살펴보기로 한다. 따라서 위와 같은 사고의 틀은 사법부의 부조리에 대처하는 우리의 생각을 한층 명확하게 하고 날카롭게 함으로써, 유용한 도구를 제공하고 있음을 알게 된다.

먼저 "자살"에 상응하는, 사법 부조리에의 대처방식은 "자기비하"이다. 즉 사법부의 구성원인 법관이 "내가, '할 수 있는' 일은, 그리고 '해야 하는' 일은, 개인들 사이의 사적인 분쟁(민사이건 형사이건)을 조정하는 일이고, 간혹 국가와 개인 사이의 권익다툼(행정사건)을 해결하는 일이다"라고 자기의 책무를 낮추어 평가하며, 그곳에 안주하는 자세이다.

이는 반대편에서 이야기하면, 국가의 장래나 나아갈 길을 정하는 국가정책의 문제는 정치권—국회나 아니면 대통령을 정점으로 하는 행정부—에서 정할 문제이지, 사법부—특히 하급법원—가 나서서 판단할 문제가 아니라고, 소극적이고 퇴영적인 사고방식을 가지는 것이다. 그리하여, 그들은 사회에서 이슈가 되는 큰 사건들의 처리에 심적인 부담을 느끼고, 가능하다면, 자신이 그러한 사건의 처리를 맡지 않기를 바란다.

그 대신에—우리나라의 현재의 법관 양성과정의 특성상—그들은 지적으로 대단히 우수하고 성실한 집단이기 때문에 일반적인 사건의 처리에 많은 시간과 노력을 투입하여 심혈을 기울인다. 그럼에도 불구하고, 인간능력의 한계 때문에 법관이 아무리 최선을 다하더라도, 사건의 진상에 완벽하게 도달할 수는 없다. 또한 인간의 이기적 본성 때문에—인간은 아무리 공정한 판단을 받아도 그 결과가 본인에게 불리하면, 이를 합리적으로 수긍할 준비가 되어 있지 않다—그의 판단은 항상 불신받고 비판받게 되어 있으므로, 이러한 점들에 대해서 번민하고 힘들어한다.

그러면서도, 국가의 정책이 정해지는 근본적인 이슈에 대해서는, 스스로의 의견을 관철시키는 것은 부담스러워 하며, 외부, 곧 정치권에서 정해져 내려오기를 내심으로 바라고, 기꺼이 수용할 자세를 갖추고 있다. 이러한 대형 이슈들이 결정되는 정치권의 정책 결정방식이 많은 경우 합리적인 논거보다는, 정치적 이해관계의 타협에 의해서 또한 다수결의 원칙에 의해서 정해진다는 현실을 잘 알면서도, 이 점에 대한 문제의식이 빈약하다. 작은 문제에 대해서는 세심하고 꼼꼼하게 따지면서도, 막상 큰 문제에 대해서는, 남의 판단에 맡겨버리는 이율배반적이고 소시민적인 태도를 보이는 것이다.

이러한 태도의 결과, 앞에서 살펴본 사법부가 겪고 있는 "말도 안 되는" 5대 부조리에 대해서 분개하거나 그 역사적 진상을 밝히거나 재발방지와 개선책을 강구하는 등 근본적인 고민을 하지 않은 채, 그대로 받아들이는 무기력함을 보이고 있는 것이다.

나아가 같은 이와 태도는 역시 앞에서 살펴본 5대 불합리에 대해서도, 보다 심도 깊은 원인분석과 이에 기초한 대비책 및 대안제시의 결여 등 실천력의 부재를 보이고 있는 것이다.

다음으로 종교에 상응하는 사법부조리에의 대처방식은 "현실도피"이다. 즉 이 방식은, 앞에서 본 자살 방식과는 달리, 문제점을 인식하고 어떤 방식으로라도, 곧 구체적인 문제 해소방식은 아니더라도 최소한도 내면의 갈등을 해소하는 방식으로라도 그 해결을 시도하는 점에서 차이가 있다. 그러나 그 해소방식이 문제점을 정면으로 직시해서, 그 원인을 파악, 타파하는 것이 아니라, 추상적이고 심리적인 해결책으로 만족하는 것이다. 이는 궁극적으로 심리적인 자위행위라고 할 수 있다. 보다 구체적으로 예를 들면, 5대 부조리 또는 5대 불합리 사례들을 겪으면서, 동료들 사이에서는 그 부당성을 따지고 토론하며 시정되어야 한다고 목소리를 높이면서도, 막상 현실적으로 이를 바로잡기 위한 조치나 행동을 취하지는 않는 태도이다.

아니면, 세상의 모든 일에 초연할 정도로 득도하고, 종교적으로 경지에 이른 듯한 언행을 함으로써 심리적 위안을 얻는다. "행동하지 않는 지식인"이라는 어구가 가장 적절한 표현이 될 것이다. 대표적인 지식인 집단인 사법부의 구성원들 사이에서 이와 같은 경향이 지배하고 있는 것은 가장 큰 약점일 수 있다.

그럼에도 불구하고, 여태껏 많은 사법부의 구성원들이 이와 같은 마음가짐으로 처세해왔고, 그리고 대부분이 이렇게 처세해온 결과, 사법행정의 지도자 내지는 사법부 고위직에까지 올라간 것이 우리의 현실이다.

끝으로, 반항에 상응하는 사법부조리에의 대처방식은 파사현정(破邪顯正)의 용기이다. 즉 그릇됨(부정의)을 깨뜨리고, 바른 것(정의)을 드러내는 의지이다. 이는 부조리를 경험하면, 비분강개하고 마땅히 있어야 할 상태(정의)를 이야기하며, 말해야 할 "때"에, 그리고 말해야 할 "장소"에서, 말해야 할 "내용"을, 좌고우면하지 않고 선언하는 용기이다.

그런데 이러한 용기는 주변여건이 어려울수록, 즉, 정치상황이 어려울수록 더 빛을 발하기 마련이다. 이 점에 관한 한, 우리는 우리의 대선배들에게 많은 것을 빚지고 있다. 앞에서 이미 본 바와 같이, 이승만 대통령 시절, 이승만의 정적이던 서민호 의원에 대한 살인죄에 관하여 정당방위를 이유로 한 무죄판결이 빛나는 선례이다. 더욱이 이 판결에 대해서 대통령이 불만을 표출하였으나, 당시 김병로 대법원장에 의하여 일언지하에 묵살되었음은 후배들의 자존감을 드높이고 있다. 이와 같은 기개는 근래보다는 사법부 초기의 역사에서 더 많이 나타나고 있다.

대통령의 간곡한 소망에도 불구하고 국가배상법의 위헌판결을 소신에 따라 관철하였고, 김재규에 의한 박정희 대통령 시해사건에 있어서, 권력찬탈세력의 간담을 서늘하게 한 소수의견의 설명은 역사에 길이 후배법관들의 귀감이 될 명판결이었다.

그후로도 긴급조치 위반에 대한 1심법관의 솔직한 이유설명을 토대로 한 무죄판결, 검사의 구형이 판사의 판결을 압도하는 "부조리 극치"의 형소법 규정에 대해서 고정관념과 생각 없음을 깨우치게 하는, 1심법원의 위헌제청과 이를 확인한 헌재의 결정 등은 면면히 이어져 오는 법관들의 용기를 보여주고 있었다.

사법부 구성원인 법관들의 정의실현에 대한 용기를 함양시킴에 있어서 중요한 한 가지를 지적해두지 않을 수 없다. 사법부는 법관이 그 독립성을 보장받는 것이 핵심 가치이기 때문에, 간혹 "구성원 사이의 단결이 필요한" 경우에도 그 중요성이 간과되거나 무시되는 위험성이 있다. 예를 들면, 외부세력으로부터 독립성을 쟁취하거나, 공동의 노력으로 집단 지성을 발휘할 필요가 있는 경우가 그 예이다.

따라서, 카뮈가 적절히 지적한 바와 같이, "개인적 반항"에 그치지 않고 "집단적 반항"으로 나아갈 경우에는 그 반항, 곧 정의실현 용기가 훨씬 더 큰 위력을 발휘할 수 있을 것이다. 이러한 점에서 "외로운 나(solitaire je)"의 반항보다는, "연대적인 우리(solidaire nous)"의 반항이 효과적임을 깨달아야 한다.

이를 실현할 수 있는 한 가지 방법이 법원 내에서 활발히 움직이고 있는 "연구회"의 모임을 활용하는 것이다. 현재와 같이 연구회의 연구대상을 실무적인 것에 국한하지 말고, 보다 근원적인 문제, 예를 들면, 국가운영에서의 사법부의 역할, 대통령과 사법부와의 바람직한 관계, 검찰은 사법부에 대하여 어떠한 관계인가 등에 관하여 토론하고 연구하여 공통인식을 이끌어 내는 작업이 절실하다. 나아가, 기존의 제도와 조직을 이와 같은 목적에 맞추어 활용하는 방안이다. 현재의 제도로서는 사법정책연구원의 조직을 활용하여 보다 원초적인 분야에의 연구를 확대해나갈 필요가 있다.

덧붙여 대법원장 직속이나 행정처에 특별부서를 설치하여, "사법권 독립을 침해하는" 역사적 사례 및 그 대처방안을 적극적으로 조사, 감시, 예방하는 특별업무를 부여할 것도 고려해볼 수 있다. 왜냐하면, 이는 사법권존립의 핵심내용이기 때문이다.

2. 부정의(不正義)의 원천 : "자유로부터의 도피"

"자유가 견딜 수 없는 부담"이 될 때 "관대하게 지배당하기"를 원하게 된다. 인류역사의 흐름을 살펴보면, 인간은 르네상스와 종교개혁 등을 거치면서 중세사회, 전(前)개인주의사회의 굴레로부터는 자유스러워 졌다. 그렇지만, 개인적 자아의 실현, 즉 적극적 의미에서의 자유는 아직 획득하지 못하였다. 다시 말하여, 자유는 인간에게 독립성과 합리성을 주었지만, 한편으로는 개인을 고립시키고, 불안, 무기력하게 만들었다. 왜냐하면, 자유를 얻은 인간이 아직은 "내 삶의 의미는 무엇인가?", "나는 누구인가?"라는 의문에서 완전히 해방될 만큼의 정체성과 자아를 찾지 못하였기 때문이다.

결국 자유의 문제는, 전통적인 자유를 얼마나 지키고 늘려나가느냐 하는 "양(量)적인 것"만이 아니라, 획득된 자유를 기초로 얼마나 개체적 자아를 실현하느냐 하는 "질(質)적인 것"도 중요하다는 것이 밝혀졌다.

역사를 분석해보면 "무엇으로부터의 자유"에서 "무엇을 위한 자유"

로 나아가는 발전과정도 같은 맥락으로 이해될 수 있다. 그렇다면, 인간의 이와 같은 불안, 고독한 정신상태는 어떠한 방향으로 흘러가게 되는가. 이 점에 관해서는 사회심리학이 우리에게 많은 가르침을 준다. 즉 사람들의 생각, 느낌, 행동이 다른 사람들의 존재에 의하여 어떠한 영향을 받는지를 과학적으로 연구한 사회심리학자들의 연구성과에서 우리는 통찰력을 얻을 수 있다.

그 결과에 의하면, 도피의 메커니즘이 작동하게 된다는 것이다. 즉 진정한 자의식이 없으면 나타나게 되는 현상을 다음과 같이 설명하고 있다.

자의식의 결여로 인하여 생기는 불안, 무기력에 휩싸여, "자유가 견딜 수 없는 부담"이 되면, 한편으로는 "자신을 비하하고, 약화시키고, 남을 지배하지 않으려는 경향"을 보이고, 다른 한편으로는 "뒤로 물러나 자신의 자유를 포기하고 외부의 힘에 의존하고 복종하려는 경향"을 보인다고 한다. 다시 말하면, 열등감, 무력감, 허무감 등의 피학적 충동에 휩싸여서, 의미 없는 다른 무엇인가에 열중하여, 그 도취효과에 압도당함으로써 불안감에서 벗어나려고 시도한다는 것이다.

그러나 사람들은 이와 같은 완전한 자아상실의 상태도 역시 만족스러운 상태가 아닌 것을 잘 알고 있으므로, 그 절충방안으로서, "눈물에 젖은 평화주의자"가 되어, 관대하게 지배당하는 것 외에는 아무것도 바라지 않는다. 이러한 공생관계로 도피하는 것은 고통을 잠시 누그러뜨릴 수 있지만, 고통을 완전히 없애줄 수는 없다. 어둠 속에서는 아무리 휘파람을 불어도, 결코 빛은 비쳐오지 않을 것이기 때문이다.

결론적으로, 진정으로 자유로워지기 위하여는, 적극적인 자유를 완전히 실현하는 방향으로 나아갈 수밖에 없다. 즉 인간 및 자연과 자발적인 관계를 맺음으로써, 사랑과 일 속에서 자신의 능력을 표현하면서 살아가는 것이다. 이와 같은 생각은 독일에서 태어나 미국으로 망명한 사회학자이자 정신분석 학자인 에리히 프롬(Erich Fromm)이 나치의 출현을 우려하면서 1941년에 발간한 「자유로부터의 도피(*Escape from Freedom*)」에 그대로 잘 나타나 있다. 70년도 넘게 이전에 발간된 책에서 오늘의 우리의 현실을 그대로 읽을 수 있다는 점에서 경탄을 금할 수 없다.

"황제 품 안에서의" 개혁은 현실도피이다.

앞에서 보아온 논리와 그 작동원리는 그 대상을 사법부와 관련된 상황에 맞추어보더라도 그대로 적용됨을 알 수 있다. 우리나라는 1948년 정부수립과 함께 처음으로 우리의 헌법을 가지게 되었고 여기에서 "사법권독립"이라는 너무나도 소중한 가치를 부여받았다.

그러나 우리의 현실은, 이 보석 같은 이념을 충분히 소화하고 실현해나갈 자기정체성을 갖추지 못했다. 사상을 표현할 권리는, 우리가 자신의 사상을 가질 수 있는 경우에만 의미가 있는 것이고, 자유가 주어져 있느냐 하는 문제보다도, 자유를 보람 있게 쓸 수 있느냐가 더욱 중요함에도 불구하고, 우리는 우리 자신의 진정한 개성의 발현으로서의 사법권독립을 우리의 내면으로부터 자발적으로 이끌어내지를 못하였던 것이다.

상황이 그러하였기 때문에, 우리는 사법권의 독립이라는 가치로부터, 자부심과 행복을 얻지 못하고 마음의 평정을 이룩하지 못하였다. 오히려 이러한 불안감으로부터 벗어나기 위하여, 상대적으로 덜 중요한 무엇인가에 몰두하거나, 아니면 자존심이 상하지 않는 범위에서 다른 조직이나 제도가 적당히 지배해주기를 바라는 "현실도피", "자기비하"의 길로 찾아들어가게 되었다.

끝없이 밀려들어오는, 통상적인 송무사건의 처리에 모든 시간과 정력을 바치고, 수많은 연구회 등의 모임에서 막상 본질적이고 근원적인 주제를 다루는 모임이 없는 것은 이러한 현상을 여실히 보여주는 것이다.

최고법원의 법관이 주말에 김밥 2줄을 사들고 출근하여, 점심과 저녁때에 1줄씩 먹고, 사건처리에 몰두한다는 이야기는 자랑할 일이 못된다. 차라리, 미국의 대법관이 주중에 골프를 하다가 기자에게 목격되어 근무성실성을 추궁당하자, "더 좋은 판결을 하기 위하여"라는 한마디로 수습되는 모습이 훨씬 좋아 보인다.

"공부"는 내가 나를 표현하는 수단이 되어야 하고, 내가 행복한 삶을 누리기 위한 수단이 되어야지, 남의 생각을 알고 이해하기 위해서 하는 것은 의미가 없다. 무릇 자발적이지 않은 것은 생명력이 없으며, 진정한 개성의 발달은, 자신의 내면에서 비롯되는 독창적인 것이어야 한다.

이러한 차원에서, 사법부 구성원 모두가 사표로 삼을 롤 모델이 있어야 한다. 현재와 같이, 반론의 여지가 없는, 초대 대법원장(김병로)이나, 신실한 종교인(김홍섭 법원장)을 넘어, 용감하게 논쟁의 중심에서서 어려움을 이겨낸 사람들을 상찬하여야 한다. 그리고 그와 같은 용기를 가진 사법부 구성원들이 현실적으로도 성공하는 모습을 보여주어야 한다. 이를 위하여, 현재의 사법부 및 그 구성원들에게 절실하게 요구되는 것은 "성공의 경험"이다.

자신이 바꿀 수 있는 범위 내에서만 고민하는 것은 스트레스를 받지 않는 방법으로서는 훌륭하겠으나, 이는 결코 진정한 개혁이 아니다. "현실도피"일 따름이다.

절차의 적법성 보장과 결과의 엄격 책임

지금까지는, 사법부와 국가기관의 관계에 대해서 주로 이야기해왔다. 그 결론은, 우리의 과거 사법의 역사에 비추어, 사법권의 독립, 절차적 적법성의 보장, 그리고 국민의 헌법상 기본권 보호에 역점을 두고 설명하였다.

그러나, 자칫 그 잘못된 결과로서, 사법부는 실체적 진실 발견에는 무관심하고 따라서 명백히 범죄를 저지른 자에 대해서도, 사소한 이유를 들어 무죄를 선고한다거나, 나아가 유죄를 인정하는 경우에도 사회통념에 비추어 너무나 가벼운 형을 선고함으로써, 사회질서보호 및 피해자의 보호에는 무관심한 것은 아닌지 의심을 불러일으킬 수도 있다고 생각된다.

그러나 이러한 잘못된 인식은 결코 필자가 여기에서 의도한 바가 아니다. 그리하여 이러한 오해를 불식하기 위하여, 본래 이 책의 주된 고찰대상은 아니지만, 이 점에 대한 소신을 잠시 적어 두기로 한다.

필자가 시종일관하여 강조하는 법치주의의 확립이라는 것은, 절차적 정당성까지도 지켜져야 한다는 의미이지, 결코 이를 이유로 실체적 진실을 가벼이 여겨도 좋다는 의미는 아니다. 오히려, 반대로, 절차적 엄격함을 요구하는 대신에, 일단 실체적 잘못이 인정되는 경우, 즉 유죄로 인정되는 경우에는 그 책임을 엄격하게 물어서, 그에 상응하는 엄중한 처벌을 하여야 한다는 의미이다. 무분별한 온정주의는 반드시 없어져야 한다는 뜻이다.

이러한 점이, 특별히 강조되어야 할 부분으로서, 우리사회에서 횡행하고 있는 범죄유형이 두 가지가 있다.

하나는, 우리사회를 지탱하는 기본질서, 즉 공권력의 행사를 무력화시키는 범죄유형이다. 구체적으로는, 시민생활에 가장 근접한 공권력인 경찰권의 행사에 막무가내로 저항하는 형태이다. 경찰관에 대한 폭력의 행사, 폴리스 라인을 무시하는 행태 등이 전형적인 일탈행위이다. 나아가, 형사소추기관이나 재판기관에 대해서 발생하는 범죄로서, 무고죄 및 위증죄에 대해서 별다른 범죄의식도 없이 허위의, 거짓된 진술을 하는 것이다. 이는 사법정의 실현에 결정적인 장애요인으로 나타난다. 인구비율을 대비해서 보면, 우리나라는 일본에 비하여 위증, 무고죄의 발생비율이 수십 배에 달하는 부끄러운 모습이 있다.

다른 하나는 시민의 기본생활을 위협하는 범죄유형이다. 전형적인 것이 공공교통의 안전에 관한 문제이다. 타인의 생명과 직결되는 교통법규를 너무나도 간단히 위반하여 안전한 생활을 위태롭게 하는 모습이다. 그리고 시민의 건강상의 안전에 관한 범죄이다. 눈앞의 사소한 경제적 이익에 눈이 어두워서, 먹거리에 관한 안전규정을 대수롭지 않게 여기는 잘못된 풍토이다. 결국 그 잘못은 자신의 자녀들의 건강에까지 영향을 미칠 수 있다는 인식이 확산되어야 할 것이다.

종래, 우리나라 사법부의 현실을 돌이켜보면, 사회질서나 시민생활의 안전이라는 거시적인 안목에서보다는, 재판받는 피고인 개인의 주관적 사정을 중시하는 미시적인 안목에서, 재판하고 형을 결정한 것이 아닌가 보여진다. 그 결과로서, 사회일반인으로부터 사법부는 지나친 온정주의에 흘러감으로써 대의(大義)를 져버렸다는 오해를 받아온 점이 있었다. 이러한 오해가 증폭되면 사법부가 마치 전관예우라든가 직역이기주의 등을 옹호하는 집단으로 비치게 됨으로써, 사법불신의 원인으로까지 번질 위험이 있다.

부조리를 타파하고, 정의를 세우는 방법에 대한 총론적인 설명은 여기에서 그친다. 나아가 개개의 주요 쟁점에 관하여 구체적인 생각을 정리할 필요가 생긴다. 이를 10개를 담론(談論)으로 정리하여 제4부에서 살펴본다.

1806년 나폴레옹에게 정복당한 프로이센의 철학자 피히테가 1807년 12월부터 1808년 3월까지 매주 일요일 오후에 점령지인 베를린 학사원의 대강당에서, 독일국민에 대하여 한 우국 대강연 "독일국민에게 고(告)함"은 지금도 우리에게 커다란 영감을 준다.

제4부

정의로운 사법부를 위한 담론*

* 여기에 실린 글은 필자가 지난 수년간 「대한변협신문」과 「조선일보」에 게재한 글 중에서 이 책의 서술방향에 맞는 것들 10편을 추린 것들이다. 선정, 게재 과정에서 부분적인 수정, 보완이 있었다. 구체적 게재 일자 등은 따로 표시하였다.

제1장

사법부와 검찰을 지배하는 10가지 법칙*

40여 년 동안, 판사로서의 재판경험, 법원행정에의 관여 경험, 헌법재판소와 국보위 및 입법회의 등 외부기관의 파견근무경험, 외국법조의 견학과 유학경험, 대학에서의 강의 경험, 변호사로서의 송무 및 자문경험, 그리고 외부강연경험 등을 통해서, 나는 "실질적으로" 사법부와 검찰을 지배하는 일련의 법칙이 있음을 발견하게 되었다. 어느 정도의 장기간 동안 위 두 기관에 근무한 경험이 있는 판사와 검사들 및 상당한 경력의 변호사들은 대부분 이러한 법칙을 잘 알고 있거나 느끼고 있다.

그러나 이러한 법칙들은 너무도 예민하여, 작은 규모에서 간혹 자기들끼리 내밀하게 이야기되기는 하지만, 좀처럼 글자로 인쇄되어 발표되지는 않는다. 다른 모든 법칙들이 그러하듯이, 이 법칙 역시 상황을 지나치게 단순화하거나 일반화한 측면이 없지 않다. 그럼에도 불구하고 이 법칙이 두 기관을 실질적으로 움직이는 중요한 요인인 것

---

* 이 글은 "사법부와 검찰을 지배하는 8가지 법칙"이라는 제목으로 2012년 7월 23일 조선일보 및 필자의 이전 저작(「법과 정의를 향한 여정」, 까치글방, 2013, pp. 75-77)에 게재되었으나, 지난 5년 동안의 숙성과정을 거쳐 생각을 새롭게 정리한 결과물이다.

은 틀림없다.

먼저 사법부를 지배하는 법칙이다.

법칙 1 : 사법부의 구성원인 판사들의 가슴 속에 자리잡은 "긍지"는 어느 상황에서도 "정의"를 말하는 "성직자(聖職者)"라는 인식이다. 따라서 거의 대부분의 판사들은 재판이라는 직업활동에서 뿐만 아니라 사생활에서까지도 항상 올바르게 말하고 행동하려고 노력한다.

법칙 2 : 다른 한편으로, 우리나라의 교육 현실 및 직업선택의 단계에서 판사들은 대부분 힘든 과정을 성공적으로 극복해왔기 때문에, 이에 대한 내적인 자존심이 강하다. 이러한 점은 자칫 지적 우월감에 도취되어 삶의 깊이와 경험의 폭이 낮고 좁아 인품의 형성에 장애요인이 되기도 한다.

법칙 3 : 그러나, 이러한 자존심은 이를 현실적으로 보장할 방법이 없어 상처받기 쉽기 때문에, 이를 피하기 위해서 자기에게 불리한 상황을 직시(直視)하기보다는 "긍정적으로 해석"하고, 심리적 자위행위로 해결하는 경우가 많다.

법칙 4 : 그런데, 지적으로 우수한 집단이 흔히 그러하듯이, 지적인 연구활동에 비하여, 실천력이 약하다. 즉 "무엇이 정의인가에 대한 연구와 검토는 많으나 행동은 없거나 약하다." 여기에 필요한 말이 "공부를 멈추고, 생각을 시작하여, 행동에 나서라"이다.

법칙 5 : 그 결과, 직업상 "단호함"이 요구되는 경우에도 좌고우면하여, "정의를 말해야 할 때에 말하지 못하는" 우유부단함을 보이기도 한다. 즉 "착하기만 하고 용기가 없다"는 비판에 쉽게 노출된다.

법칙 6 : 같은 맥락에서, 판사들은 조직생활에 전혀 익숙하지 않아, "내부적 결속력이 없고", 이는 외부로부터 사법부라는 조직을 지켜야 할 경우에도 마찬가지이다. 이는 과거 몇 차례의 사법파동이 말잔치로 끝나고, 구체적인 성과를 이룩하지 못한 결과를 초래하였다.

법칙 7 : 따라서, 이러한 모습은, "사법 인접의 외부권력" 즉 대통령, 국회, 검찰 및 언론에 대한 관계에서도 나타난다. 그리하여 자신의 위치를 지키기 위하여 "인접권력과 대립하고 투쟁하기보다는, 적절한 선에서 양보하고 타협하며", 최소한의 자존심이라도 확보하려고 애쓴다. 지금까지 "사법주도적인" 개혁이 별로 없었다는 점이 이를 나타낸다.

법칙 8 : 이러한 평화주의적, 비투쟁적 성향은 사법부 속의 계급구조의 전체 단계에서 나타난다. 즉 대부분의 법관은 우선 현상태에 순응하면서 순차적으로 다음 목표를 위하여 자중 자애한다.

법칙 9 : 요컨대, 판사들은, "자신의 지위나 편안함을 희생하면서까지, 정의를 선언하고 실천할 용기나 기개"를 가지고 있지 않다.

법칙 10 : 그렇다고 해서 그들의 재판이 최소한 "의식적으로", 정의를 외면하거나 거부하지는 않는다. 다만, "내공의 부족이나, 사려 부족으로" 좋은 판결을 못하는 경우가 있다.

다음, 검찰을 지배하는 법칙이다.

법칙 1 : 검찰 특히 수뇌부의 검찰이 추구하는 최고의 목표는, "명예는 판사만큼, 권력은 통치권자만큼"이다.

법칙 2 : 검사들이 마음속 깊이 바라는 "긍지"는 이 사회에 정의를 구현하고 불의를 척결하는 선봉장으로서의 역할을 하는 것이다. 이 점에 있어서 그들은 판사보다 더 강한 정의구현 의지를 가지고 있다고 자부한다.

법칙 3 : 그리하여, 어느 경우에서든지 판사에 비하여 낮은 대우를 받거나 존경의 정도가 떨어지는 것을 용납하지 못한다. 그들이 가장 듣기 싫어하는 말은 "판사는 심판하는 사람이고", "검사는 심판받는 사람이다"라는 것이다. 같은 맥락에서 검사의 법적 자격요건이 판사와 동일함을 근거로, 어떤 면에서든지 "판사에게 뒤지려고 하지 않는다." 이는 법적 대우뿐만 아니라, 심지어 청사의 위치에서까지 철저히 적용된다.

법칙 4 : 검사들의 머릿속에는 "법률주의 원칙"이 강하게 자리잡고 있다. 즉 국가의 운영은 철저히 법에 의해서만 이루어져야 하고, 따라서 사회의 모든 부정의는 법에 의해서 철저히 처리되어야 한다는 생각이다. 이러한 생각이 자칫 인류보편의 가치(자유나 평등과 같은 인권의식)나 인문학적 성찰을 소홀히 할 수 있다는 위험성에 대한 고려는 가볍게 여겨지고 있다.

법칙 5 : 이와 같은 생각은, 통치권자의 입장에서는 통치의 도구로 대단히 유용하기 때문에, 통치권자와 검찰은 "서로 의존하는 공생관계를 유지함으로써 권력의 공유"로 나아가기 쉽다. 이러한 위험한 동거는, 자칫 "살아있는 권력"에 대해서는 침묵하면서 "죽은 권력"에 대해서는 단호한 모습을 보이는 이중성을 나타낸다. 그 결과로서 통치권자라고 하더라도 그 힘이 약화되면 가차 없이 그곳에도 수사권을 행사하여, 자신의 존재감을 국민에게 각인시킨다.

법칙 6 : 이러한 차원에서, 검찰권의 강화는 한편으로 "권한확대"(수사권독점, 영장청구권독점, 기소독점 등)와 다른 한편으로는 "자리확대"(대법원 및 각종 국가기관에 대한 검사의 진출 등)의 모습으로 나타난다.

법칙 7 : 범죄인을 제압해야 하는 직무의 특성상, 검사는 누구와의 관계에서든지 주도권을 가지고, "자기 의사를 관철"하려는 경향이 강하다. 이는 사적인 관계에서도 나타나고, 심지어는 자기를 심판하는 지위에 있는 판사에 대해서까지 나타나기도 한다.

법칙 8 : 그러나, 이러한 강한 권력의지에도 불구하고 민주화 및 합리화가 대세인 만큼, "사법권 우위, 권위주의의 약화"는 검찰이 가장 우려하는 시대조류이고, 시간이 그들에게 불리하다는 것을 잘 알고 있다.

법칙 9 : 이러한 위기의식에서, 검찰내부의 구성원뿐만 아니라, 전직이 검사인 변호사들까지도 결속력이 대단하여, 가끔은 "의뢰인의 보호보다 검찰의 이익"을 우선시하는 경우가 있다.

법칙 10 : 결론적으로, 일부 검찰은 진정한 의미에서, "정의의 실현을 위하여 공권력을 행사"할 의지가 없거나 약하다. 다만 그것이 "자기의 이익에 부합하거나 최소한 반하지 않을 때"만 그렇게 행사한다.

이상과 같은 사법부와 검찰에 관한 진단이 더 이상 타당하지 않는 날이 조속히 오기를 희망한다.

제2장

새 대법원장에게 바란다*

"관리-개선"을 넘어 "개혁-역사창조"로

제15대 대법원장이 2011년 9월 27일 취임식을 가졌다. 새 대법원장은 먼저 오늘날의 우리 사법부에 대한 국민의 인식이 결코 우호적이지 않다는 점을 인식할 필요가 있다. 그 원인의 상당 부분은 과거 어두웠던 정치현실에서 비롯된 것이기는 하지만, 그로써 정당한 면책사유는 될 수 없다. 사법부의 구성원인 법관들이 우리 사회의 최고 엘리트인 것은 틀림없지만, "똑똑한 사람들만 모아놓은 조직은 집단적으로 우둔해진다"는 경구를 가볍게 보아서는 안 된다. 법관들의 마음속에, 주어진 사건들에 대하여 "적당한 심리"와 "대과 없는 판결"에 안주해버리고, 시대적 문제점을 회피하는 모습이 있어서는 국민의 신뢰를 얻을 수 없다. 특히 대법원의 경우는 더욱 절실하여, 대법원까지 "구체적 권리구제에 매몰되어 버려서는" 사법부의 미래가 없다. 이 점이 새 대법원장의 대법원 재판운영에 관한 참신한 지도력이 요구되

---

* 이 글은 2011년 9월 27일 제15대 대법원장의 취임에 맞추어 2011년 9월 30일 「조선일보」에 필자의 의견을 게재한 것이다. 이제 제15대 대법원장의 6년의 임기가 끝나가고 다음 대법원장을 선임할 시점에 이르렀는데, 6년 전 필자의 소망이 그대로 유효하다고 생각되어 다시 옮겨적는다.

는 부분이다. 따라서, 새 대법원장이 청문회에서 밝힌 바와 같이, 법원행정의 일상적인 부분들 즉, "관리"나 약간의 "개선"에 관한 부분은 과감히 지방법원장 등 아래 단위로 넘겨주고, 자신은 "시대와 함께 열려 있는 진지한 내적 고민"을 하여야 한다. 우리나라의 최근 눈부신 경제발전에 비추어본다면, 사법부의 현황, 특히 신뢰도는 "혁명적인 변화"가 요구되는 시대이다. "혁명의 시대"에는 "부지런한 군대"가 필요한 것이 아니라, "자율적이고 동기가 부여된 게릴라"가 필요하다. 그리하여 법관인사를 포함한 사법정책이 이러한 기조 위에서 이루어져야 한다. 인간의 역사는 어쩔 수 없이, 진리와 정의를 수호하려는 목소리는 고귀하기는 하였으나, 항상 소수였다. 그리고 그러한 목소리는 흔히 "보상받지 못한 충성심"으로 남아 불만의 요인으로 작용하였다. 사려 깊은 지도자라면, 백성들의 소리를 귀로 들을 것이 아니라 가슴으로 들어, 무사안일, 복지부동으로는 성공할 수 없음을 보여주어야 할 것이다. 앞으로 몇 개월 안에 있을 새로운 대법관 2인의 제청, 그리고, 내년부터 배출될 로스쿨 졸업생에 대한 활용방안, 또한 앞으로 10년에 걸쳐 단계적으로 도입될 법조일원화 방안 등 새 대법원장의 철학과 비전이 펼쳐질 사안들이 기다리고 있다. 특히 대법원의 운영방안에 관하여는 과감성과 결단력을 기대한다. 개혁의 핵심은 "국민의 입장"에서 출발하여야 하고, 그렇다면, 대법관의 증원까지는 아니더라도, 증원의 효과를 얻을 수 있는 방안들, 즉 대법원 2원제, 대법원에서의 변호사 강제주의, 상고이유서 면수의 합리적 제한 등 타협적 대안도 긍정적으로 고려할 필요가 있다. "대법원의 정책법원화" 필요성을 모를 리 없는 재야법조단체에게도 이해와 협조를 구하여야 할 것이다.

끝으로 한걸음 더 나아가, 새로운 "역사창조"의 토대 마련까지 부탁하고 싶다. 이는 궁극적으로, 대통령, 국회, 검찰, 언론 등 사법부 인접영역과의 관계 재정립이다. 과거 사법부는 "강자에게 약하고, 약자에게 강한" 모습을 보임으로써 오늘의 신뢰 수준으로 전락하였다. 이제는 장기적 안목에서, 미국 대법원 정도의 신뢰 획득을 위한 초석은 만들어가야 하지 않을까. "질투는 노력을 하여야 받지만, 연민은 거저 얻는다"고 하였다. 그동안 우리 사법부는 "연민"에 의존하여 연명해왔다. 이제는 "질투"를 받는 한이 있더라도, 적극적인 조치를 취할 때가 되었다. 생각 있는 법조인이라면 이러한 조치로 과거사 정리와 극복, 독자적 법률안 제안권, 검찰과의 확실한 차별화 등 우선 3가지 정도를 금세 떠올릴 수 있다. 부디 영광의 6년이 되기를 기원한다.

제3장

우리나라가 아직 사법선진국이 아니라는 결정적 징표*

—한 영장담당 판사의 공개편지를 읽고

얼마 전 한 법률 전문 신문에 "어느 영장담당 판사가 전국 검사들에게 드리는 편지"라는 제목하에 익명으로 된 장문의 글이 실렸다. 그 요지는, 영장을 기각한 판사가 검사로부터 질문을 가장한 항의성 전화를 받고 느끼는 "당혹감"과 "그래서는 안 되는 이유"를 피력한 것이었다. 당연했을 불쾌감을 억누르고, "검사님"이라는 존칭을 쓰면서도 해야 할 말을 조리 있게 전개한 지혜가 엿보이는, 설득력 있고 용기 있는 글이라고 생각했다.

30년쯤 전, 내가 판사로 근무할 당시 구속된 피고인에게 집행유예의 판결을 하였더니, 검사가 판사실 문을 박차고 들어와 "피고인을 석

* 이 글이 2014년 8월 4일 「변협신문」에 발표되고 난 후 한 달쯤 지나, 같은 매체에, 반대의견을 담은 반박문이 실렸다. 2명의 필자가 동원되었고, 그 분량도 나의 글보다 3배쯤 많은 내용이었다. 나는 재반박을 하지 않기로 하였으나, 다만, 이 책에서 이미 언급한 3군데를 인용해두기로 한다. 우선은, 이 책 pp.113-118에 기술된 헌법재판소의 결정내용, pp.124-125에 인용한 앨런 더쇼비츠 교수가 그의 책 「최고의 변론」에서 쓴 부분, 그리고, pp.303-308에 기술된 "사법부와 검찰을 지배하는 10가지 법칙"이 다시 한번 읽혀지기를 바란다. 원문을 약간 수정하였다.

방할 것이면, 자기에게 미리 이야기해주었어야 할 것 아니냐"고 항의하여, 여러 날 동안 가슴이 아픈 경험이 있어, 이 글에 더욱 공감이 갔다.

여기에서 나는 이 공개편지의 내용에 2가지를 덧붙여 말하려고 한다. 즉 하나는, 왜 이러한 일이 아직도 끊임없이 일어나고 있는지 그 "근본원인"에 대한 것이고, 다른 하나는 앞으로의 "재발방지" 내지는 "근원적 해결책"을 찾아보는 것이다.

먼저 이와 같은 법조후진적인 사태가 발생한 "근본원인"은 다음의 두 가지에 있다.

첫째는, 검사들이 수사라고 하는 눈앞의 목표에 매몰된 나머지, 헌법적 가치나 형소법의 기본원칙을 저버리고 있는 것이다. "무죄추정", "의심스러우면 피고인의 이익으로", "자백강요 금지" 등의 기본 중의 기본을 가끔 무시하고 있는 것이다. 이 원칙들은 짧은 안목으로 보면 검사의 입장에서 불편하기 짝이 없겠지만, 인류가 수백 년 동안 피흘려 쌓아온 법률문화 유산이다. 수사현실에서 이를 지키기 어려우면, 최소한, 이를 지키려는 판사의 결정에 저항하지는 말아야 할 것이다.

둘째는, "검사는 결코 판사와 그 역할이 같지 않다"는 당연한 명제를 잊어버릴 때가 있다는 것이다. 판사는 "판단하는" 사람이고, 검사는 "판단받는" 사람이다. 판사가 검사보다 더 우수하거나 잘났다는 의미가 결코 아니다. 하지만, 우리 헌법은 "법적 분쟁의 최종판단자는 판사"라고 정해놓았다. 같은 시험, 같은 과정을 거쳐, 최종 직업선택만 달리한 입장에서는 받아들이기 어려운 사항이겠지만, 각 직업의 역할이 다른 만큼 그대로 받아들여야 할 대목이다. 축구심판이 선수

보다 꼭 축구를 잘하기 때문에 심판에게 승복해야 하는 것은 아니다.

법률문화가 선진화된 나라일수록, 권력과 명예를 엄격히 분리했다. 막강한 "군대의 힘", "조세 부과의 힘", "정보 장악의 힘", "범죄수사의 힘"을 가진 기관은 상대적으로 그 법적 지위를 낮추어놓았다.

다음으로, 다시는 이런 일이 없도록 하는 재발방지책을 생각해보려고 한다. 이 점에서, 사법행정의 책임자들은 깊이 반성할 점이 있다. 영장담당 판사의 실정이 이와 같다는 것을 몰랐다면, 아니면 알고도 적절한 대책을 세우지 않았다면, 모두 잘못된 것이다. 대의(大義)를 위해서 싸우기를 주저하고, 무사안일을 추구해서는 안 될 것이다. 장수는 부하의 어려움을 이해하고, 선두에서 용감하게 싸워야 신뢰를 얻을 수 있다. 임기를 마치면서 "대과 없이"라는 말 대신에 "영광의 상처"라는 말이 나와야 한다. 분노할 줄 모르는 것은 사랑하지 않는다는 말이다.

다음, 변호사 단체들 역시 가장 기본적인 역할을 소홀히 하고 있다. 법치주의와 인권보장은 변협의 존재이유이다. 중대한 법치훼손의 이러한 모습을 보고, 변협은 진상조사, 관련자 문책, 재발방지, 성명서 발표 등 보람 있는 일들을 추진해나가야 할 것이다.

끝으로, 법관들 자신의 역할이다. 침묵에 익숙해 있던 한 법관이 이러한 글을 쓰게 된 고뇌와 용기에 경의를 표한다. 내가 항상 강조해온 "법관의 용기"가 바로 이러한 것이었다. 이러한 용기 있는 행동과 판결들이 좀더 자유롭게, 자주, 나타나기를 기대한다.*

---

* 덧붙여, 실용적으로, 외국의 법률소설에서 영감을 얻은 해결책 두 가지를 제시한다. 하나는 첨단 전화기의 활용방안이다. 최신형 전화기는 즉시 녹음이 가능하다. 따라서 부적절한 상대로부터 전화를 받는 순간, "정식으로" 이후의 "통화내용은 녹음이

마무리이다. 검사와 판사의 부적절한 관계는 후진적인 법조문화의 고질적인 병폐이다. 최근 반세기 역사의 우리 법조는, 너무나 강력한 검찰권, 그리고 "큰 정의"에서 위축된 사법부로 요약될 수 있다. 경제 성장에 비해 법조문화는 너무나 오랫동안 후진적이다. 나아가 인문학적인 깊이나 교양이 없이, 형벌만으로는 세상이 다스려지지 않는다는 지혜도 수용하기를 바란다.

국제재판기구에 근무하는 한 판사가, 미혼인 검사에게 규수감 소개를 위하여, 판사실에 차 한잔 마시러 오라고 초대하였더니, "상대방 변호사가 함께 자리하지 않으면, 갈 수 없다"고 하면서 거절당했다는 일화를 들은 적이 있다.

우리는 언제나 이러한 사법선진국이 될 수 있을까. 미국의 어떤 판사가 이 글을 읽으면 어떤 생각을 가질까? 하기야 30년 전 "판사실 방문 항의"가 "전화 항의"로 바뀌었으니, 그만큼 발전한 셈이다.

될 것"이고 필요한 경우 "공개될 수 있음"을 "미리" 알려주는 것이다. 아니면 미리 녹음된 이러한 내용을 자동으로 들려줄 수도 있다. 그리고 더 나아가서 이러한 부적절한 전화의 통화유형(예를 들면, 질문형, 의견요구형, 항의형 등)을 미리 분석하여, 각각의 경우에 적절한 "답변내용을 사전에 매뉴얼로 정리하여" 전화기 옆에 항시 준비해두고, 필요에 따라 그 중에서 하나를 골라 말하는 듯이 자연스럽게 읽어주는 방안이다. 효과가 있을 것으로 믿는다.

제4장

사법부의 독립성을 보여주는 “외형적” 징표*

—법원, 검찰 청사의 병렬적, 대칭적 배치에 관해서

“어느 영장담당판사가 전국 검사들에게 드리는 편지”라는 장문의 글을 읽은 계기로 사법부의 독립성을 살펴본 김에, 우리나라에만 독특한 현상 한 가지를 더 거론하려고 한다. 즉 전국 어디를 가나 법원과 검찰청 건물이 정확히 좌우로 나란하게 배치되어 있고, 심지어 대법원과 대검찰청까지도 이러한 모습이다. 왜 이렇게 되었을까.

검찰청을 법원에 “대응하여” 설치한다는 검찰청법의 규정(검찰청법 제3조 제1항)이 “위치적 대응”을 의미하지 않음은 너무나 명백하다.

우선 “헌법적”으로 사법부(府)는 헌법상 대원칙인 3권 분립의 한 축이다. 이에 반하여 검찰은 행정부(府)소속 10여개 부(部) 중 하나인 법무부(部)의 외청(外廳)으로서 “형사사건”만을 다루는 조직이다.

다음으로, “기능적”으로도 크게 다르다. 검찰은 범죄수사와 범죄인 처벌이라는 수단을 통해 사회보호를 당면의 목표로 하기 때문에, 형벌만능주의에 빠지기 쉽다. 그러나 사법부는 한걸음 더 나아가서, 중, 장기적 안목으로 사태를 판단한다. 따라서 범죄의 척결뿐만 아니

* 이 글은 2014년 9월 1일 「변협신문」에 게재된 것이다. 여기에 옮겨 실으면서 약간의 수정, 가필이 있었다.

라, 헌법적 가치와 절차적 정의도 역시 중요하게 여기며, "범죄로부터 사회를 보호"하는 것과 함께 "권력의 남용으로부터 인권을 보호"하는 데에도 진력한다. 그 결과 사법부의 강화는 국가의 품격을 높이는 방향으로, 검찰권의 강화는 국가의 통제력을 높이는 방향으로 연결된다.

그렇기 때문에 법조가 선진화되고, 민주주의가 발달한 나라일수록, 사법부의 역할이 중요시된다. 법조선진국의 어느 나라에서도, "판단하는" 기관인 법원의 바로 옆에, "판단받는" 기관인 검찰이 나란히 배치되어 있는 현상은 없다. 우리나라가 "정의가 지배하는" 나라라는 인식을 확실히 심어주기 위해서라도, 우선 위치와 장소에서 법원과 검찰 건물은 반드시 분리되어야 한다. 이러한 배치가 일제시대부터의 관행이라면, 더더구나 이제는 벗어나야 할 때가 되었다.

그 실현방법을 생각해본다. 이미 그렇게 배치된 건물들을 단기간에 분리하는 것은 쉽지 않다. 그럼에도 불구하고 장기적으로 첫 단계부터 실천해나가야 한다. 먼저 국민들로부터 지지와 공감을 얻기 위해서, 선진 여러 나라들의 청사배치에 관한 실제상황을 광범위하게 조사할 필요가 있다. 다행히 최근 이러한 조사, 연구를 담당할 만한 기관도 신설되었다.

다음, 앞으로 법원청사를 이전할 기회가 있을 때마다, 하나씩 점차적으로 독자적인 위치를 확보해나가야 한다. 검찰도 기관이기주의를 넘어 대국적 견지에서 여기에 협조하여야 하며, 사법행정 책임자들 역시 의식 있고 용기 있는 결단을 내릴 것이 요구된다. 지난 2002년 인천법원의 이전이 여러 가지로 절호의 기회였으나, 지도층의 "무사유(無思惟)"로 말미암아, 심지어 좌우가 뒤바뀌어 왜곡된 형태로 그

대로 배치되고 말았다. 좀더 혁신적인 제안을 한다면, 차라리 서울 소재의 대법원을 한적하고 유서깊은 지방의 소도시로 옮겨가는 것도 생각해볼 만하다. 선진외국에 그러한 예가 있다.

제5장

태평양 양쪽 사법부의 너무나도 다른 모습*

나는 이 제4부의 제3장 "한 영장담당 판사의 편지와 이에 대한 나의 소감"을 통해서 법관의 내면적 모습을 살펴보고, 제4장 "법원과 검찰청 건물의 배치 모습"을 통해서 사법부의 외면적 모습을 단편적으로 살펴보았다. 여기에서 이 두 글들을 종합하는 의미에서, 우리 사법부의 모습과 현재 전 세계적으로 사법선진국이라고 인정받는 미국의 사법부와를 비교하여 보는 것도 의미가 있으리라고 생각된다.

태평양을 사이에 두고 지구의 서로 반대편에 우리나라와 미국이 위치하고 있다. 미국은 세계 최강국이다. 면적은 남한의 100배, 인구는 6배, 국가총생산은 세계 1위, 국민소득은 우리의 2배 등등 너무나도 압도적이다. 그런데 경제적인 면 외에 법치의 징표로서의 "사법부의 위상"도 아주 대조적이다.

먼저 겉모습부터 크게 다르다. 미국의 대법원은 법치와 정의의 상징으로서, 국회의사당과 함께 높은 언덕 위에서 나란히 그 위용을 뽐내고 있다. 육박해오는 상업용 건물에 치이고, 대검찰청 건물이 옆에 있는 우리의 모습은 정의의 상징이 되기에는 많이 부족한 듯하다.

대법관의 경우, 6년 임기에 연임이 사실상 불가능한 우리의 처지에,

---

* 이 글은 2014년 12월 1일 「변협신문」에 게재된 것이다. 약간의 수정이 있었다.

저쪽의 종신임기는 꿈같은 이야기이겠으나, 저쪽의 9명 대법관이 1년에 120건 내외의 사건을 처리하는 데에 반하여, 우리의 13명 대법관은 1년에 3만6,000건, 1인당 하루 10여 건씩을 처리하는 모습은 초인적이라고 하기보다는, 불필요한 의문을 자아내기에 충분하다.

나아가 우리 대법원은 멀지 않은 과거에, 너무나도 슬픈 상처를 안고 있다. 1971년의 국가배상법 위헌판결과 1980년의 내란목적 살인판결에서 권력자의 뜻에 거슬리는 의견을 낸 대법관들이 정확히 지적되어 쫓겨난 것이다. 반면에 미국에서는 대통령의 뉴딜 정책을 집행하는 법률에 위헌 판결이 잇따르자, 소위 "사법부 옥죄기(court packing)"라는 법안으로 대법원의 권한 약화를 시도하였으나, 의회와 여론의 거센 반발에 부딪쳐 무산시킨 자랑스러운 역사를 가지고 있다.

이제 가장 핵심적인 판결의 품질에 대해서 살펴본다. 50년쯤 전인 1966년 미국의 대법원은 소위 미란다 원칙이라고 하는 형사절차상 가히 혁명적인 원칙을 선언하였다. 즉 납치, 강간 등의 혐의로 체포되고 그 범행사실이 명백히 입증된 흉악범인 미란다에 대해서, 변호인 선임권과 묵비권 등을 사전에 고지하지 않았다는 이유를 들어 무죄의 판결을 내린 것이다.

이 판결이 있은 후 10년쯤이나 지난 1970년대에도 우리나라에서는 아직도 권위주의 정권과 소추기관의 위력에 휘둘려, 헌법 파괴적인 판결이 양산되었으며, 그 후유증으로 30여 년이 지난 오늘날에는 "제 손으로" 이전의 판결을 재심의 형태로 뒤집는 사태들이 속출하고 있다.

사법부에 대한 신뢰도에서도 차이가 크다. 익히 알려진 1995년도의 O. J. 심슨 사건에서, 유죄가 명백한 것 같았으나 "의심스러우면 무죄"라는 원리, 원칙에 따라 무죄평결이 내려지자, 여론은 "형사재판은 그런 것"이라면서 이를 수긍하고 받아들였다. 우리의 수준은 오늘날에도, 무죄판결 또는 영장기각의 결정이 내려질 때마다, 판단기관의 고유권한을 침해하는 언행을 서슴지 않는 시대에 머물러 있다.

그리고 사법판단의 정점에 있는 판결문의 서술 자체에서도 자신감 내지 사명감의 차이는 크다. 미국 대법원의 판결문은, 사안의 핵심에 실질적으로 접근하여, 문제의 본질이나 헌법적 핵심쟁점을 따지고 드는 데에 망설이지 않는다. 그 결과 많은 국민들이 대법원 판결문을 읽고 감동받는 경우가 적지 않다.

우리의 판결문은 어떤가? 통치권자나 소추권자의 아픈 곳을 건드리는 "위험한" 논점은 회피하고, 철학적 사고가 바탕이 될 "어려운" 논점은 사실인정의 문제로 적당히 에둘러감으로써 교양의 부족을 감추는 데에 익숙해 있지는 않은가?

결론적으로, 양쪽의 사법부에, 태평양의 넓이만큼이나 드넓은 간격이 나타난 원인은 무엇일까? 이유는 다음의 2가지임에 틀림없다.

첫째는, 우리 헌법이나 형소법에 있는 아름다운 규정들은 우리의 역사적 경험이나 필요성에 의하여 스스로 창출한 것이 아니라, 외국의 좋은 규정들을 그냥 본따온 것이기 때문이다. 우리는 몸에 맞지 않는 옷을 빌려 입고 있는 셈이다. 경제에서뿐만 아니라 법률에서도 "창조적 법률"의 필요성이 느껴진다.

둘째는, 사법부 구성원들의, 정의를 실천하려는 용기의 결여이다. 미국의 헌법이나 형소법의 기본원칙은 우리의 그것과 결코 다르지 않다. 법률이 서로 달라서 결과에 차이가 생긴 것이 아니다. 이를 집행하는 사람의 생각이 달라서 생긴 차이이다. 미국이라고 해서 판사들이 정의를 말하는 데에 항상 편안한 상황은 아니었다. 용기를 가지고 상황을 극복함으로써, 그 판결이 세상을 바꾸고, 글로벌 스탠더드가 된 것이다.

제6장

사법부는 통치권자와 "어떻게" 협력할 것인가?*

지금까지 사법부 특히 사법행정 책임자와 통치권자, 즉 대통령과의 관계를 공개적으로 이야기하는 것은 금기시되었거나 아니면 극히 꺼리는 주제로 여겨져왔다. 그러나 고위법관의 인사문제라든가 나아가 국가정책에 관련되는 주요사안에 관하여 내밀하게 접근하는 것보다는, 공개적으로 솔직하게 토론하는 것이 훨씬 더 "건강하고 성숙된" 관계의 설정이라고 생각한다.

종래의 전통적이고 잠재적인 의식은 사법부와 통치권자와는 "관계단절 내지는 최소한"이 최선이라는 것이었다. 공식행사 이외에는 가급적 만나는 일 자체를 꺼려했다. 그러나 현실적으로 또한 헌법적으로, 사법부도 국가통치권 행사의 한 축임에 틀림없다. 사법부 역시 헌법적 이념을 실현시키고, 대한민국과 그 국민의 번영이 목표인 만큼, 무조건적인 관계단절은 부적절할 뿐만 아니라 과도한 피해의식의 발로이다.

따라서 사법부와 통치권자의 적절한 범위 내에서의 상호협조는 필수적이다. 다만, 여기에는 한 가지 유념해야 될 점이 있다. 특히 이

* 이 글은 2014년 7월 7일 「변협신문」에 게재된 것이다. 약간의 수정이 있었다.

점은 과거에 경시되었거나 의도적으로 도외시되었던 부분이다. 통치권자는 사법부가 가지는 본질적인 특성을 확실히 이해하고 이를 해치는 듯한 모습을 보여서는 안 된다는 점이다. 이러한 사법부의 내재적이고 역사적인 속성은 다음의 3가지로 요약할 수 있다.

첫째는, 사법부는 절차적 정의를 중요시한다는 것이다. 이는 어떤 목적 달성을 위한 "결과의 성취"도 중요하지만, 그와 아울러 목적달성의 과정도 역시 적법해야 한다는 것을 의미한다. 이 점이 전쟁 중의 군사활동이나 행정부의 행정목적, 기업가의 성과지상주의와 가장 크게 다른 점이다. 그렇기 때문에 간혹 미란다 법칙과 같이 일반인들의 정서에 받아들이기 어려운 결론이 나오기도 하지만, 이는 선진시민으로서 받아들여야 할 부분이다.

둘째는, 사법부가 내리는 결론은 많은 경우에 중-장기적으로 멀리 앞을 내다보는 안목에 기초한 것이라는 점이다. 즉 단기적으로 바로 눈앞의 행정적이고 정치적인 목적 달성을 넘어서서, 역사적 흐름을 검토하고, 자유민주주의라든가 시장경제의 원리라는 헌법적 가치를 중요시하면서 결론을 내리는 것이다. 이 점에서 목전의 목표를 중시하는 행정부나 매일매일의 여론의 흐름에 촉각을 세우는 언론으로부터 비현실적이라는 비판을 받는 경우도 있으나, 이 역시 극복해야 할 부분이다.

셋째는, 사법적 정의는 그것이 실제로 이루어지고 결과에 있어서 실현되는 것도 중요하지만, 이에 못지않게 "정의가 실현되고 있다는 외관"을 보여주는 것도 중요하다. 이러한 시각에서 선진외국의 통치권자가 흉악한 범죄를 저지른 상황을 언급하면서, "최고형에 처하겠다"고 말하지 않고, 법률로 정한 "최고의 형을 받도록 노력하겠다"고

세심하게 표현하는 것은 의미가 깊다.

결론적으로, 사법부와 통치권자는 함께 헌법에 기초한 국가경영이라는 큰 틀에서 함께 고민하고, 함께 협조하여야 한다. 이 과정에서, 통치권자는 앞에서 본 바와 같은 사법부의 특성을 이해하고 배려해야 할 것이며, 반면 사법부 역시 국가의 안보, 국민의 번영을 위해서 헌신하는 통치권자와 헌법정신의 틀 속에서 조화를 모색해나가야 한다. 사법부는 통치권자를 배려하고, 통치권자 역시 사법부를 배려하는 것은 선진화된 사법부가 나아가야 할 길이며, 궁극적으로는 국가의 품격을 높이는 길이다.

끝으로 한마디 덧붙인다면, 이러한 선진화된 법조의식을 최고통치권자를 보좌하는 참모들 역시 진심으로 공유하기를 바란다. 어쩌면 현실적으로는 이 점이 더욱 중요할 수도 있다.

"좋은 사법부를 가지는 것은, 대통령의 큰 자랑거리이다."

제7장

정의냐 평화냐*

법조인이 숙명으로 안고 살아야 하는 화두는 "정의냐 평화냐" 이다. 이 두 단어는 본래 서로 대립하는 관계는 아니지만, 많은 경우 우리들 생각과 행동의 방향을 정하는 역할을 한다.

소신을 지키다가 사약을 받은 소크라테스, 닥칠 것이 뻔한 불이익을 감수하고 진실을 외친 코페르니쿠스와 갈릴레오, 목숨을 걸고 올바른 일을 수행한 안중근 의사, 위헌성이 확인되기 40여 년 전에 외로이 긴급조치의 부당함을 선언한 이영구 부장 판사, 어려운 여건 속에서도 인권변론에 헌신한 이병린, 강신옥, 홍성우 변호사 등은 모두 "정의"를 위하여 헌신한 사람들이다.

반면에, 일제시대에 친일파로 지목되는 많은 인사들, 어려웠던 시절 최고권력자를 위하여 공권력을 구부려 사용했거나, 난세임을 한탄하면서 소신을 굽히고 타협적인 판단을 한 많은 사람들은 시대적, 개인적인 "평화"를 도모한 사람들이다.

이러한 거대담론에 대해서 2분법적으로 잘, 잘못을 가르는 어리석음을 범할 생각은 없다. 다만 누구나 공감할 수 있는 몇 가지 만은 지적해두고 싶다. 우선, 정의를 추구하는 대부분의 경우에, 그 자신은

---

* 이 글은 2013년 12월 2일 「변협신문」에 게재된 것이다. 약간의 수정이 있었다.

엄청난 갈등 속에서 보통의 인간으로서는 가지기 어려운 "용기"를 발휘했다는 점이다. 이 점은 우리 모두 쉽게 상상할 수 있다. 그렇다면 이러한 용기를 발휘하여 정의를 추구했던 사람들에 대한 존경과 애정 그리고 이를 기리는 작업을 우리는 게을리 해서는 안 될 것이다.

다음으로, 무엇이 "정의"인지는 간혹 분명하기도 하지만, 또한 불분명하기도 하며, 십여 년 또는 한 세대나 한 세기가 지난 후에야 밝혀지기도 한다. 이러한 경우, 시대 앞서서 진실을, 정의를 이야기한 사람들에 대한 비록 사후적일지라도 응분의 존경과 상찬은 아끼지 말아야 할 것이다.

나아가, 우리 인간세상에서 가장 문제가 되는 것이 평화의 추구인가, 무사안일의 도모인가, 아니면 비겁의 발로인가 하는 구별의 문제이다. 여기에서 흔히 동원되는 논리는 다음과 같은 것들이다. "세상은 너 혼자의 힘으로 바뀌지 않는다." "모난 돌이 정 맞는다." "가늘고 길게 사는 것이 득이다." "새가 울 때까지 기다린 도쿠가와 이에야스가 결국은 일본을 통일하였다." "인생만사 새옹지마이니, 좋은 것이 좋은 것이다." 등등 수없이 많은 말들이 있다.

뿐만 아니라 우리를 더욱 곤혹스럽게 만들고 혼란에 빠뜨리는 말들은 또 있다. 용기와 비겁의 구별이 만만치 않은 것과 같이, 용기와 만용의 구별도 종이 한장 차이이다. 마찬가지로 "비겁과 중용"의 차이 역시 쉽지 않고, 비겁하다고 비난받는 사람들의 대부분이 자기는 보다 "현명하려고" 노력했고, "중용"을 찾기 위해서 애썼다고 주장한다.

그렇다면, 우리는 어떤 삶을 살아야 할까. 안중근 의사와 같은 사명감이나 안창호 선생 같은 선견지명이 없는 보통의 사람으로서는 다음과 같은 생각을 가져보는 것이 어떨지 제안해본다.

우선 우리가 흔히 놓치고 있지만, 거의 대부분의 우리가 직면할 사실은, 특별한 소수를 제외하고는, "우리의 사후 50년(손자세대 이후)이면 누구에게서나 잊혀질 것"이라는 점이다. 그럴 바에야, 사는 동안, 조금이라도 세상에 보탬이 될 작은 일 하나쯤은 남겨놓고 가는 것이 어떨까.

그러려면, 먼저 우리가 살고 있는 이 시대, 그리고 이 세상을 읽고 해석하는 촉수를 키우는 일이 필요하다. 세상일에 너무 "안주해서는" 이 촉수가 발달될 수 없다. 이를 바탕으로 해서 우리는 어떤 방향으로 발전할지를 판단하고, 한걸음 앞에서 나가는 것이 너무 위험하다고 생각한다면, 반걸음만, 아니면 반의 반 걸음만이라도 앞서 나간다면, 큰 위험부담 없이도 세상을 변화시켜 갈 수 있을 것이다. 한 걸음 더 양보하여, 우리 국민 모두가 이러한 생각을 가지기에 여건이 너무 각박하다면, 우선, 우리 법조인만이라도 깨우치면 어떨까?

한 방울의 기름을 넓은 물에 떨어뜨리면 차츰차츰 못 전체로 기름이 퍼져나갈 것이다. "하늘이 무너져도 정의를 세워라"고 학창시절에 배운 대로, 우리 법조인이 이 역할을 용기 있게 떠맡아야 할 것이다.

제8장

정의는 결코 그냥 오지 않는다*

―거인 법조인의 출현을 기대하며

세상을 지배하는 원초적인 원리를 생각해본다. 먼저 자연계를 지배하는 열역학 제2법칙에 따르면, 열은 뜨거운 물체에서 차가운 물체로 이동하며, 반대과정은, "자발적으로는" 일어나지 않는다. 같은 의미에서 엔트로피 법칙에 따르면, 우주의 모든 현상은, "특단의 조치가 없는 한", 보다 더 무질서한 방향으로만 진행된다.

인간세상도 전적으로 마찬가지이다. 정의가 지배하는 사회는 결코 "그냥" 찾아오지 않는다. 정의가 살아 숨 쉬는 사회가 되기 위해서는 누군가가 특별한 노력을 기울이고 희생을 감수하여야 한다.

사람이 평범하게 되는 이유는 간단하다. 그것은 세상이 명령하는 대로, 오늘은 이것에 따르고, 내일은 다른 것에 맞추면서, 세상에 결코 반대하지 않고 다수의견에 무비판적으로 따르기 때문이다. 반대로, 훌륭하고 유용한 일을 하려는 사람은, 대중의 승인이나 평가를 기대하거나 추구해서는 안 되며, 열정적인 가슴을 가진 몇 안 되는 사람들의 공감과 동참만을 기대해야 한다. "불의(不義)가 승리하기 위한

* 이 글은 2015년 1월 5일 「변협신문」에 게재된 것이다. 약간의 수정이 있었다.

조건은 단 한 가지이다. 그것은 정의로운 사람들이 아무것도 하지 않는 것이다"라고 어떤 선지자가 이야기하였다.

정호승 시인은 "폭풍"이라는 시에서, 정확히 같은 내용을, 다음과 같이 감동적으로 표현했다.

폭풍이 지나가기를 기다리는 일은 옳지 않다.
폭풍을 두려워하며, 폭풍을 바라보는 일은 더욱 옳지 않다.
스스로 폭풍이 되어, 머리를 풀고 하늘을 뒤흔드는
저 한 그루 나무를 보라.
스스로 폭풍이 되어 폭풍 속을 나는 저 한 마리 새를 보라.
은사시 나뭇잎 사이로 폭풍이 휘몰아치는 밤이 깊어갈지라도,
폭풍이 지나가기를 기다리는 일은 옳지 않다.
폭풍이 지나간 들녘에 핀 한 송이 꽃이 되기를 기다리는 일은
더욱 옳지 않다.

삶에서 안전과 용기는 결코 양립할 수 없다. 용감한 동시에 안전한 사람은 될 수 없다. 미식축구의 격렬한 몸싸움은 원치 않으면서, 번쩍이는 헬멧과 멋진 유니폼만을 가질 수는 없다. 그러나 모든 사람의 내면 깊은 곳에는, 용감해지고 싶은 열망이 내재되어 있다. 즉 무섭고 어렵지만 옳은 일을 실천할 수 있는 능력은 인간의 영혼 깊숙한 곳에 깃들어 있다. 그렇지 않고서야 "왜" 자신의 비겁한 모습에 그토록 수치스러워 하겠는가?

그러면 이와 같은 용기는 어떻게 해서 얻어지는 것일까. 우리의 현자들은, "용감한 사람이 되려고 애쓰지 말고, 용감한 사람이 되기 위

해서 훈련을 받으라"고 이야기한다. 용기는 힘든 시기가 시작될 때부터, 원래부터, 가지고 있던 것이 아니라, 힘든 시기를 겪고 나서, 그 시간이 어쨌거나 아주 힘겹지는 않았다는 사실을 깨달은 때에 비로소 얻게 된다는 것이다. 사람은 공격받았을 때, 공격적이 되는 법이다.

아주 현실적으로 이야기하자면, "사람들은 자신이 목격한 것을 보고 변화하지, 듣기만 해서는 변화하지 않는다"는 것이다. 따라서 누군가 자신과 비슷한 처지의 사람이 변해서 모범을 보여주어야 변화의 추동력이 생기게 된다. 즉 용기를 가지고 행동한 사람이 크게 성공하는 모습을 곁에서 지켜보아야만 자신도 적극적으로 그것을 따라하려는 마음이 생기게 된다.

여기에서 법조인들, 특히, "최종적으로" 무엇이 정의인가를 선언해야 할 책무를 진 "사법부의 구성원들"이 유념해야 할 점이 있다. 무엇이 "정의인지를 안다"는 것이나, 무엇이 "정의라고 확신한다"는 것만으로는 충분치 않고, 그 "정의를 제때에 선언해야만" 비로소 정의가 실현될 수 있다는 것이다. 1년 내내 연습장에서 구슬땀을 흘리고도 정작 경기에는 출전하지 않는다든가, 근사한 저녁식사를 위해서 장을 봐서 재료를 정성껏 준비해놓고도 정작 요리를 하지 않는다면, 그러한 준비는 아무런 의미가 없을 것이다.

시인 휘트먼은 법률가에 대해서 다음과 같은 통렬한 질문을 하였다. "당신은, 성숙함을 위해 담금질하는 이들에 대한 사랑을 가지고 있는가?"

제9장

정의를 위한 투쟁*

—정의사회 실현을 저해하는 3가지 이유

우리들 법률가들은 대부분이 젊은 시절 우리사회를 정의롭게 만들겠다는 꿈을 안고 이 길에 접어들었다. 그런데 우리들은 왜 위대하고 큰 소명을 놓치고 사소한 데에 몰두하고 있는 것일까? 거기에는 다음의 3가지 이유가 있다고 생각한다.

첫째는, "무지" 이다. 즉 우리 사회에 얼마나 부정의가 퍼져 있는지를 알지 못하고 있는 것이다. 다시 말하여, 우리 사회를 불의로부터 구해야 할 긴급한 필요성을 인식하지 못하는 것이다.

특히 재조나 재야의 법률가로서 성공하여 안온한 생활을 즐기고 있을수록 이러한 위험성이 높다. 물론 언론의 보도나 스스로가 처리하고 있는 사건들을 통해서 사회의 부조리를 보고 듣지만, 이로써 충분하다고 할 수는 없다. 열린 마음, 깨어 있는 눈을 가지고 부정의를 인지하려고 애쓰는 것이 중요하다. 즉 "알지 못하는" 것뿐만 아니라, "알려고 하지 않는" 것 역시 경계해야 할 대목이다. 가장 대표적인 사례가 소위 "위험한 정의"에 대해서 눈감고 회피하려는 모습이다. 정치권

* 이 글은 2015년 2월 2일 「변협신문」에 게재된 것이다. 약간의 수정이 있었다.

력의 이해관계에 접촉하는 경우, 사회를 이끌어 갈 방향 설정에 대한 주도권을 다투는 검찰이나 언론계 등과의 갈등에 접촉하는 경우, 숙고 없이 흥분에 사로잡힌 "여론"에 저항해야 할 경우에도 무엇이 진정한 정의인지의 질문에 외면하지 말아야 할 것이다.

둘째는 "무대책" 이다. 세상이 부정의로 가득차 있다는 사실을 너무나 잘 알고 있으면서도, 이러한 현실에 어떻게 대처할지 몰라서 문제인 경우이다. 가장 대표적인 사례가 인간사회의 근본문제에 접촉하는 소위 "어려운 정의"에 대해서 나름의 해결책을 제시하는 데에 망설이는 경우이다. 많은 경우 인간세상에서 문제가 되는 거의 모든 사항들은 정답이 없다. 입장에 따라, 이념에 따라 대답이 달라지는 것은 너무나도 당연하다. 따라서 법률가들에게 심오한 철학적 사색, 해박한 역사적 지식, 그리고 폭넓은 문화적 고뇌가 요구되는 이유이다. 결국은 법률가의 내공의 문제이다. 내공을 가다듬어, 각자의 견해를 허심탄회하게 털어놓고 정의를 향한 고뇌를 진솔하게 나타낸다면, 5 대 4의 결론도 설득력 있게 받아들여질 것이다. 이 경우 형식적인 법률규정의 방패 속으로 숨어든다면 정의사회 구현에 이바지하기는 어려울 것이다.

셋째는, 용기의 결여, 즉 "두려움" 이다. 여기에 이르러서 우리 모두는 솔직해져야 한다. 우리 모두는 정직해져야 한다. 우리 법률가들 중에서 누구가 "우리사회에 부정의가 넘치고 있다"는 사실을 모르겠는가? 우리들 중의 누구가 "세상을 바꿀 수 있는 정의로운 길이 있다"는 것을 모르겠는가. 다만, 문제의 핵심을 파고 들어가면, "우리가 두려워하는 것이 너무나 많다"는 것이다. 사실 두려운 것이 너무 많아서 세상을 바꾸려는 시도조차 하지 않고 있는 것이다. "정의사회 실현을 위하여 과감히 나아가자"는 말만 들어도 부담스럽고 무서워하면서 위험을 느끼기까지 한다.

많은 경우 우리는 "만만한 정의", "사소한 정의"에 만족하고 있다. 권력자의 이해관계에 아무런 영향이 없어, 관심조차 없는 개인 간의 분쟁해결에 전력을 다하여 진실을 밝히고 정의를 실현하려고 애쓴다. 사회를 이끌어가는 주도권 다툼에서 영역이 첨예하게 겹치는 예민한 부분에는 짐짓 모르는 척한다. 인간사의 본질에 해당하는 문제에는 형식적인 해답으로 어물쩍 넘어간다. 간혹 이러한 용기 없음의 비난을 의식하여 거물 정치인이나 거물 실업가에 대해서 엄벌에 처하는 단호함을 보이기도 하지만, 이미 법의 심판대 위에 선 거물들은 더 이상 다루기 어려운 거물이 아니다.

단호한 척, 용기 있는 척할 뿐이다. 법조인들이 세상을 가장 편하게 살아가는 방법, 즉 스트레스를 가장 받지 않고 살아가는 방법은 "자신이 바꿀 수 있는 영역 내에서만 고민하는 것"이다. 세월이 요구하는 대로, 최고권력자가 바라는 대로, 대다수가 원하는 대로 따라가는 것이다. 이러한 위험성에 대해서 가장 경각심을 가져야 할 집단이 바로 최종적으로 정의를 말할 책무를 진 사법부이다. 한 세대 전에 이루어진 판결들에 대해서 수많은 재심판결이 거리낌 없이 내려지고 있는 현실은 우리를 슬프게 한다.

제10장

법조가 극복해야 할 궁극의 "정치역학적 문제"*

—"법조혁명"을 기다리며

나는 앞에서 우리의 법조 현실의 실상과 문제점들에 관해서 검토하고 논의해왔다. 이제 이러한 문제점들을 극복하기 위한 방안을 생각해본다.

먼저 "외부적인 힘"을 고려해보면 1)통치권자(대통령)의 철저한 법치의식 2)재야변호사단체의 문제점 인식과 해결 노력 3)국민을 포함한 언론으로부터의 법치의식 향상을 통한 해결 등이 있겠다.

그러나 우리의 현재 상황으로 보아 이러한 방안들은 기대난망이다. 따라서, 어쩔 수 없이 "사법부 내부 구성원들의 혁명적 자각"에 희망을 걸 수밖에 없다. 바라건대, 1)법관들 모두는 자기정체성을 확립해야 할 것이고, 2)사법행정의 책임자들은, 대통령의 진의가 주변의 참모들에 의하여 왜곡되지 않도록 대통령과 직접 대화하고 논의하는 채널을 확보하기 위해서 최선의 노력을 다해야 할 것이다. 사실 사법행정에 관한 사법부 자체의 의견에 대한 통치권자의 이견이 많은 경우, 대통령의 진정한 의도이거나 국민이 바라는 바는 아니리라고 확신한다.

---

* 이 글은 2015년 4월 6일 및 5월 26일「변협신문」에 게재된 2개의 글을 종합하여 수정, 정리한 것이다.

달성되어야 할 당면의 직접적인 목표는 "사법부와 검찰은 그 위치와 역할이 분명히 다르다"는 인식하에서 사법부와 검찰이 각각의 의무와 본분을 다할 수 있도록 통치권자가 지원해주는 것이다. 그리하여 최종적으로 달성해야 할 궁극의 목표는 사회의 정의를 말하고 실현해야 할 사법부의 책무가 막대하다는 것을 사법부 스스로 인식하는 것이다.

나는, 이러한 과정을 과학혁명, 양자혁명 등에 빗대어 "법조혁명"이라고 부르고 싶다.

그러나 이러한 혁명적인 변화는 절대로 저절로 오지 않는다는 것을 우리 모두는 잘 알고 있다.

토마스 쿤은 과학혁명을 이야기하면서, "과학의 역사는 '점진적인 진보'의 역사가 아니라, '혁명적인 단절'의 역사"이고 "패러다임의 이동은, 기존의 패러다임을 고수하던 집단들이 '늙어서 사라지고', 그 자리를 새로운 '젊은 과학자집단이 대체하여 차지'함으로써 이루어진다"고 하였다.

양자혁명을 주장한 막스 플랑크 역시, 새로운 진실(양자역학)의 승리는 "상대를 '설득'해서 얻어지는 것이 아니라, 상대가 결국 '사망'하고, 새로운 진실에 익숙해진 '새로운 세대'가 자라나기 때문"이라고 하였다.

그러나 단테가 「신곡(*La divina commedia*)」에서 "커다란 불길도 결국은 하나의 작은 불꽃에서 시작되는" 것이라고 갈파하였고, 갈릴레오가 지동설로 종교재판소의 유죄판단을 받은 지 360년이나 지난 1992년에야 비로소 교황에 의해서 복권된 사실들은, 우리에게 큰 위안이 된다.

개인의 경우에도 비슷하겠지만, 한 나라가 성장, 발전하는 과정에는 4단계가 있다고 한다. 개국, 산업화, 민주화 그리고 선진화의 단계이다. 우리나라를 보면, 해방 이후 이승만 대통령의 시기가 개국단계이고, 그후 박정희 대통령의 단계가 산업화 단계이며, 이어서 김영삼, 김대중, 노무현 대통령 시기의 민주화 단계를 거쳐, 이제 선진화를 향해 열심히 노력하고 있다고 보아야 할 것이다.

다른 한편, 시각을 달리하여 권력의 측면에서 보면, 과거사회와 현대사회에는 다음과 같은 특성이 있다고 한다. 즉 과거에는 정치권력이 그 의사를 관철하는 방법으로서 "폭력"을 사용하였다. 구체적으로는, 군대, 경찰, 정보기관, 검찰, 사법부를 이용해왔다. 그러나 현대에 이르러서는 이러한 강압적 수단이나 물리력에 의한 지배는 점점 어려워지고, 설득력, 영향력, 평판, 경제적 이익 등에 의한 지배로 바뀌게 되었다.

조지프 나이(Josepf Nye)교수의 표현을 빌리면, 경성권력(硬性權力, hard power)에서 연성권력(軟性 權力, soft power)으로 변해가는 것이다. 즉 "문화와 사상"이 "총과 돈"을 대체하게 된다. 이는 제4차 산업혁명의 흐름과도 합치되는 모습이다.

그러면 현재의 우리나라는, 특히 우리나라의 법조는, 위와 같은 역사의 발전과정 중에서 어디에 위치하고 있는가? 이러한 질문에 보다 객관적이고, 설득력 있으며, 반론의 여지가 거의 없는 대답을 제시하기는 쉬운 일이 아니다. 왜냐하면 법률학을 포함하는 사회과학이라는 분야는 어차피 기술적(記述的) 학문으로서, 설명적(說明的) 학문인 자연과학과 달리 진정한 의미에서의 "과학"이라고는 할 수 없기 때문이다. 즉 사회과학은, 따라서 당연히 법학은, 현상의 본질에 관한 직관을 토대로 하고, 이러한 직관에 의한 결론을 통계 및 수학적 논리나 일반적 이성의 도움을 받아 타인을 설득하는 과정일 수밖에는 없는 것이다.

그러나 이와 같은 직관이, 더더욱이나 정확한 직관이 아무렇게나 얻어지는 것이 아님은 너무나 분명하다. 얼핏 보아 무질서해 보이는 것에서부터 어떠한 규칙을 찾아내는 능력이 있어야만 이러한 직관이 형성될 것이다. 창조적인 무엇인가를 만들어내려면, 즉 정확한 직관을 형성하려면, 먼저, 현상을 잘 관찰해야 하고 그 다음으로, 관찰한 것들의 패턴을 파악하여 이를 "자기만의 관점으로 변형할 수 있어야만" 한다.

여기에서 우리나라의 법조에 대한 나의 직관력이 결정적인 문제로 등장한다. 나는 과연 우리 법조의 실태를 정확히 보고 그 패턴을 읽어내고 있는가? 이 점과 관련하여, 나는 나의 법조 경력이 이를 증명한다고 생각한다. 경력의 대부분을 재판업무에서 보낸 것은 공통적이겠지만, 법원행정에의 관여 경험, 외국법조의 시찰(미국)과 유학경험(독일), 헌재 등 외부기관에의 파견경험 등은, 큰 틀에서의 우리 사법부를 이해하는 데에 크게 도움이 되었다. 특별히 언급해 두지 않을 수 없는 경험은, 각각 4개월씩의 짧은 기간이었지만, 국보위와 입법회의에의 파견근무 경험이다. 물론 비상사태 하에서의 특별한 상황이었지만, 당시의 경험은 나의 법조인식에 커다란 그리고 결정적인 영향을 미쳤다.

나는, 시종일관, 오랜 기간에 걸쳐서, 우리 법조의 문제점을 "지나치게 나약한 사법부", 그리고 "지나치게 강대한 검찰", "문제의식이 없는 변협"으로 진단해왔다.

이 책의 원고를 마무리하고 있는 현재, 대통령에 대한 탄핵의 발의, 헌재에 의한 탄핵의 인용, 검찰의 수사 및 법원에 의한 대통령의 구속까지 이어지고 있다. 이러한 비극의 원인으로, 많은 지식인이 지적하고 있는 것은 통치집단에서 "인문학적 소양의 부재"와 함께, 지금도 1970년대식 강압적 권력의식이 사회를 지배하는, 시대에 뒤떨어진 사고방식이다.

우리는 현재 그 대가를 너무나 크게 치르고 있다. 정치권에서 이 문제를 풀어가는 것이 바람직하겠으나, 합리성을 떠나 정치적 이해관계에 매몰되고, 다수결이 지배하는 집단으로부터 이러한 현명함을 기대하기는 어렵다.

그리하여 나는 생각의 초점을 사법부에 맞추어 그 혁신과 분발을 촉구해왔다. 사법부의 구성원들은 선출된 집단이 아니기 때문에 그나마 가장 합리적인 사고방식으로 문제의 해법을 제시할 수 있다고 보았기 때문이다.

오늘의 한국의 비극적 상황에 대한 책임의 상당 부분은 "권한과 책임에 걸맞는 통찰력과 용기"를 보여주지 못한 사법부에 있다고 감히 단언한다. 필자가 시종일관하여, 막강한 국가권력에 맞서 개인의 이익과 자유를 지키는 안전판으로, 언론의 역할과 함께, 사법권의 역할을 강조한 것은 그 때문이다.

헬리스키 이야기

헬리콥터 날개의 윙윙거리는 소리가 약간 잦아들면서, 산 정상의 뾰족한 봉우리에 헬리콥터가 안착하였다. 이어 헬리콥터 문이 열리고 스키어들이 눈밭으로 뛰어내린다. 각자 자기의 스키 장비를 찾아, 날개 바람에 날리는 눈을 피하여 허리를 깊이 숙인 채, 안전지대로 이동한 후, 헬기 조종사에게 엄지를 들어 오케이 신호를 보낸다. 신호를 확인한 조종사는 헬리콥터를 몰고 멀리 날아간다.

이제 각자가 자신의 스키를 신고 활강준비를 할 단계이다. 발밑의 눈이 무릎까지 빠져 스키를 신기조차 쉽지 않다. 연간 강설량이 18미터라는 이곳 캐나다 로키 산맥의 대자연은 광활하다. 경사 30도가 넘는 백설의 내리막이 펼쳐져 있고(스키 점프대의 경사각이 35도 내지 37도이다), 저 밑에는 침엽수의 숲이 우거져 있다.

앞장 선 가이드의 뒤를 쫓아 활강이 시작된다. 순백의 눈 위에 오로지 나만의 스키 자국이 선명하게 나타나고, 허벅지까지 뒤덮은 눈이 활강의 바람에 날려 뒤쪽으로 퍼지면서, 고글의 시야를 가리기도 한다. 파우더 스키는 위험하지는 않지만, 대단히 격렬한 운동이라는 말을 실감하게 된다.

간혹, 한길도 넘는 깊은 절벽이 앞에 나타나기도 하지만, 이를 피해서 갈 여유는 없다. 뛰어 내리는 것만이 할 수 있는 일이다. 뛰어내려

착지와 동시에 몸은 가슴팍까지 눈 속에 파묻히고, 순간적으로 무중력 상태를 느낀다. 끊을 수 없는 헬리스키의 매력이다.

가속과 감속 그리고 회전은 모두, 눈 속에 깊이 파묻혀 있는 스키의 작동으로 이루어진다. 설면 위에 드러난 상체는 오로지 경사면을 정면으로 응시하고 활강할 뿐이다.

활강거리가 길어지면서, 다리에 힘이 점점 풀린다. 동시에 넘어지지 않으려고 힘이 잔뜩 들어간 허벅지가 불이 날 정도로 아프다. 숨도 턱에 닿을 만큼 헉헉대고, 땀이 비 오듯 하여, 고글에 맺힌 습기로 시야가 급격히 나빠진다.

그러나, 저 아래, 헬리콥터가 다시 우리를 태우기 위해서 대기하고 있기 때문에 편안히 쉬어 갈 안락함이 주어지지는 않는다. 이윽고 대기 중인 헬기에 다시 탑승. 다음 스키 런을 위하여 장비를 추스르며, 윙윙거리는 기내에서, 준비된 특수음료를 벌컥벌컥 마셔댄다. 다음 스키 런은 어떠한 모습이 될까 궁금하다.

나는 왜 이러한 헬리스키를 하는가?

흰 눈가루는 거역할 수 없는 흰 마약가루인가? 그럴 리는 없다. 결국은, 인간의 모든 행동이 그러하듯이 올바르고 보람된 삶을 살기 위한 노력일 수밖에 없다. 힘든 등산이 우리에게 요구하는 덕목이 "인내"이듯이, 힘든 스키 활강이 우리에게 요구하는 덕목은 "용기"이다.

우리 법률가들에게 가장 필요한 덕목은, "말 해야 할 때"에 "해야 할 말을 하는" 용기가 아닐까?

이를 위하여 나는 오늘도 헬리스키를 한다.

2017년 4월

참고 문헌

국내서적

김욱, 「교양으로 읽는 법이야기」, 인물과 사상사, 2007

법률신문사, 「법조 50년 야사」, 2002

법원행정처, 「법원사」, 1995

법원행정처, 「법원사(자료편)」, 1995

사법발전재단, 「역사속의 사법부」, 2009

서울지방변호사회, 「서울지방변호사회 100년사」, 2009

서울지방변호사회, 「서울지방변호사회 80년사」, 1989

신동운 편저, 「재판관의 고민」, 법문사, 2008

안병직 외 10인, 「세계의 과거사 청산」, 푸른역사, 2005

유병진, 「재판관의 고민」, 신한문화사, 1952

이국운, 「헌법」, 책세상, 2010

임수빈, 「검찰권 남용에 대한 통제방안」, 2017 서울대학교 법학대학원 박사학위 논문

조홍식, 「사법통치의 정당성과 한계」, 박영사, 2009

진실화해를 위한 과거사 정리위원회, 「진실화해위원회 종합보고서」,2010

최승재, 「미국 대법관 이야기」, 경북대학교출판부, 2011

최진석, 「탁월한 사유의 시선」, 21세기 북스, 2017

한승헌, 「재판으로 본 한국현대사」, 창비, 2016

한홍구, 「사법부」, 돌베개, 2016

한홍구, 「유신」, 한겨레출판, 2014

홍성우, 한인섭, 「인권변론 한 시대」, 경인문화사, 2011

L. 레너드 케스터, 사이먼 정, 「미국을 발칵 뒤집은 판결 31」, 현암사, 2012

L. 레너드 케스터, 사이먼 정, 「세계를 발칵 뒤집은 판결 31」, 현암사, 2014

번역서적

레오 카츠, 「법은 왜 부조리한가 : 경제학·철학·통계학·정치학으로 풀어낸 법의 모순」, 이주만 옮김, 와이즈베리, 2012
마리 자겐슈나이더, 「(클라시커 50), 재판 : 권력과 양심의 파워 게임, 세기의 재판 50」, 이온화 옮김, 해냄, 2003
마이클 리프, 미첼 콜드웰, 「세상을 바꾼 법정」, 금태섭 옮김, 궁리, 2006
마이클 샌델, 「정의란 무엇인가」, 이창신 옮김, 김영사, 2010
스티븐 러벳, 「정의가 곧 법이라는 그럴 듯한 착각」, 조은경 옮김, 나무의 철학, 2013
앨런 M. 더쇼비츠, 「(앨런 M. 더쇼비츠의) 최고의 변론」, 변용란 옮김, 이미지박스, 2006
에리히 프롬, 「자유로부터의 도피」, 김석희 옮김, 휴머니스트, 2012
조엘 디 조세프, 「재앙의 월요일 : 사상최악의 판결들」, 서울대학교 편역, 교육과학사, 1992
켄들 코피, 「여론과 법, 정의의 다툼」, 권오창 옮김, 커뮤니케이션북스, 2013
폴 스티븐스, 「최후의 권력, 연방대법원」, 김영민 옮김, 반니, 2013
황밍허, 「법정의 역사 : 진실과 거짓 사이의 끝없는 공방」, 이철환 옮김, 시그마북스, 2008

국외서적

Alan M. Dershowitx, *The Best Defense*, Vintage, 1983
Joel D. Joseph, *Black Mondays,* National Press, 1980
Street Law, *Landmark Cases of the U.S. Supreme Court*
William H. Rehnquist, *The Supreme Court*, William Morrow & Company, Inc, 1987